[美] 史蒂芬·柯维 著

高效能人士的领导准则

Principle-centered Leadership

Stephen R. Covey

中国青年出版社
CHINA YOUTH PRESS

图书在版编目(CIP)数据

高效能人士的领导准则 /（美）史蒂芬・柯维著；阮江平，何金娥，吴月辉译. —2版.
—北京：中国青年出版社，2016.6
书名原文：Principle–Centerd Leadership
ISBN 978-7-5153-4259-7
Ⅰ.①高… Ⅱ.①史… ②阮… ③何… ④吴… Ⅲ.领导艺术－通俗读物 Ⅳ.①C933.2-49
中国版本图书馆 CIP 数据核字（2016）第 142004 号

高效能人士的领导准则

作　　者：[美] 史蒂芬・柯维
译　　者：阮江平　何金娥　吴月辉
责任编辑：周　红
美术编辑：夏　蕊
出　　版：中国青年出版社
发　　行：北京中青文文化传媒有限公司
电　　话：010-65516873/65518035
公司网址：www.cyb.com.cn
购书网址：zqwts.tmall.com
印　　刷：大厂回族自治县益利印刷有限公司
版　　次：2016 年 6 月第 2 版
印　　次：2022 年 5 月第 10 次印刷
开　　本：880 × 1230　　1/32
字　　数：265 千字
印　　张：11
京权图字：01-2003-5314
书　　号：ISBN 978-7-5153-4259-7
定　　价：59.00 元

赞誉之辞

如果我们企盼得到幸福和美好的未来，我们应该力求将柯维关于在工作场所创建更有意义的关系和成功的哲学思想试运用在工商业、家庭或其他方面。我真正相信，他在《高效能人士的领导准则》一书中所强调的价值观是开拓一种全面品质环境的基础。

——萨姆·沃尔顿　沃尔玛公司董事长

这个世界迫切需要在态度和价值观方面来一次模式改变。史蒂芬·柯维给了我们一张蓝图，按照这张蓝图，可以创造一个更好的人际关系和商业、政治环境，并实现根本性的改变。我们所需要的是——行动！

——凯瑟琳·克莱耶　美国有线电视新闻公司节目主持人

领导力始于家庭，存在于心灵深处。柯维不仅为我们绘制了蓝图，逐步引导我们释放每个人内在的领导力，还强有力地号召我们付诸行动。这是一本富有远见、鼓舞人心、迫切需要的书。

——威廉·科恩　前美国国防部长

柯维的第一本书《高效能人士的七个习惯》似乎还不够，他的新作《高效能人士的领导准则》才是真正的力作。

——托马斯·霍顿　美国管理协会主席

史蒂芬·柯维博士通过思考生活中的诚信和领导原则，将我们的内在思维与外在行为结合起来，最终达成个人和公众诚信的共同提高。

——佐治亚·J. 纽维尔　前任美国驻瑞典大使

史蒂芬·柯维勾画了一幅关于工作中基本原则的最清晰的图画，并对我们说明它是如何塑造我们对于现实的认知。任何读过这本书的人都会将书中所说的应用到他的生活之中去。

——杰克·戈恩　美国第一位上太空的参议员

我们认为，史蒂芬·柯维是对形成美国在品质管理方面更高的思想水平做出最重要贡献的五位人士之一。

——乔舒亚·哈蒙德　美国质量管理联合会主席

《高效能人士的领导准则》让我从新的视角看待如何与我们的志愿者工作以及如何为我们的志愿者工作。书中的观点都是最基本的，然而当我们从事一生的工作时，我们有时会错过这些朴素的基本真理。这本书激励着我开创更好的生活。

——菲莉丝·杜登赫普尔　美国妇女俱乐部总会国际事务主席

戴明和朱兰的著作对全面品质管理有巨大的影响，但是他们给出的仅仅是碎片——是“物”的部分；而柯维带来的是“人”的部分——是把碎片粘在一起的胶水，这种方式超越了“物”，通过加强人的能力造成一种指导性的影响。

——威拉德·朱尔　西屋集团全面品质经理

史蒂芬·柯维创作了一部具有非凡意义的关于人类形式的作品，这本书是如此的优雅，是如此的贴近我们的生活，对我们的组织工作和个人生活有着积极的指导作用。我会向我认识的每一个人推荐这本书。

——沃恩·本尼斯　《成为领导者》作者

史蒂芬·柯维可以说是美国的“苏格拉底”，他引导我们去关注那些永恒不变的事务——价值、家庭、社会关系和沟通。

——布莱恩·特雷西　《成功心理学》作者

这是一本给人以力量的书，书中用视角、领导力和人际关系的原则使之成为培养商业领导者的实用工具。我向您强烈推荐这本书。

——诺兰·阿斯布兰德　Black & Decker 公司总裁

很少有人能够理解原则和偏好之间的差异，更不用说用浅显易懂的语言来清楚解释这种差异。史蒂芬不仅做到了理解这样的差异，并且用例子很好地诠释了这种差异，这让读者认识到这不仅仅是一本解释最新管理理论的书籍。

——布鲁斯·L. 克里斯汀森　公共传播服务公司总裁

目录

前言

PREFACE

以原则为核心的方法

在我组织的研讨会上，我经常邀请与会人员描述他们最棘手的问题。这些问题往往无法经由简单方法解决，比如：

面对重重危机和压力，如何平衡生活和工作的关系？

怎样以豁达的心态去看待他人的成功？

如何做到可控的授权？

怎样在员工存在对立情绪的时候，将全面质量管理原则和不断改进原则内化并贯彻到底。

也许在你面对生活和工作的挑战时，你曾经问过自己这些问题。本书将帮助你更好的领悟有效领导的基本原则。

“授人以鱼，不如授之以渔，授人以鱼只救一时之急，授人以渔则可解一生之需。”

当你领悟了这些基本原则，你就有能力自己解决这类难题，否则就只能靠碰运气和或摸着石头过河的方法来面对这些生活和工作中的难题。

我所写的《高效能人士的七个习惯》（The 7 Habits of Highly Effective People）出版以来，我曾经和很多尝试改变自己生活和工作状态的优秀人士共过事。可是由于缺乏合理有效的方法，许多人尝试改善人际关系和追逐希望的梦想都没有成功。

这些导致失败的方法正好与高效能人士的七个习惯相反，我那位担任硕士研究生导师的哥哥约翰·柯维将此称为“无效能人士的七个习惯”：

- 消极被动：抱怨一切
- 盲目工作
- 只关心琐事
- 患得患失
- 依赖他人
- 赢不了就妥协
- 惧怕变化，拖延改善

高效能人士在成长过程中（maturity continuum）往往会比普通人更快取得成功，而低效能人士在“反成长”的过程中通常也比普通人更快品尝到失败的滋味。也就是说，高效能人士的成长过程是依照“成熟模式图”的轨迹，从“依赖期”到“独立期”再到“合作期”。

怎样才能改掉这些无效能的习惯并以新的习惯取而代之呢？你我如何才能摆脱过去的羁绊，在个人生活和工作中，重新塑造自我？

这就是本书的宗旨所在。我在前面三个部分讨论如何将有效的原则运用于个人和人际关系，后面四个部分则讨论这些原则在管理和组织上的运用。

看待问题的角度

首先我们先探讨一些在我们的个人生活和工作中都会面对的问题，

之后我会给出一些以原则为核心的建议。

· 有些人用高尚的目的作为暴力手段的借口。他们说“公事公办”，有时“道德”和“原则”必须为了利润而牺牲。他们认为个人生活质量与工作质量无关。他们还认为由于组织内部的政治和社会环境以及外界破碎的市场，即使滥用人际关系也会能达到目标。

· 有位职业橄榄球队的主教练告诉我，有些球员不愿在赛季之外付出努力。他说：“球员们来到训练营地，一个个动作走样，他们竟然以为这样可以骗得过我和自然法则，认为随便组个队，就能在比赛中发挥出色。”

· 每当我在研讨会上提出这个问题——“绝大多数员工的能力、创造力、天赋、进取精神和机智远远超过现在工作之所需，有多少人同意这个观点？”近99%的人同意这个说法。换言之，我们都承认，我们拥有的最伟大的资源被浪费掉了，低劣的人力资源管理对我们的基础造成了破坏。

· 我们心目中的英雄通常就是有钱人，当这样的英雄如演员、艺人、运动员或其他专业人士暗示我们可以随心所欲的按照自己的方式生活，我们就会盲从；如果社会规范又肯定他们的所作所为时，我们对此就更深信不疑。

· 有些父母并未对子女付出心血，有时在公众面前装装样子，但私下里却又吼又叫又摔门。他们居然还会惊讶于自己的小孩靠吸毒、酗酒、乱搞性关系来填补生活的空虚。

· 我问一位公司高层，是否可以动员全部员工用六个月的时间写一份企业宗旨报告，他说：“你不了解我们，这点事一个周末就能搞定。”有许多人都试图在周末完成某些事情，比如在周末重建婚姻关系，与子女重建已疏离的关系，或改变企业文化。但罗马不是一夜建成的。

· 许多父母在面对青春期子女时很主观片面，因为在情绪上他们也很在意子女是否接纳他们，于是双方就形成一种共谋关系，即彼此利用对方的弱点证实自己的观点，并为自己的无能为力辩护。

·在管理上，每件事都被量化。因此7月份属于执行人员，12月份就属于管理者。每年年底，数字都会被修饰。这些原本应该是准确和客观的数字，已经众所周知的被建立在主观的假设之上。

·对于只会以“老生常谈”的逗笑故事刺激听众的讲演者，大多数人都会嗤之以鼻。他们要听的是实质性的内容。他们需要的不只是镇痛剂或邦迪，他们希望的是能从根本上解决他们的问题以及获得长远的效果。

·在一次培训课上，我从一群资深主管谈话中了解到，他们并不情愿来上课，是老总强迫他们来这里呆坐四天，聆听一堆抽象的理论。这些人正是家长式依赖文化的一部分，将培训当成支出，而不是一种投资；他们的公司仍缺乏人本的理念。

·在学校里，我们要求学生回答我们讲授的内容，并以教材为标准测验学生。学生们则研究这些规则，参加晚会和拖延功课，然后用集中复习的方式取得毕业证。他们认为生活的其他事都可以同样地走捷径。

一些无效能的习惯来自于整个社会浮躁的氛围，在学校中，很多人依靠这种突击式的方式成功的通过测试。但如果这是在一个农场里呢？试想你能不能两周不给奶牛挤奶，之后疯狂的“补课”？你能想象春天不播种，夏天不耕耘灌溉而仅仅依靠秋天异常努力地劳作取得好收成吗？在农业上我们会嘲笑这种做法，但在学术领域，我们却经常放弃良好的教育，只是为了得到工作职位所要求的学位和学分。

解决方案：返璞归真的自然法则

有些问题我们无法通过一般方法解决，就好像快捷、简便、随意和有趣味性的方法在农场里行不通一样,因为在那里我们受制于自然法则。无论我们报以怎样的态度，建立在基本原理基础上的自然法则总是在发挥着自己的作用。

农场上那些永恒不变的唯一法则就是：我们必须经过耕种、灌溉、施肥、除草，农作物才能成长、成熟。这和婚姻以及帮助青少年渡过认同危机的道理是一样的，这些问题并不是单纯依靠积极的态度和成功的模式所能解决的，面对这样的问题没有捷径。农场上的自然法则起着决定性的作用。自然法则和原理总是在起作用。因此我们应该将这些原则应用于我们生活的核心，人间关系活动的核心、合同管理的核心以及我们所处的组织的核心。

如果我缺少人格魅力或者能力亦受到他人质疑，在这样的条件下试图以精心设计的手段，让他人去完成我所要求的工作，我是无法取得最终的成功的。就算有良好口才和善意，若存在哪怕是一点点不信任，成功的条件就不具备；而如果学会管理资源和领导他人的方法，就等于打好了基础，因为那样就可以将团队的才华和能力发挥出来。

我们一向认为变化和改进是由外及内而非由内至外的过程。即使承认内部改革的必要性，我们也通常只想在这个改进过程中学习新技能，而忽略了健全基本原则。但是重大的变革通常来自内部，是始于打破僵化的思维模式，我将此称为“模式转换”。

返璞归真领导方法引进了一种新的典范，也就是将我们的生活以及对公司和员工的领导方针，集中在某些真正的方向上。我将在本书中讨论这些原则以及为什么必须以这些原则为中心和如何达成效果。（这些章节曾以文章的形式首先刊载于由原则型领导学研究所出版的《优秀管理者》杂志。八年多来，约有500人在这家杂志上撰文阐述返璞归真的领导思维，他们代表了美国最优秀的管理思想。）

效率立足于特定的不变原则之上。人性中的自然法则，如同物理学的牛顿定律一样是真实不变的。这些原则已是文明社会不可或缺的组成部分，是家族传统和风俗延续的根源。

原则并不是个人或社会发明的，它们是植根于人类关系和人类组织的宇宙法则，是人性、意识和良知的一部分。人类如能信守公平、公正、正直、诚实、信任等基本原则，就能拥有生存与安定，否则就会走上分裂与毁灭。

经验告诉我，人们会凭直觉地信任那些坚持正确原则的人。我们长期与人相处时都会有这种体验。信任是长期的值得信任积累的结果，与信任相比，沟通的技巧相对次要。信任度高时，沟通毫不费力，我们可能出错，但别人仍能掌握我们的意思；信任度低时，沟通就会相当困难，而且耗时伤神，毫无成果。

相比之下一个人的个性比较容易养成，我们需要的就是学习一些新的技巧，调整说话的方式，吸取建立人际关系的方法和经验，采用积极肯定的方法，或者加强我们的自尊心。但要改变习惯，培养美德，学习基本修养，信守诺言，具有勇气，真正设身处地去了解他人的感受和信念，就困难多了，这恰恰是判断一个人成熟与否的标准。

看重自己，又能认同更高层次的目标和原则，这是人性的矛盾精髓所在，也是有效领导的基础。

领导指南针

原则如同指南针，依靠它们我们总是能找到方向。如果知道如何解读原则，我们就不会迷失方向、困惑或被互相冲突的意见和价值观念所误导。

原则是一种不言而喻的自然法则，它们是永恒不变的。当我们探索外部环境时，它们为我们的工作和生活提供了一个可供参照的方向。

原则随时随地皆可运用。它们以价值取向、思想、规范和教义的形态出现，提升人的水准，让人更加高贵，发挥人的潜能，充实人的力量并激发人的希望。历史给我们的经验是：

只要以正确的原则和谐运作，人类和文明就会繁荣昌盛。违背原则是社会没落的根源。若人类社会采取正确的原则，不知可以避免多少经济危机、文化冲突、政治革命和内战？

以原则为核心的领导方法是基于我们无法违背自然法则的现实。不管我们相信与否，这已为数百年的人类历史所证明。如果能恪守已经证实的这些原则，个人将更有成效，组织也将更有力量。它们不是解决个人与人际问题的快捷途径，而是一些基本的原则，坚持运用后即可成为习惯，促使个人、人际关系或组织的彻底改变。

原则和价值不同，它是客观的、外在的，依据自然法则运作的，与环境无关。价值是主观和内在的，好像地图一样。地图不是实景，它是用来描绘实际情况的主观意图。价值与正确原则（实际疆域或实际物件）越接近，它们也就越准确和越有用，但当实际情况改变或市场发生变动时，地图也会立即失效。

以价值为基础的地图可提供许多有用的描述，以原则为核心的指南针能提供无价的视角与方向。准确的蓝图是良好的管理工具，但永远向南的指南针则是领导与授权的工具。我们所选择的方向与指南针标示的一致，表示与自然法则相符合；但我们若局限于地图上的指引，将导致浪费资源、南辕北辙或错失机会。

价值观念反映基于文化背景的信仰。从小我们就培养出一种价值体系，是受文化影响、个人经历和家庭教育的结合，这些成了我们评价这个世界的标准。我们评估、排序、判断和行事，都是以个人标准作为基础的。

我们通常生活在一种被动的生活状态之中，是活在以价值观为基础的生活中，在那里，我们的行为主要遵循着别人对我们所扮演的特定角色的期望，例如配偶、父母、子女、公司主管、社区领袖等。因为每一角色都有自己的价值体系，被动的人就会经常发现，根据自己所扮演的角色和所在的环境，有时必须在同一时间满足相悖的期望，以不同的价值观应对。

如果将个人价值观与正确原则相结合，就能从僵化的观点和思维局限中解放出来。领导者的特质之一，就是谦恭。他们能够放弃固有的标准，客观地判断标准的适用性，并对照正确的原则分析自己的价值观、观点、信念与行为。在有差异（偏见、无知或错误）存在时，他们就会以更大的智慧进行调整。正是这些不变的原则，为他们的生活带来稳定和力量。

四项基本原则

以正确原则作为生活的中心，是在我们生活中激发无穷潜力的关键。有了这样的力量，我们就能实现许多梦想。正确的原则是一个让你安心、引导你、赋予你能量的核心。就像车轮的轴，能将各方力量结合在一起。原则不但是个人和组织宗旨的核心，也是文化的基础，并且可以将不同的价值、结构和体系整合在一起。

无论占据我们生活中心的是一些什么原则，那都是引导我们生命的主要源泉。这个系统可大致区分为四类基本原则：安全感、指引、智慧和力量。如果想要做到以原则为核心的工作和生活，就必须培育出这四种基本原则。

将注意力集中在另外的生活重心上（如工作、娱乐、社交、竞争、信仰、配偶、家庭、自我、金钱、财物等等），就会削弱我们的力量，使我们

各种替代生活重心

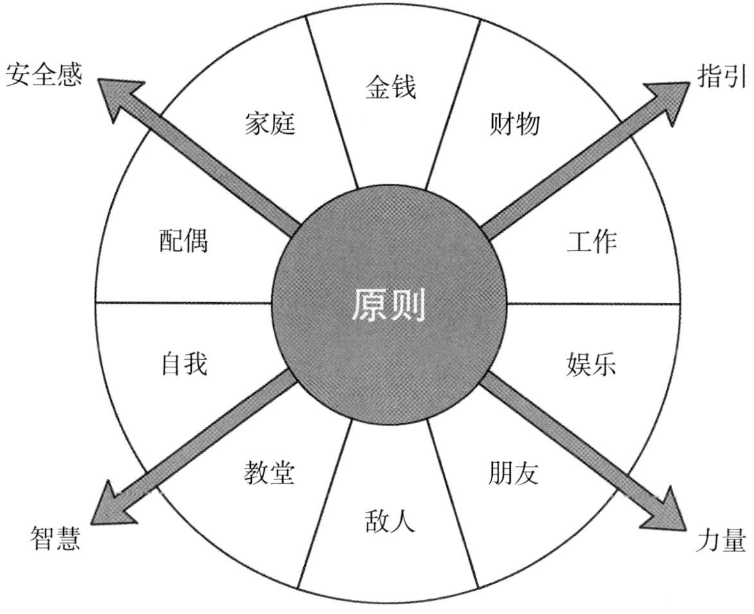

走偏方向。譬如，假如我们过于重视社会典范，就会受到环境和他人意见的掣肘、控制。若是缺少安全感和自尊，情感上就容易依赖他人；缺少智慧，我们容易重蹈覆辙；缺少指引，我们容易盲从，而不能有始有终；缺少力量，我们容易人云亦云，对外在条件和内在情绪都会做出反应。

但如果我们以正确的原则作为生活的重心，我们的生活就会更加平衡、稳定、有序、坚实。对于我们的行为、关系和决定，都会有合理的依据；生活中每件事，包括时间、才能、金钱、财物、人际关系、家庭和健康，也都能善加管理。

以原则为重心，为我们提供了足够的安全感，使我们不会因改变、比较或批评而感到威胁；原则还指引我们发现任务、确定角色和选择目标；使我们拥有从错误中学习、谋求不断进步的智慧；此外，原则还赋予我们面对压力和疲惫的状态也能沟通、合作的力量。

- **安全感**。安全感取决于我们的价值取向、身份、感情寄托、自尊和个人力量。安全感有程度上的差异，一端是具有绝对自信的内在价值，另一端则是极度的不安全感，个人的生活即在两者之间摆动。

- **指引**。指引是生活的目标，是由影响我们决策和行为的标准、原则或规范所构成的内在监视系统。这个内在的监视器即是良知。处于良知天平最低点的人，容易具有强烈的物欲和情绪上的依赖，往往表现出自私、纵欲或好交际的生活方式；而居于天平中间者，他们的社会良知逐渐成形，开始有了注重人性的特点、尊重传统和关心人际关系；天平最高点是精神良知，来自于启发人心的泉源，即是以原则为重心的指南针式的指引。

- **智慧**。智慧代表生命中富于哲理的一面，是一种平衡感，一种对生命各部分相互配合的深刻了解。它包括判断、分辨和理解。它是一种系统性的整体，一端是抽象的地图，使人们的思路建构在扭曲、不和谐的原则之上，另一端则代表正确完整的生活指针，所有的零件和原则都配合得恰到好处。随着智慧的增长，我们对理想（事情应当如何）了解得愈多，对事实（事情的现状）也愈会采取敏锐、务实的态度。智慧有能力帮助我们分辨真正的喜悦和短暂的乐趣。

- **力量**。力量是行动的能力，是做一件事情的精力和勇气，是做出选择和决定的推动力。它也代表有能力克服根深蒂固的习性，并培养更好和更有效的习惯。在力量的弱侧，我们看到被外在事物操纵，显得无力和缺乏安全感的人，他们依赖环境或他人，只能反映他人的意见和方向，不了解真正的愉悦和幸福；在另一端，我们看到有远见、有原则的人，他们的生活是个人决策而非外在环境影响的有效产物。他们推动事件发生，他们是主动出击类型的人；他们根据不变的真理和普世标准对事情做出反应。他们对自己的情感、情绪、态度以及思想、行动负责。

安全感、指引、智慧和力量这四项基本原则是相辅相成的。安全感和正确的指引带来真正的智慧，而智慧又是释放和导引力量的触媒。当这四大因素共存共荣时，就会创造一种伟大力量，塑造具备高尚人格、均衡个性、表里一致的个体。

组织的核心

以原则为核心领导方法包含“高效能人士的七个习惯”以及相关的法则、应用案例和操作流程。由于这种领导方法注重根本的原则和程序，因此通常能产生根本意义上的组织文化转变。

一旦贯彻以原则为核心，你的内心就不会受到外在环境的威胁，即使在巨大的变故面前，你仍能保持前瞻眼光和判断力，内在的潜力使你不断迈向更高的境界。

原有的组织重心（利润、供应商、员工、老板、客户、计划、政策、竞争、形象和技术）与以原则为核心的观念相比较，就显得漏洞百出。如同个人生活一样，以原则为核心的组织拥有更多的安全感、指引、智慧和力量。

例如：如果一家公司的安全感来自它的公众形象、现金流、相对竞争对手的优势或客户的青睐，那么公司领导人对于每日的新闻和事件就容易反应过度或反应迟钝。更有甚者，他们更容易将生意（或生活）看成是“零和游戏”，不时受到他人成功和知名度的威胁，对竞争对手的失败又暗中窃喜。如果我们的安全感是建立在他人的弱点之上，那些弱点将加倍地影响我们。

当一个公司上下都了解并自觉使用以原则为核心的方法，这样的公

替代组织中心

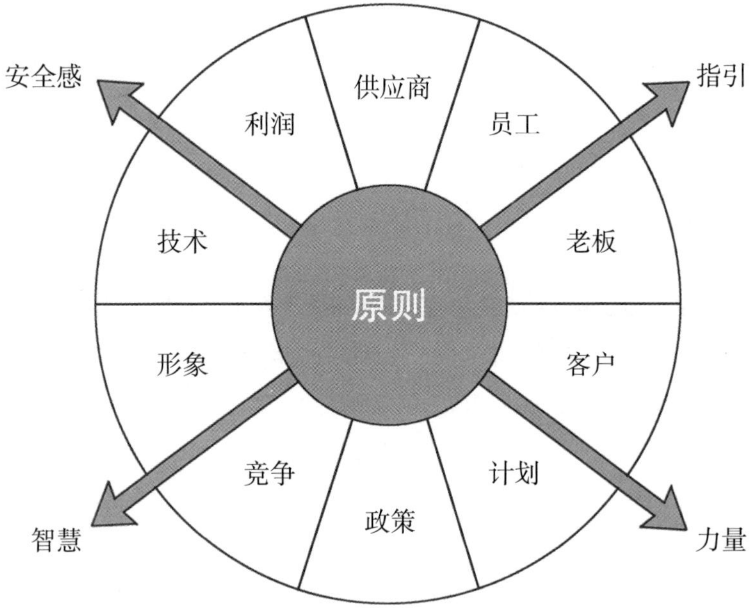

司才真正具备实力。方法相当于“做什么事”，也就是适用特殊环境的特殊手段；原则是“为什么要做这件事”，也就是做法和应用所依据的因素。训练员工时，我们通常只教给他们特定任务所需要的特定技能与做法（做什么事和怎样去做），如果我们没有同时传授原则（为什么要做以及为什么要这样做），我们就会使员工陷入一种被动工作的状态。

以原则为核心的领导人物能兼具“思想和方法”在组织管理上施展才华，他们还将这些原则融入他们的生活领域之中，融入与他人的关系之中，融入协议和合同之中，融入管理过程和公司宗旨之中。

对于领导者来说，真正的挑战是：**如何成为一名指导者而不是评判者，如何成为榜样而不是挑剔者。**

PART1

第一部分

高效能领导者的素质

PRINCIPLE-
CENTRED
LEADERSHIP

原则型领导的四个层次及关键原则

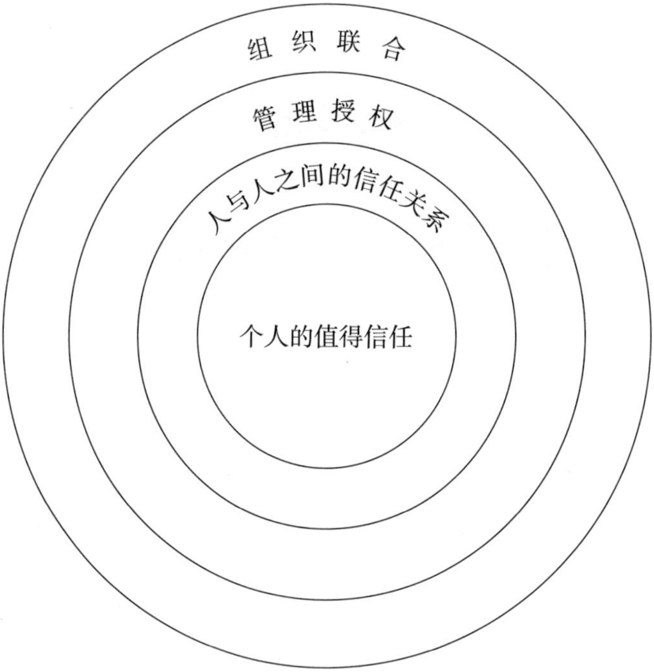

引言

INTRODUCTION

我一直主张自然的、循序渐进的个人发展方式。我认为，无论是减肥还是高级技能培训，任何产品或计划，如果宣称具有“速成、简便、免费”的特点，就很可能不是以正确的原则为基础的。但是几乎所有的广告都使用这类词汇，为的是引诱我们购买。难怪我们之中许多人也热衷于各种浮躁的个人发展方案。

在这一部分中，我想说明真正的人格和技能成长过程实际上和自然法则有着密切的关系。认识到这一点，我们就有力量打破陈规、克服旧习惯和改变固有的模式，使自己变得高尚并提高人际交往效率。

显然，我们并非不食人间烟火。我们出生在家庭之中并在社会中长大；我们会上学以及成为各类组织的成员。一旦开始工作，我们就会发现，我们所做的工作要求我们经常地和有效地与他人沟通。如果我们没有学会有效的处理人际关系的原则，我们的成长就会迟缓或陷于停顿。

因此在这一章里，我还要讨论建立和维护信任所需要的态度、技巧和策略。实际上，我们一旦变得相对独立，我们面对的挑战就是如何与他人建立互相依存的关系。为了做到这一点，我们在努力主动和有效地工作时，一定要运用换位思考和协作增效的方法。

走出困境

历史上那些最有意义的突破，都是通过打破旧的思维方式、旧的范例或旧的模式而得来的。以原则为核心领导方法就是一种突破性思维，目的是帮助人们走出现代生活中的典型困境：

· 面对压力和危机，怎样才能在工作与家庭、自我实现与职业追求之间保持一种智慧的能动的平衡？

· 如何化繁为简？

· 如何在突发情况导致计划失效时正确应对？

· 如何用理性看待人性弱点？

· 如何用尊重和发现的眼光看待他人，并从他们身上学到对我们有用的东西？

· 如何在避免失控的条件下，根据个人能力和自信程度进行授权？

· 如何才能在鼓励变革的同时避免损失？

· 在一个互相尊重的多元化的团队中，如何才能发挥自己的作用？

· 想要保持学习和成长，应该从何处下手？

在你阅读这一部分时，你将了解到什么是有效的自我领导原则，以及这些原则如何帮助你依靠自己解决这类棘手的问题。

四项原则和四个层次

以原则为核心的领导可以在四个层次上由内而外地实施。（一）个人的层次（个人与自我的关系）；（二）人际的层次（个人与他人的关系及互动）；（三）管理的层次（个人与他人在同一任务中的责任）；（四）组织的层次（将有着共同目标的人群组织起来的需要——招募、培训以及发放酬劳，构建团队、处理冲突以及确定组织结构、战略和体系）。

这其中任何一个层次都是“必要不充分的”，即是说，这四个原则是不可分割的整体，缺一不可。在这一部分我们首先讨论前两个原则：

- **在个人层次值得信任。**值得信任是建立在品格（个人魅力）和能力（专业技能）上的。如果你认同一个人的品格但不相信他的能力，你是无法信任这个人的。许多品格高尚但欠缺足够能力的人逐渐地失去信任，因为他们缺乏能力的表现让自己在机构中“被抛弃”。缺乏品格和能力会让我们不值得信任，而且我们也表现不出决策的智慧。如果没有显著地专业化的能力增长，就谈不上值得信任和信任的问题。

- **在人际层次上的信任。**值得信任是信任的基础。信任是两人之间的情感银行账户，可以使他们订立一种双赢的执行协定。如果两人以值得信任为基础互相信任，他们就可以享受无障碍的沟通、换位思考式的交流、协作以及建设性的互相依存。如果一个人能力有所欠缺，是可以通过培训的方式改善，但如果一个人的人格有瑕疵，他就需要增加内在的安全感、强化个人能力和重建信任关系。

信任是建立联系的基础，也是商业、工业、教育和官场的基础。

第一章

以原则为中心的领导特征

CHARACTERISTICS OF PRINCIPLE-CENTERED LEADERS

根据我的经验，我认为以原则为核心的领导者有八项明显的特征。这些特征特质并非领导人物的专利，它们也可以成为我们大家提升个人修养的出发点。下面我将逐项讨论。

活到老　学到老

以原则为核心的人不断从经验中学习。他们阅读、接受培训、听课，听取别人的意见，他们从所见所闻中提炼经验和知识。他们好奇，总是提出问题。他们不断提高自己的能力和做事情的本领。他们善于学习新的技能，培养新的兴趣。他们懂得愈多就愈加明白自己不懂的更多，了解的越多，所接触的未知也越多。这种学习与成长的能量，大多是自发产生和加强的。

学习制定目标并完成目标，可以帮助你更快速地培养自己的能力。从给自己立下一个小小的约定开始，继而兑现这个约定，你就会有一种掌握自己命运的感觉。然后再进入挑战的第二个层次，给自己立下另一个层次约定，使自己实现这个层次的自我掌握。如此下去，你的个人价值感就会增加，自我控制的感觉也与日俱增，让自己更具信心地去支配下一个阶段。

整个过程必须集中精神，因为如果违背对自己约定，不仅自尊受损，再立约定和遵守约定的能力也跟着降低。

具备服务意识

以原则为核心的人，将生活看作是一种使命，而不是工作。良好的教育基础使他们做好了服务他人的准备。实际上每天早晨，他们都怀着关心他人的使命整装待发。

保证自己每天都做好服务他人的准备，把你的能力作为帮助他人的工具。保证自己能够根据他人的需要调整服务于他人的方式，学会与他人同舟共济以及团队合作。这些是服务意识的外在表现。

我特别强调以原则为核心的领导者一定要有服务意识、要勇于承担，因为我相信，不承担责任就不可能成为有原则的人。若我们只是将服务意识当成一种新的知识或是一种道德标准，而不是对其怀有责任感并有为其作出牺牲的觉悟，那么一切努力都是徒劳的。

辐射积极的正能量

以原则为核心的人总是带着快乐的表情，他们态度乐观、积极、向上，充满热心、希望与信念。

具备乐观向上的态度的人就像是一个具备正能量的气场，可以补充或改造周围较弱的负能量场。他们还能吸引并增强小的正能量场，在遇到较强的负能量时，往往能起中和的作用，使其消极的影响力减退。具备乐观向上的态度的人还可以躲避有害的氛围，智慧使他们能够感知负能量的强度，并利用自己的幽默感在恰当的时机化解它们。

了解你自身的能量，知道你是如何释放并引导这股能量的。当你陷身困惑、争执或消极的态度之中时，你应当尽力做个调节者，尝试摆脱或改变破坏性的能量。当积极的能量与下一种特征结合时，你会发现它具有一种自我完善的预见性。

信任他人

以原则为核心的人对消极的行为、责备或他人的弱点，不会过度反应。发现了别人的弱点，他们不会趾高气扬。他们并不幼稚，在了解人性的弱点的同时，更知道外在的表现和内在的潜力是两回事。他们相信每个人都有未发掘的潜能，他们感激上天赋予的一切，同时以怜悯的心宽恕和原谅他人的不敬。他们不会怀恨在心，也不会将他人分成三六九等或对人乱下断语。恰恰相反，他们能见微知著，了解帮助他人成长的方法。

曾经，我和我太太对于大家对我儿子的误解感到不安，虽然这些说法的确来自于他的行为。但后来我们关注于他的潜能，采用了另外一种方式对待他。我们相信当这种内在潜力被激发之后，那些有关他的误解也就会自然消失了。我们并没有试图在一夜之间改变他，只是等待他的天赋与才能在适当时机出现。结果他真的改变了，亲属们对此都十分惊讶，但我和太太因为了解他的本质，对这种改变一点也不觉得突然。

没错，你所坚信的就会发生，因此我们要相信尚未开发的潜能，创造一种适合潜能发挥的环境。以自我为重心的人认为关键在于自己，在于自己的技巧，在于将自己的感受套用在他人身上，但这只能产生短暂的效果。如果你认为关键在他人而不在自己，你就会放松、接受、肯定，并让它自然发生。这是一种自我完善的预见能力。

平衡生活

以原则为核心的人阅读最优秀的文学作品和最好杂志，关心时事。他们活跃于社交界，有许多朋友和几个知己；他们在学识上也是活跃的，爱好广泛，他们坚持阅读、关注、观察和学习，在年龄和健康范围内，他们在体育运动上也十分积极。他们乐趣十足，享受人生，有幽默感，善于调侃自己，而不伤害他人。他们合理的认知自己，诚实地对待自己。

他们了解自己价值，勇气、正直、低调是他们价值的表现，他们从不炫耀历史功绩，也不依靠虚荣和浮夸的头衔、资历。他们真诚地与人沟通，简单、直接、自然。他们还知道什么是恰到好处，他们宁愿低调从事，也不愿高调宣扬。

他们不走极端，不使用绝对的标准来衡量事情。他们也不将所有的事情一刀切，单纯的以是非、优劣来进行评价，而是以连续、有层次的方式来思考问题。他们有能力分辨、觉察情况之间的差异。这并不是说他们没有立场，他们能够分辨那些真理的存在，也具备惩恶扬善的勇气。

他们会选择与环境相适应的行为与态度——均衡、合宜、中庸、明智。比如他们不会是工作狂、宗教狂热分子、政治极端分子、暴饮暴食者、追求享乐者或绝食的烈士。他们被自己的计划或时间表所束缚，也不会因愚蠢的错误或不可抗拒的环境而过分自责，不会浪费太多的时间去感怀过去或者去幻想未来；他们理性地活在现在，仔细地计划未来，并随环境的变动而调整自己。他们诚挚的表现出幽默感，愿意认错并且不会被过去错误束缚、积极的去做力所能及的事。

他们不会通过愤怒或者装可怜的方式去控制他人，他们为其他人的成功感到由衷的高兴。他们冷静地看待沉浮，既不会因为成功而飘飘然也不会因一时失意而过度反应。他们认为成功和失败共存，对于他们来说唯一的失败是事后没有学到经验。

人生如同探险

以原则为核心的人喜欢品味人生。由于安全感来自内在而非外在，他们无须把生活中每件事和每个人分类，才能感到踏实。他们以新的眼光看待旧事物，仿佛初次见到。他们如同走向未知领域的勇敢探险家，虽然不知道前面会发生什么事，但相信那将是充满刺激的历程，对成长有所助益，而且终将发现新领域并创造新的价值。他们的安全感来自主动、机敏、创新、坚持、勇敢、耐力和天生的智慧，而不是从自己所熟悉的领域得到的安全感。

他们每次见到朋友，都会有新的发现。他们对人兴趣十足，喜欢提问题并一起讨论；倾听时总是全神贯注，注意向对方学习，不以过去的成败论英雄；他们不相信有人会比真人大，他们不畏惧权贵显要，也不想成为任何人的门徒。他们是那种不轻易大惊小怪、有能力见招拆招的人，灵活性是他们的原则。他们的生活是多姿多彩的。

相信协作增效

协作增效指的是整体的力量大于各部分力量的简单相加。以原则为核心的人信奉协作的力量，他们就像是积极的催化剂，主动地改善自己所在的各种环境。他们工作得勤奋而又轻松，他们的效率特别高，生产方式又很新颖和富于创造性。

以原则为核心的领导者在团队合作中增强自己的力量并善于取长补短。由于相信他人的优点与能力，他们对有效地授权他人的做法视为自然和理所应当。由于不会因他人的优势感到威胁，因此他们认为对手下没有必要严密监督。

在互相竞争状态下，以原则为核心的人与他人谈判沟通时，了解如何根据问题区别待人的方法。他们重视他人的兴趣与关切，而不在立场上争辩。通常对方会慢慢发现他的诚意，因而参与到解决问题的过程中来。双方共同找出的可行方案通常会比最初提案要好得多，这不是双方各让一小步的妥协方案可以比拟的。

练习自我更新

最后，他们经常进行有关生理、心智、情感和精神这人性四大层次的练习。

他们经常参与一些有氧运动，即运用大腿肌的运动来促进心肺功能。这种运动可以培养耐力，改善身体和大脑的供氧量，还可带来许多其他身心上的益处。其他有益的运动还包括着重灵活性的伸展运动和增强筋骨的力量运动。

他们通过阅读、寻找问题的新解法、写作和冥想来训练心智。在情绪上，他们努力培养自己的耐性，将心比心地倾听别人，表现无条件的关爱，为自己的生活、决定和反应承担责任。在精神方面，他们关注于祈祷、读经、冥思和斋戒。

我确信，一个人如果每天花一小时在这些基本活动上，他一定能改善使用其他时间的质量、效率和满意度，甚至包括睡眠的深度。

四个层次的练习就好像磨刀不误砍柴工——一天当中你会发现这一小时收获颇多。如果每天坚持，你会很快体会到这种效果带来的好处。

这些活动有些可以在日常作息中随机进行，有些则必须特意安排。要做这些事情看起来会占用部分时间，但从长远来看却能节省许多时间。我们切不可只顾砍柴而不磨刀，只顾开车而忘了加油。

我发现，当我在清晨进行这一小时的活动，就像战胜了自己，进而确保了这一整天公众事业的顺利。但是如果不情愿或三心二意地进行这些活动，就不仅丧失了战胜自己的机会，还会整日因公众的压力而惶惑不安。

掌握这种自我更新的原则，将逐步造就出具有强烈的纪律意识和服务热诚的坚强、健全的人格。

第二章

重温高效能人士的七个习惯

SEVEN HABITS REVISITED

人类特有的七项天赋

伴随“高效能人士的七个习惯”的，还有人类特有的天赋。

七个习惯中的“积极主动”、“以终为始”和“要事第一”三项是人类的基本天赋。如果一个人的这些天赋得到了发挥，次要的天赋就会随双赢思维、知彼解己、统合综效的习惯传给他。与第七项习惯“不断更新”相关的天赋也就是关于成长和发展的过程。

人类的基本天赋是：（一）自我意识或自知；（二）想象和良知；（三）意志或自制力；次要的天赋是；（四）知足的心态；（五）勇气和谨慎；（六）创造性；（七）自我更新。所有这些天赋都是人类所特有的，动物没有这些天赋。人类的这些天赋因人而异。

- **与“积极主动”相关的天赋**：积极主动的习惯来自于自知或自觉的天赋——选择反应的能力（反应能力）。在积极程度较差的一端是一些低效能的人，他们以抱怨他人、事件或环境来转移责任——因为某人某事，因此这样的结果不关他的事。如果我

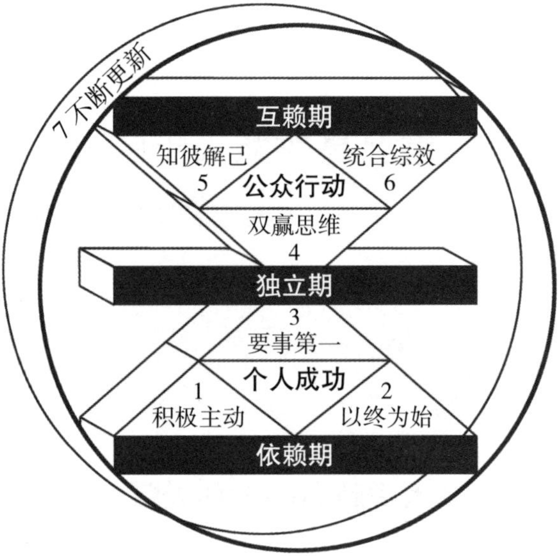

把责任推给他人，我实际上等于向他人授权，我把自己的责任归咎于他人弱点，然后我可以制造证据证明其他人才是导致问题出现的原因。

在积极程度较高的一端是高效能增长和自觉的天赋："我知道我所向往的方向，我知道我心中的蓝图，但我本人不是那些蓝图，我可以改写那些蓝图。"你知道是你自己在为你的生活创造动力，你不会去屈从于环境，你可以选择对外界变化的反应。你可以选择用什么样的行为去应对发生在你身上的事情。当你愈善用这种选择，可供选择的程度就愈大。当你在自己掌控的圈子里工作和行使这种选择的能力时，你就逐步不再是一个"热反应器"（即不区分刺激物和反应），并开始成为一个冷静、负责的选择者，不管你的遗传因素、成长背景、童年经历或环境如何。在你选择的自由中存在着追求成长和幸福的力量。

如果你能使公司里的每一个人都心甘情愿地实行“质量从我做起，我要根据谨慎的原则和价值观做出自己的决定”的信条，想象一下会有什么结果。积极进取的精神培养你控制自己的情绪服从于价值观。你接受你的情绪：“我失望，我愤怒，我烦恼，我接受这些情绪；我不否认也不压制这些情绪。现在我知道应当怎么做。我是一个负责任的人。”负责任——这就是一条原则。

总之，通过运用自觉的力量对条件做出反应，你就从一个被动的接受者变成了一个有自决能力的人。

• **与“以终为始”**相关的天赋：从最终目标开始计划的习惯来自想象和良心的天赋。如果你是项目策划人并且由你撰写项目计划，你应当决定将怎样使用由你掌握的时间、人力资源和工具：“在我可控的范围内，我将做出决定。”

在以终为始的低端是一种对目标、目的和为改进所做的努力的徒劳感。不管怎么说，如果你只是一个受害者和事件的承受者，你能做什么呢？你只能在生活中徘徊，希望事情的结果会不错，并指望你只能靠运气糊口。

而在另一端是一种希望和目的感：“我已经在心中创造了未来，我看到了它，我能想象将来的情景。”动物不能这样做，它们也许本能地采集坚果过冬，但它们不会创造采果机，也不会问这样的问题：“为什么我来采集坚果？我为什么不让别人为我采集坚果呢？”只有人类才会思考这样的问题，也只有人类才有能力想象一个新的行动方式并有良心地照此行动。

良知有什么用呢？为了高效，你的良知必须监视你的所思、所见、所行。若缺少良知的约束一个希望将创造性付诸实践的人，很可能会做无良的事，至少他也会用创造才能去满足物欲。这样他一定会变得虚伪，说的是一套，做的是另一套。

这使我想到奥斯卡奖的获奖人，获奖者多数表现了创造性与良知的统一，如凯文·科斯特纳导演的《与狼共舞》就讲述了土著印地安人一段很美好的故事。奥斯卡评委会知道，电影业有巨大影响，创造力一定要与富有良知的社会责任感相结合。

想一想如何练习运用人类特有的这两种能力：首先，假如你来到办公室或回到家里，见到一片狼藉的景象，没有人收拾房子，大家都没有履行诺言，而你又疲惫不堪。

想象你对这个现实的反应是成熟、明智和自我控制的，看看这样的反应对另外一个人会有什么效果。你没有指出人家的过失，你动手收拾起来，你乐呵呵的。你的行为一定会触动别人的良知，让改正的事自然而然地发生。

只不过运用了两项人类专有的天赋：想象和良知。你没有依赖回忆，如果你依赖了回忆或历史，你可能会失去冷静，对别人做出评判并使事情恶化。你过去对类似或同一刺激物所作的反应形成了记忆，所以记忆把你和过去连在一起，而想象则把你带向未来。你的潜力是无穷的，但想要发挥潜能，则需要你无论条件怎样都能运用你的人类天赋。

在《探索意义》一书中，奥地利精神病学家维克托·弗兰克尔谈到他在纳粹德国死亡集中营如何运用他选择的能力，对可怕的环境做出反应。有一天他被当作人体试验品，这时他发现自己“拥有选择的力量”。他探索事情的意义，他相信如果你发现这件事是有意义的（目的或事业），你能够解释“为什么”，你就能做“任何事”。

弗兰克尔职业生涯的进展即源自这一深刻的见解。他本来是一个弗洛伊德学派的心灵决定论者，后来他发现这是一个谎言，没有科学依据，是研究神经病和精神病患者，而不是研究健康的、有创造力的人的结论。他没有走向回顾过去，而是走向想象和良心。

- **与“要事第一”**相关的天赋：把最重要的事情放在第一位的习惯来源于意志的天赋。在“要事第一”的低执行端是过着低效的漂浮不定生活的人，他们避免责任，拣容易的事做，很少运用自己的主动性和意志力。在另一端则是过着极其严格生活的人，他们的生活专注于最重要的但不一定是最紧迫的事情上。这是一种有影响力的生活。

你从被动相应变成主动创造资源，从感到徒劳到充满希望，从松散到严格——这就是“积极主动”、“以终为始”和“要事第一”的含义。“积极主动”来自自觉或自知，“以终为始”来自良心和想象力，“要事第一”来自意志力。这些都是动物没有的人类天赋。在由低及高的变化过程上，你从被危机驱使和“不能”、“不会”状态，进入到专注于生活中重要的但不一定是紧迫的事情上，并有意志力这样做。

从基本天赋到次要天赋

开发基本的人类天赋可以使你更有效地使用次要的天赋。

- **与双赢思维相关的天赋**：双赢思维的习惯来源于知足心态天赋。为什么？因为你的安全感来自于你的内心，要用原则检验一切。你的配偶犯了错误，你不会非难。为什么？因为你的安全感不是来自你的配偶是否辜负你的期望。如果你的儿子、丈夫、朋友或上司犯了一个错误，你也不会非难。为什么？因为你的安全感不是来自他们。你的安全感在你的内心深处。你是一个以原则为核心的人。

当人们越来越变得以原则为核心的时候，他们就会喜欢分享赞誉和能力。为什么？因为能力和思想不是一个有限的蛋糕，而是一个不断增殖的蛋糕。有关资源有限的基本观念是错误的，人们的伟大能力远远没有被挖掘。知足心态为每一个人带来好处、能力和赞誉。

双赢思维递进的过程中，你内在的自我价值感和为了公共利益的仁慈愿望，使你从索取心态进入到知足心态。

- **与"知彼解己"相关的天赋**：首先寻求理解他人然后寻求被他人理解的习惯来源于勇气加体谅。首先寻求理解他人是否需要勇气和体谅呢？想一想你面临的问题吧。你这样说，"你需要理解我，但你不理解。我理解你，但你不理解我。所以让我先讲我的故事，然后你爱说什么都可以。"对方说，"好吧，我会努力去理解的。"其实，他一直在"听"和准备他的回答。他假装在听，有选择地听。你放映家庭电影或讲述你的自传中的某一章节，你说"让我告诉你我的经历"，人家一定不爱听，除非他能理解。

假如你真的倾听别人，结果会怎样呢？整个关系就变了："别人开始听我说话，他好像在品味我的话。不管他是否同意，他只是在听，我感到他好像在看我看到的世界。在这个过程中，我发现我在倾听我自己，我开始感到我内在的价值。"

几乎所有人与人之间的问题，其根源都是基本的沟通问题——人们不会"换位思考"。他们从自己内心的自我意识出发去听别人说话。他们缺乏换位思考倾听的技巧和态度。他们需要认同；他们缺少勇气。在他们的参照构架内，他们会这样说："我怎样才能取悦那个人呢？他有这种支配的高度需求。等一等，我是管事的经理，我不是来听的，而是来说的。如果我想知道你的意见，我会说的。"倾听的能力需要克制、尊重和移情，而让人理解你的能力需要勇气和体谅。在这个渐变的过程中，你从“战或逃”这种本能的反应转向双向沟通的高端，而双向沟通需要建立在勇气和谅解的基础之上。

- **与“统合综效”相关的天赋**：协作增效的习惯来源于创造性天赋。怎样创造？你自己吗？不，两个人通过沟通产生的办法，要比其中一个人的原始方案好出许多。多数情况下，谈判是一种立场上的讨价还价，妥协是最好的结果。但你一旦进入协作的交流，你会把立场放在一边。你理解并去努力满足基本的需求和利益。

哈佛大学教授罗杰·费希尔、威廉·尤里合著的《取得谈判成功》一书对谈判提出了一套全新的方法。假设立场对立的两方，一方说“我要打开窗户”，另一方说“我要关闭窗户”，他们偶尔也做一些妥协（一半时间半开）。与这种方法不同，两位作者看到了协作的可能性。“为什么你要开窗户？”“我想要新鲜空气。”“为什么你要关窗户？”“我不要气流。”“我们怎样做才能既有新鲜空气又没有气流？”现在，这两个互相尊重、懂得各自需求的有创造性的人可能会说，“让我们打开隔壁房间的窗户。让我们重新安排家具。让我们打开上半扇窗户。让我们打开空调。”他们寻求替代办法，因为他们不是在固守立场。

一旦出现分歧，你就说，“让我们来一次双赢的协作吧。让我们互相倾听。你有什么需要？”“是这样，我现在只想看电影，你想要什么？”也许你可以提议一部电影，或别的什么可以使双方都满意的活动。总之你让大家思考。如果你有团队精神，你就可以开始建立一种有力的联系，一个情感账户，人们会愿意让眼前的需求服从于长远关系。

无论在家里或在公司里，对自己来说重要的行为准则之一是不说别人的坏话。忠于不在场的人，如果你想保持与在场的人的关系的话，请忠于不在场的人。如果你有问题，你应当直接找当事人去解决问题。如果拒绝在别人面前讲某人的坏话，那么你就在他人面前赢得了信任。如果有人在某人背后讲他人的坏话，请不要参与其中。

譬如，在发生死亡、离婚、再婚等之类事情之际，家庭中一般会有许多紧张情绪。感到被轻视或欺骗的家庭成员常常说一些有关别的家庭成员的难听的话。想一想，如果家庭成员遵循下面两条原则，可以避免多少痛苦和悲伤呢？这两条原则是：(一)我们家的人和关系比东西重要（人在弥留之际从不会说要花更多的时间在办公室，而只说各种关系）；(二)如果我们有困难和问题，应当直接去找有关的人。我们要对自己的态度和行为负责，对于这种情况我们可以选择不同的反应。只要有勇气和体谅精神，我们可以开诚布公地相互沟通和创造一个双赢的局面。

在渐变的坐标中，你从防卫式交流、妥协交易走向协作和创造性的方法与转变。

• **与“自我更新”相关的天赋：**“不断更新”的习惯来自为了克服乱局的不断改善和自我更新的天赋。如果你不进行不断的改进和更新，你就会进入一种自我循环系统。在渐变系统的低端是乱局（一切都陷于中断），高端是改进、创新和精益求精。

重温“七个习惯”，我希望你能运用与这些习惯相关的人类天赋，使其他许多人从中受益。

第三章

高效能人士的三大决心

THREE RESOLUTIONS

每一个机构和个人都在保持核心价值观、职业道德和原则的统一。不管我们宣称有什么样的信仰，我们都会面临阻碍、反对和挑战，而有时这些会使我们做一些与我们的宗旨、意图和决心相反的事情。

也许我们会认为，只要下定决心和定下新的目标，我们就可以改变那些根深蒂固的习惯和固有方式。但我们发现习惯很顽固，即使我们有良好的动机和承诺，旧习惯也年复一年地沿袭下去。

我们在制定新年决定的时候常常犯两个错误：第一，我们通常缺乏自我认知，因此我们的习惯造就了我们的身份，这样，决心改变习惯就威胁到我们的安全感。我们没有认识到，我们的身份并不是由习惯决定的，我们可以养成习惯，也可以改变习惯。我们不必成为条件和条件反射的牺牲品。我们能写自己的字体、选择自己的道路和掌握自己的命运。

第二，我们对自己的目标不是很明确，所以我们的决心很容易动摇，然后我们就很容易因情绪低落而放弃。用好习惯取代一个根深蒂固的坏习惯，仅仅靠“心理分析”出来的“从正面想”、“再加一把劲”之类的简易成功公式是不够的，还需认识自我、认知原则以及了解成长和变化的过程，包括评估、承诺、反馈和贯彻到底。

如果我们从未有规律的向他人汇报我们的进度，也不去主动获取关于我们表现的客观反馈，我们的决心很快就会瓦解。问责孕育“应激能力”，承诺和参与产生变化。在培训执行层的时候，我们使用分步、自然、渐进、连续的方法来达成变化的目标。实际上我们要求执行层当众定下目标和做出承诺，每月互相学习和交流这些材料并互相通报取得的进展。

如果你想克服有着巨大惯性的旧习惯、风俗和文化，以实现预期的变革，你需要计算和整合必要的资源。在空间物理学中，我们必须有一种巨大的推力才能帮助航天飞机摆脱强大的地球引力。摆脱旧习惯也是如此。

摆脱根深蒂固的习惯，如拖沓、喜欢批评别人、吃喝过度或贪睡，除了需要一点点愿望和意志力，还要做另外一些事。仅有决心往往不够，我们还需强化关系——追究我们责任的人和计划。

记住：反应能力是指对环境和条件选择反应的一种能力。当我们具有这种反应能力时，我们的坚持就会比我们的情绪和环境更强大，我们也能兑现诺言和下定的决心。比如我们早上不留恋床垫，早早就起床，我们就取得了当天的第一个胜利，这个“日常的个人胜利”使你有了某种自制感，接下来我们就可以去赢得更多的公共胜利。当我们顺利地应付了每一个新的挑战，我们就释放了将我们提升到一个新高度的崭新能力。

普世决心

在我们的生活中，新的决心和动力往往要面对强大的抑制力量，这些力量有：（一）欲望与情感；（二）傲慢与虚伪；（三）抱负与野心。坚持下列三个决心就能使我们克服这些抑制力量。

第一，用自律和自我克制来克服欲望和情感的阻力。过分放任物欲与情感，必定损害我们的精神以及我们的社会关系。我们的身体是一个生态系统，如果我们的收支与生理失去平衡，其他所有的系统也将受到影响。

因此，不断“自我更新”是一个十分基本的习惯。节制、一贯和自律的原则对于一个人的生活具有根本性的意义。信任来自值得信任，而值得信任又来自能力和品格。放纵只会给我们的判断和智慧带来负面影响。

我知道有些人放纵，仍然表现杰出甚至是天才。但长此下去就会出问题，许多富翁和名人因为放纵自己而失去财富和名望、成功与影响。我们要么节制欲望与激情，要么就让欲望和情感控制我们。

许多公司和城市都有老化的存货和基础设施，同样，许多管理人员的身体也老化了，这使得他们难以克服放纵的毛病。随着年龄的增长，人体的新陈代谢也发生变化，为了保持健康需要更多的智慧。一方面需要自律和克制，另一方面是放松和放纵的欲望，我们的年龄越大，就越来越处在这两者的矛盾之中。我们觉得自己已经付出了代价，现在有资格放开了。但是如果我们对自己容允和放纵，如饮食过度、睡得太晚或懒得锻炼，我们个人的生活质量和专业工作就会受到负面影响。

我们之中许多人屈从于对额外的睡眠、休息和休闲的渴望。

多少次你设定闹钟和下定决心早早起床，但闹钟响过之后，你的决心也松懈了。这是意志和床垫之间的战斗，而床垫往往是赢家。这样你又晚起了，然后慌慌张张地穿衣、整理、吃饭、出门。在忙乱中，你变得不耐烦，对别人漠不关心，你神经紧张，脾气不好，这些全是因为睡过了头。

试想，头一天晚上，在一个合理的时间上床睡觉之前，如果你能安排好你第二天要做的事情，情况一定会大不一样。我发现睡前一小时是为次日做准备的最佳时间。然后，在闹钟响过之后，你立即起床并安排好一切。这个清晨的个人胜利给了你一种征服、克服和掌握之感，这种感觉推动你迎接这一天里的各种挑战。成功再生成功，取得早上战胜自我的胜利也能导致更多的胜利。

第二，克服傲慢与虚伪的阻力，下定决心运用品格和能力。苏格拉底说，“在这个世界上尊严地活着的最佳方式，是做一个你假装想要做的那种人。”也就是说，做一个你想在别人心目中出现的那种人。这个世界多半是有形象意识的，对于形成我们是谁的观念，社会镜子具有强大的力量。要使自己显得强大、成功和时髦的压力，有时会迫使一些人做手脚。

如果你的生活与你的核心价值观和原则相协调，你就能直率、诚实和开诚布公。对于诡计多端和口是心非的人来说，没有比真诚更难以招架的了。

每当我们放纵自己的欲望和情感时，我们就很容易被傲慢与偏见所控制，然后我们就开始作秀、伪装和使用虚伪的手段。

如果我们有关自己的定义或观念来自别人对我们的看法，我们就会按照他人的要求和期望调整我们的生活；而我们越是为满足他人的期望而生活，我们就越是感到无力、肤浅和没有安全感。比如一个资历较浅的管理人员会取悦他的上司、同事和部下，但他发现这些人对他有不同的要求。他会感到如果自己只忠实于其中一个人，就可能得罪另一个人，于是他就开始玩游戏、装样子，相处融洽或躲避，取悦或安抚，到头来他发现，努力做一个八面玲珑的人的结果，是里外不是人。别人因此看出了他的为人，他自己也因此失去了尊严，也失去了他人对他的尊重。

高效能者根据原则安排自己的生活和处理各种关系；低效能者则按轻重缓急安排时间、根据目标安排任务。有效性与人有关，效率与物有关。

当我们审视愤怒、仇恨、嫉妒、猜忌、傲慢与偏见或任何反面的情绪或情感时，我们常常发现其根源在于我们存在被人接受、肯定和尊重的愿望。我们想找到达到顶峰的近路，但要取得持久的胜利却没有捷径可走。无论关于“打破传统”的说法有多少，关于收获的法则仍然是有效的。

几年前，当我还在杨百翰大学马里奥特管理学院任教的时候，有个学生到办公室来见我。他问我他的课上表现如何，在寒暄之后，我直截了当地说：“你不是来了解你的课上得怎样，而是来了解我的看法。你对自己的功课知道的要比我透彻得多，是不是？”

那个学生说是，于是我问他：“你的课上得怎样？”他承认自己只是想混个勉强及格，为自己没有努力、仓促应考和寻找捷径，他说出了一大堆理由和借口。他来见我只是想看看这一套灵不灵。

如果人们作秀和伪装的时间长了，屈从于虚荣心，他们就会开始逐渐地欺骗自己。他们将受到环境的打击以及来自他人的威胁。他们要为维持虚荣而挣扎，但如果他们信奉春种秋收的自然法则，接受真实的自己，他们就能逐渐地对自己有一个准确的认识。

一个人追求时髦就好像上了跑步机，步伐像追赶影子那样越转越快。只有外表是永远不会令人满足的，所以建立在时髦、财产或地位标志之上的安全，对我们来说可能成为一个祸根。埃德温·哈贝尔·蔡平（美国唯一神教派牧师——译者）说："时髦是关于外表的科学，它鼓励人们追求表里不一的愿望。"

为了更好地与他人相处，我们当然需要关心他人的看法和感觉，但我们不应当把他人的看法都当成标准并照此行事或做出反应。

第三，克服放纵的灵感和野心，决心将自己的才能和资源贡献给高尚的事业并服务他人。如果大家都在"追求最好"并关注"我能得到什么"，那么人们就不会有服务社会的意识，也就是说不会去促进产生有价值的原则、目的或事业。人们只会我行我素。

偶尔他们也会使用替人服务的语言，但总是在考虑自己的小九九。他们可能很投入，工作很努力，但他们专注的不是为别人服务。他们的注意力集中在权力、财富、名誉、领地和财产之上。

注重职业道德的人从服务社会的道德角度看待每一项商业交易。所以，谦卑是任何美德之母——因为谦卑倡导社会服务意识。有了这种意识，你就能做一切好事。但是，如果你陷入傲慢和满脑子"我的意志、我的议程和我的需求"，你就必然会完全依靠自己的力量。你就与荣格（瑞士心理学家——译者）所说的"集体无意识"即大社会精神气质的力量无缘，这种力量本来是可以通过你的工作释放出来的。

有抱负的人追求个人光荣，特别关心自己的行为表现。他甚至认为自己的配偶和子女都是个人财产，并要求他们以自己的行为给他争光。这种占有型的爱极具破坏性。他用"能为我做什么"来衡量生活的一切，因此每个人不是他的竞争对手就是阴谋家。

他与他人的关系，即使是很密切的关系，也是竞争而不是合作关系。为了达到自己的目的，他可以使用威胁、恐吓、行贿、压力、欺骗和运用魅力，无所不用其极。

这种人可能说，他也热爱伴侣、公司和某项事业，但因为没有服务社会的精神，他常常拒绝伴侣、公司或事业给他的生活提出的要求。由于口是心非，动机和利益相互矛盾，他常常对自己开战，而内战又常常招致与他人的战争。口是心非的对立面是心口如一或诚实，通过对他人的无私服务我们可以达到诚实的境界。

个人成长的含义

若我们无法控制自己的欲望，我们就不能掌握好自己的情绪，成为情绪的俘虏，热衷于追求财富、领地、声望和权力。

我曾经帮助一位低层管理人员尝试接受更高的原则，但没有什么结果。这时我开始意识到，我在要求他在克服第一个诱惑之前就克服第三个诱惑。这好比要求孩子在爬之前就能走路。之后我改变了方法，先让他控制自己的情绪，后来取得了很好的效果。

如果我们克服了一些基本欲望，我们就有在以后实现更高层次目标的信心。譬如通过节制饮食和运动来保持正常的体重，许多人会经历一个大的转变。他们不但看起来好得多，感觉也比从前好，同时他们对别人就会更好，也增加了他们一直想做的重要但不紧急的事情的能力。

在你确认“我是我自己的主人”之前，你不能说“我为人民服务”。也就是说，虽然我们有服务社会的愿望，但在压力或紧张之下，我们可能被一种特别的情绪和欲望所控制。我们大发雷霆，嫉妒、羡慕、贪婪或懒惰，然后我们感到犯了错误，我们许下诺言又失言，下定决心又不能兑现。我们逐渐对兑现诺言失去了信心。虽然我们希望成为“人民的公仆”，但最后谁支使我们，我们就是谁的仆人或奴隶。

这使我想起在《四季男人》一剧中理查德 · 里奇对大臣托马斯 · 摩尔爵士的请求。里奇钦佩摩尔的诚实和正直，很想被他雇用。他请求说：“请雇用我吧。”

摩尔回答说：“不行。”

里奇再次请求说，“雇用我！”但回答仍然是“不行”。

然后里奇许下了一个可怜又可爱的诺言：“我坚定不移！”

托马斯爵士知道是什么在支使理查德·里奇，于是回答说：“理查德，直到今天晚上，你都不能为自己负责。”也就是说，“你眼下可能会声称自己是忠诚的，但在另外一种情况下，比如适当的贿赂和压力，你就可能被你的野心和傲慢所控制，再也不会对我忠诚了。”

托马斯 · 摩尔爵士的预言当晚就被验证了，因为理查德 · 里奇背叛了他！

一个人成长的关键是学会承诺和兑现诺言。自我牺牲是克服所有三大诱惑的基本因素。英国作家约翰 · 亨利 · 纽曼说：“为责任而牺牲个人爱好是一种秘密的自我牺牲行为，值得所有成熟的人去思考，应当得到温暖的情感和热烈的祈祷。而懒人却总是放纵自己的。”斯特林也说：“讲授自我牺牲的最坏的教育也比讲授其他一切但不提倡自我牺牲的最好的教育要强。”

下定和践行这三个普世的决心将加快我们的个人发展，而且有可能增加我们对别人的影响。

PART2

第二部分

高效能人士的自我领导

PRINCIPLE-
CENTRED
LEADERSHIP

第四章

培养最重要的人格

PRIMARY GREATNESS

艾里克·弗洛姆（1900—1980，德国出生的精神分析学家）在他的著作和工作中观察到，表现的独特基本上是我们为了让他人接受我们的产物。

他说：“今天，我们遇到了行为像自动装置那样的个体，他不认识或不理解自己，他只知道他应当成为什么样的人，而那种人毫无意义的喋喋不休代替了交流语言，人造微笑代替了真正的欢笑，麻木的绝望感代替了真正的痛苦。”

积极的个性特征虽然对成功是必不可少的，但这只属于次要的伟大人格。在人格形成之前谈论个性无异于无本之木。

如果我们坚持运用个性技巧来增加我们的社会互动，我们就可能动摇首要的人格基础，这就是说舍本逐末。要想在公众中取得胜利就必须首先战胜自我。自制和自律是与他人建立良好关系的基础。

从短期内来看我们可以运用小聪明和小手段促使他人听命于我们，但长此下去，我们的行为一定会导致失信于人。我们所做的所有事都会被看成是存心不良。即使我们的目标、风格甚至言辞都是“冠冕堂皇”的，但没有信任就不能取得长久的成功。专注于技巧就好像仓促应考，你有时也能勉强及格甚至得高分，但不能长久。你在农场搞“仓促应考”那一套，比如春不下种、夏季贪玩、只等秋季拼命，行吗？不行，因为农场是一个自然体系，你必须付出代价，遵守自然规则。

农业法则也适用于长期的人类关系。在社会或知识系统中，如果你知道怎样“做游戏”，你也许能混个及格；凭借魅力你也许能获得良好的第一印象；用威胁你也许能取得胜利。但次要的人格特征在长久关系中没有永久的价值。如果没有纯正的品格和基本的人格力量，一个人的真正动机终将暴露，人际关系也将倒塌。

许多获得次要成就的人，即拥有社会地位、职位、名誉、财富和才干的人，缺少高尚的品格。从他们与他人的长远关系中，与业务伙伴、配偶、朋友或子女的关系中，这种缺失表现得十分明显。人格在交流中最富雄辩力量，正如爱默生所言，“你的高声喊叫如雷贯耳，但我没有听见你在说什么。”

诚然，具有人格力量的人也许缺少交流技巧，这无疑也会影响他们与他人关系的质量。但归根结底，我们的为人在交往中的力量大于我们的言行。

我们如何认知自我

我们对自己的认知，不但影响我们的态度和行为，而且影响到我们对他人的看法。实际上，如果我们还没有真正考虑我们如何看待自己以及如何看待他人，我们就不会懂得他人如何看待他们自己以及他们的世界。因此，我们就很有可能用我们自己的认知来解释他们的行为，而且还认为自己十分客观。

如果我们对自己的看法来自社会反馈，即我们周围的人的看法、观念和模式，我们对自己的看法就像是狂欢节上的哈哈镜照出来的样子，与现实严重不符，也不合比例：

"你从来不准时。"

"你为什么不能保持条理？"

"这么简单的事，为什么你不懂呢？"

这样的说法常常是投影而不是反映，投射出的是这些人的关切和他们的人格弱点，而不是我们的准确反映。

如果一个人关于自己的定义主要来自社会反馈，他就有可能混淆镜子里的映像和实际的自我，他甚至会开始相信和接受镜子里的歪曲的映像，甚至拒绝有关他自己的其他更正面的看法，除非这些看法与他已经接受的歪曲映像是重合的。

我曾经多次进行过一个小小的实验。我让某些人列举别人对于他们自己的一些看法，然后跟他们对自己的看法相比较。半数以上的人惊讶地发现，他们的自我印象在很大程度上来自社会反馈。这是一个缓慢、渐进和不易觉察的过程，这会严重地影响他们的一生，除非以后的情况有了变化。

受到毒害的自我印象有一种解毒剂，那就是另一个人对你的价值和潜力的肯定。在音乐剧《梦幻骑士之歌》中，唐·吉诃德通过经常的和无条件的肯定的方式，慢慢地改变了妓女艾东莎的自我看法。当她开始有所不同地看待自己时，她也开始以不同的方式行事。唐·吉诃德甚至给艾东莎起了新名字——达辛妮亚，以提醒她不忘自己的新身份和潜力。

要肯定一个人的价值和潜力，你需要用对他有信心的眼光去看待他，并根据他的潜力而不是他的表现去对待他。歌德说：

以现时的他去对待他，他将仍是现时的他，以他能够和应当成为的人去对待他，他就成为他能够和应当成为的那种人。

这并不是说我们无条件地信任他人，但这确实意味着我们应该尊重他人和有条件地信任他人。

有人说，在喜欢他人之前，你得先喜欢自己。不错，但如果你不了解自己，不能把握自己和克制自己，你就很难喜欢自己，即使喜欢也只是表面而已。

真正的自尊来自于对自我的把握、真正的独立和与他人互相依存的双赢关系。如果我们的意图、言谈和行动源于人与人之间的关系技巧（个性规范），而不是我们的内心（人格规范），他人就会感觉到不安和伪善，我们因此不能与他人建立有效的双赢关系。

任何关系的发源地应当是我们的内心，在我们的影响圈子之内即我们的人格。如果我们成为积极主动，以原则为核心、价值观为驱动以及有能力围绕优先事项组织和实施生活的那种人，我们就可选择一种互相依存的关系，与他人建立丰富、持久和建设性的关系。

急躁和拖延的痛苦

虽然与他人的良好关系有助于增加生产能力、服务、贡献、成长和学识，但同时这种关系亦可能造成巨大的痛苦和挫折——这是一种由于急躁而导致的痛苦，因此我们感受至深。

由于我们的生活缺少目标、指导和管理，我们可能多年生活在拖延的痛苦之中。我们会感到莫名的不安和不适，偶尔会采取缓解痛苦的步骤，但因为这种痛苦是慢性的，我们也就变得慢慢适应了，渐渐地习惯了与痛苦相伴。

但是如果我们与他人的关系出现了问题，我们会很快地感受痛苦，因为这是一种剧烈的急性痛苦，我们忍受不了。于是我们就用急救的办法——用个性粘胶剂来对付症状。我们不懂得这种急性痛苦其实是一种深度的、慢性痛苦的外在表现，除非从治标转向治本，我们的努力只能适得其反，即加重慢性痛苦。

前联合国秘书长哈马舍尔德曾经说过这样一句很深刻的话：“完全献身于一个人比为拯救大众而辛勤工作要更为高尚。”

换言之，为了千百万人的事业，为了看得见的项目，我可以每天工作八、十甚至十二小时，每周工作五天、六天或七天，但我却难以与我的配偶、孩子和同事建立一种富有意义的关系。重建这样的关系，要比为众人的事业投入大量的时间，更需要高尚的人格——谦卑、勇气和力量。

组织中的许多问题实际上源于高层不和，如公司的两个合作伙伴之间、公司的董事长和总裁之间、总裁与常务副总裁之间关系不好。面对和解决这样的问题，比起为许多人或看得见的项目而辛勤工作，需要更高尚的人格。

高尚人格的三个特征

以下是三个基本的高尚人格特征：

• **诚实**。我将诚实定义为我们赋予自己的价值。在我们确立自己的价值观，并用一种积极主动地围绕优先事项而组织和实施的生活时，我们通过许诺和兑现许诺建立了一种自我意识和自我价值。如果我们不能对自己和他人兑现诺言，我们的承诺就是毫无意义的。若我们违背这一特征，别人就会悟出我们的伪善并加以防范。

• **成熟**。我所知道的有关情感成熟的最好和实用的定义，是1955年我从哈佛商学院“控制”学教授汉德·塞克瑟林那里学到的，核心意思说的是“勇气和体谅之间的平衡”，他的定义全文和原始研究方案见于《哈佛商业评论》1958年1—2月号。如果一个人缺乏内在的成熟和情感力量，他就可能想从地位、权力、资格、资历或所属机构中去获得。

如果说勇气着眼于取得最基本的成果，体谅就关系到其他利益相关者的长远福利。实际上，成熟管理的基本宗旨就是提高所有人的生活水平和生活质量。

• **知足心态**。我们认为现实存在的东西足够人人享用。这种知足心态源于深厚的个人价值和安全感，导致分享赞誉、利益和责任。它还开辟新的创造性的选择自由和替代方案，它将个人的欢乐和成就与大家分享。它相信积极的互动、成长和发展的无限可能性。

大多数人有一种短缺心态，他们把生活看作是一块蛋糕，如果某人切了一大块，其他人就少了许多。这是一种生活的零和模式。有短缺心态的人很难与他人分享赞誉、名望、权力和利益，他们也难以真正地为他人的成就而高兴，即使获得成就的人是他们的家庭成员或亲密的朋友和同事。别人得了赞誉或成功，就好像从他们那里拿走了什么东西似的。

拥有诚实、成熟和知足心态的人格具有远远超过技巧的真实。人格是具有辐射和传递作用的，人们根据你的人格决定信任还是不信任你。如果你的生活时冷时热，如果你时而刻薄时而善良，如果你私下的表现与在公众面前的表现大相径庭，他人就不会对你敞开心扉，即使他们需要得到你的爱和帮助。他们觉得向你袒露自己的想法和内心感受不太安全。

由里及表还是由表及里

解决问题的长久之计以及长久的幸福和成功，都是由里及表的；而由表及里的则是感到受害的不幸福的人，他们专注于他人的弱点以导致自己的停滞状况的环境。

由里及表的意思是，如果我们想建立能导致双赢协定和协作的信任关系，我们就必须约束自己的生活，让短期愿望服从于更高的目的和原则。个体胜利导致在公众的胜利，只有履行对自己许下的诺言，才能兑现对他人的承诺。

我们面临的深层和根本性问题，是无法从这些问题的表层去解决的。我们需要一种新层次的思维，即建立在有效管理原则基础之上的思维，去解决这些深层问题。我们需要一种以原则为核心、以人格为基础的“由里及表”的方法。

由里及表意味着从自我开始，从自我的最里层即你的人格和动机开始。所以，如果你想有一个幸福的婚姻，你就要成为一个产生积极能量、规避消极能量的人。如果你想有一个更可爱、更合作的孩子，你就得做更富理解精神、体谅、前后一致和有爱心的父母。如果你想在工作中拥有更多的自由和余地，你就得做一名更负责、乐于助人和贡献更大的员工。如果你想被人信任，你应当先做一个值得信任的人。如果你想得到公众对你的次高尚品德的赞许，你就得首先致力于高尚人格的修炼。

由里及表的方法相信个人先于公众取得的胜利，兑现针对自己的诺言先于履行对他人的承诺。由里及表是一个连续的更新过程，成长的良性循环，逐步走向更高形式的负责任的独立和有效的相互依存。

以我个人的经历，从来没有过由表及里的解决问题的办法，也没有由表及里的长久幸福和成功。由表及里的方法产生感到受伤害的不幸人，他们抱怨他人的弱点以及导致他们的停滞状况的环境。我见过的不幸婚姻，都是夫妻的一方要求另一方改变，一方指责另一方的“罪过”，一方试图改造另一方。在劳资纠纷中，我看见人们花很多时间和精力去创造迫使人们照办的法律，好像双方之间存在着信任关系。

许多公司和文化长久得不到解决的问题，实际上源于由表及里的社会模式。每一个人都认为问题是“明摆着的”，只要“他们”（别人）振作起来或干脆滚蛋，问题就能得到解决。

效力的原则其实深植于我们的良心和对生活经验的内心反映。承认、倡导并在面对最深层关切时运用这种原则，我们需要转变思维，将我们心中的模式转变到一个新的、更深的“由里及表”的层次。

培养和服从道德感

由里及表法，即高尚人格模式的关键是要培养和服从道德感。道德感或良心是人类特有的天赋，它能体察与正确原则是否一致，并使人类根据原则提升自己。

培养道德心对于高尚人格也是至关重要的。不过培养道德心需要更多的戒律，要求诚实地生活、阅读鼓舞人心的书籍和思考高尚的思想。道德感的培养始于家庭和孩提时代，从父母的榜样和戒律开始并从那里继续下去。当一个人有了需求时，他就会需求更高层次的道德培养之道。他会发现提升道德感需要学习、承诺和行动以及更高层次的学习、承诺和行动。

具有高尚人格的人都有一种服务于社会的意识。他们乐于将自己生活中的一切（其中包括他们拥有的时间、才能、金钱、财物、关系、家庭甚至他们的身体），用于积极的目的并愿意为此负责。

具有高尚人格的人以德报怨，以耐心回报急躁。由于他们以祝福回报诅咒，甘愿受辱和受苦，原谅和忘记他人的过失，欢乐地看待生活，相信人的潜在善良和真理的最终胜利，他们总是能将周围最好的东西挖掘出来，使用"是正确还是错误"的本源良心。

当一个人企图为自己辩护，以其人之道还治其人之身的时候，他实际上就是在交换消极能量。他和他的敌人在同一个场地上，无论格斗还是逃跑，采用的方式都是破坏性的——操纵、暴力、退缩、无动于衷、打官司或进行政治斗争。

宽厚待人，得到的宽厚会更多。如果我们肯定他人，相信他人具有成长和进步的能力，即使在遭到他人诅咒或指责时也仍然祝福他们，那我们就将高尚融入了我们的性格和人格。

信任与放手

先有信任才能授权。如果你不信任和你一起工作的人，你就必然选择控制而不会是授权。如果你信任他们并和他们订有工作协定，你就能进而建立授权和结盟结构与系统。在结盟机构中，一切都为提高个人的生产能力和效率服务，而这是为了实现双赢绩效协定。而在非结盟结构和系统中，放手和信任都是不可能的。

在我主办的讲习班上，我常常问经理们："你们之中有多少人参加过授权和参与管理的培训？”多数人举了手。我又问：“在没有信任的时候如何授权？”他们都说那就不能授权，而只能搞目标管理或其他能保持工作场所秩序的控制方法。

然后我问他们：“为什么继续把重点放在管理培训上呢？在治标的时候，你们给人以解决问题的幻想，但你们只是缓解了急性痛苦而没有解决慢性痛苦。”

接着我从组织层次提出了问题：“你们之中有多少人认为重组和结盟是一个大办法？”半数人举起了手。“多少人认为重做系统是个大办法？”有三分之一的人举手。“如果没有在个人和人际关系的层次上做工作，这样会有什么结果？”这时大家都说：“灾难。”

大家的共识是，我们在和一个生态系统、一个系统环境打交道，如果不从以原则为核心的领导方式的四个方面入手，而是用别的方法去解决问题,那么你的努力将是“必需的但却是无效的”。

如果老板和经理缺少人格和能力，他们是不会将权力、利益和赞誉分给别人的。如果他们这样做了，他们也会觉得个人在冒险。他们应当运用由里及表的方法，首先从人格和能力入手，建立信誉和放手，这样他们就能解决结构和系统方面的问题。

在做由里及表的工作之前，经理个人不能解决机构中的根本问题，他们也不可能授权，尽管他们可以这样说。他们的性格和人格将最终说明一切。

我们必须从人格和能力入手去解决结构和系统问题。记住：如果你想改进程序，先在程序员身上做工作。策略、结构、系统以及组织风格都是人创立的，它们都是人的内心的反应。

第五章

改变从现在开始

A BREAK WITH THE PAST

几乎一切重大的突破都是与传统思维的决裂。

在科学领域，戏剧性的转化、思想革命、认识的飞跃以及针对旧制约的突然解放，都被称为“模式转变”（paradigm shifts），都是对旧问题的新思维。

paradigm（模式）一词源于希腊语paradigma，意思是帮助理解现实中某些方面的一种式样或定式。虽然一个人通过开发新的技能可以获得小的改进，但在业绩上的跃进和在技术上的革命性进展却需要新模式、新思维和观察世界的新方法。

譬如,500年前的一张地图反映了当时人们对世界的看法。后来，航海家和勇敢的水手哥伦布（1451—1506）为探索通向印度的新路线而西行，对传统智慧提出了挑战。他虽然没有发现印度，但他改变了世界地图的模式。他的挑战后来导致了世界历史上最为重要的一次突破。

有一次哥伦布应邀参加宴会并被安排坐在最显贵的位子上。一个嫉妒的浅薄廷臣冒失地问他：“如果你没有发现印度，西班牙有没有其他人能干成这件事？”

哥伦布没有回答这个问题，而是拿过一个鸡蛋，请大家将蛋的一端立起来。在座的人人都试了，但谁也做不到。这时只见哥伦布将鸡蛋在餐桌上磕了磕，磕出一个洞来，然后把鸡蛋立了起来。

“我们都能这样做呀！”廷臣抗议说。

“是的，要是你知道这样做的话，”哥伦布反驳说，“当我告诉你如何去新大陆之后，就再也没有什么比这更容易的了。”

在哥伦布远航500周年之际，我和全体美国人民一同纪念他所代表的探索和复兴精神——一种使世界上最优秀的组织脱颖而出的精神。

中心原则

如同哥伦布描绘出的新海洋图一样，另一位复兴人物——哥白尼（1473—1543）制作了一张新的星云图。

当时，天文学家普遍接受埃及天文学家托勒密的地球中心和不动说，哥白尼证明了地球在太空中是快速转动的，太阳才是宇宙的中心。虽然当时有人认为太阳中心说是异端邪说，另外的人说它是亵渎神明，但哥白尼勇敢地与传统决裂，开创了一场标志着现代科学开端的革命。

哥白尼在《天体运行论》一书中说：

对于几个世纪来一直信奉地球静止不动并处于宇宙中心的人们来说，地动说肯定是荒谬的。但我不会因为任何人的批评而退缩。通过长期和频繁的观察，遵循一套固定的原则，我发现地球不但是动的，所有星球和天体的排列和大小，而且天际本身，都是联系在一起的，以至任何一部分离开原位，都会引起宇宙作为一个整体的混乱。

自古以来，领袖们总是使用各种模式和“定式”来管理人民，从奖惩并用以提高生产率的原始的“胡萝卜加大棒”，到更为复杂的以影响策略和参与技巧为基础的人情关系和人性资源模式。

我希望推介一种管理培训的模式转换，不但更换定式，而且更换罗盘，这就是“原则型领导方式”。使用这种模式，领导者可以指望通过沟通认识、明确目的，以信仰规范行为，将程序与原则、角色和目标相结合等方法改造他们的组织和员工。员工通过对组织宗旨的承诺，也会产生一种强化的个人贡献意识。

通常我们只有放弃旧的模式之后才能认同新的模式。同样，如果不放弃关于员工的不当观念，我们就不能给组织带来长久的改进，也就是说，想用操纵管理技巧来加强人力资源的利用无异于缘木求鱼。虽然如此，在这个本末倒置的世界，事情常常就是颠倒的。我们混淆功效和有效性、权宜与根本、模仿与创新、化妆与虚伪以及人格与能力。

一个人的领导风格最终来源于他关于人的本质的核心看法和感觉。占据一个人生活中心的东西，无论是工作还是享乐、朋友或敌人、家庭或财产、配偶或自己、原则或感情，都会影响他的知觉，而知觉决定信仰、态度和行为。

我赞同以“我教给他们正确的原则，他们自己管理自己”作为一种开明的管理和领导方法。个人和组织应当由一套已经验证的原则来指导和管理。这些原则都是数个世纪以来每一个伟大的社会和有责任感的文明运用过的自然法则和社会管理的价值观念，它们以价值观、思想、规范和教导的形式出现，使人得到提高、变得高尚、获得力量和激励。

像科学领域中的模式转换一样，管理观念上的这种转换可以彻底地改变一个人的世界观，最终改变他的组织方式。经理们必须将注意力集中于底线，而领导者则要仰视作为明确视野和方向标志的上限。

俗话说九层之台起于垒土，千里之行始于足下，这是因为在明确宗旨和价值观念之前就选定目标并随之就登上向目标迈进的梯子，到头来可能发现梯子搭错了地方。

释放潜能的程序

牛顿将力与引力归纳成包罗万象的物理学理论，在当时是相当够用的了。而蕴藏在原子中的巨大能量在爱因斯坦找到钥匙之前是被封存着的。爱因斯坦（1879—1955）的相对论认为质量与能量是可以互相转换而非彼此分开的，他用全新的时间、空间、质量、运动和重力概念刷新了科学思维。

爱因斯坦在他的《自传笔记》中写道：

牛顿啊，请原谅我，你发现的道路在你那个时代是具有最高思维能力和创造力的人所能发现的唯一道路。你所创造的概念甚至今天仍在指导我们的物理学思维，虽然我们现在知道，如果要直接深入理解各种联系就必须用另外一些离直接经验领域较远的概念来代替它们。

当然，当小小的原子分裂的时候，巨大的能量被释放了出来。同样，任何人力资源开发项目也应当将人们引入有意义的转变和开发程序，使他们的巨大创造力和潜力释放出来。

原则型领导方式认为，个人贡献观是人类动机的最高层次，人是最有价值的组织资源，是资源的管理者，而服务于社会的意愿是发现、开发和管理其他资源的关键所在。每一个人都是自由的催化剂，可以成就巨大业绩，人不是条件和条件反射的受害者或牺牲品。

与这种模式相适应的培训计划应当以程序而不是以产品为导向。搜集和诊断数据的组织程序是第一步；第二步选择最关键的内容、价值观和目的；第三步甄别和评估替代方案；第四步计划和决定行动步骤；第五步对比结果与原定目标和目的。

下面这个发展程序应当是任何培训计划中的一个组成部分：

（一）准备培训的内容，核心是掌握基本的原则。（二）扩充你已经学到的东西——加上你自己的想法和思想。（三）教授材料——与大家分享自己学习之所得，以增加认识、创造求变的共同语言，让人家说出对你的看法。（四）运用原则——将原则用于眼前的环境。（五）监测结果。

所有真正的成长进步，都是经这样一步一步的发展程序而得到的。经过这个程序的管理原则培训，人们就从旧的约束和习惯中解放出来，并从自身激发出动机和方向感。如果一个组织中的员工都得到了这样的培训，他们就找到了使自己的结构、体系和风格与他们的宗旨、价值观、角色和目标相一致的方法。

突破障碍的计划

1947年10月14日，飞行员查克·耶格尔突破了音障这个“无形的砖墙”，从而开创了超音速飞行时代。一些知名的科学家曾经根据“可靠的数据”断言这个障碍是不能突破的，另外一些科学家发出可怕的预言说，飞行员和飞机在飞到1马赫时要散架，飞行员将失音、年龄倒退或严重受伤。但在具有历史意义的这一天，耶格尔驾驶的贝尔民航X–1飞机达到了每小时700英里(1·06马赫)的速度，三个星期后他的飞行速度达到了1·35马赫，六年后他更以每小时1612英里(2·44马赫)的速度打破了不能突破的神话。

耶格尔在自传中写道：“飞机速度越快越平稳。突然，马赫表指针波动，指向0·965马赫的速度。接着，指针又倾斜到刻度线之外。我想我有了幻觉！我们超过了音速，但飞机很平稳，稳到奶奶可以坐在那里喝柠檬汁。我很惊愕。在经历了不安和期待之后，打破音障原来就这么回事。未知的音障不过就是穿越果冻，这是一条铺得很好的高速公路。后来我知道，那次飞行必须以降速告终，因为真正的障碍不在空中，而是我们关于超音速飞行的知识和经验。”

在突破“音障”之后，我们仍然要面对通向进步的更大障碍——“人的障碍”。对许多现时的经理来说，打破“人的障碍”或现状，跟40多年前航空工程师们打破“音障”一样困难。

为什么？因为人常常被视为有缺陷，而不是长处和财富。这样，低绩效常常在一个组织的结构和系统、程序和过程中被制度化了。一些管理者驾驭他们单引擎、双螺旋桨公司低空低速飞行，生怕高空高速会使公司失控而毁。

与此同时，少数训练有素、富于勇气的经理却在打破人的障碍，他们的事迹证明，将绩效提高500%而不是5%是可能的，而且没有发生失音、年龄倒退或严重受伤。事实上，在高绩效组织里，人们活得更健康也更快乐，因为他们被视为组织中最有价值的资源，他们互相帮助，使得质量和生产率都有了飞跃。经理们还寻求进行“超音速”管理原则和实践的训练，他们相信员工的潜力可以飞升。

培训和开发计划从公司的目标、宗旨和原则出发逐步展开。这类计划应当帮助员工飞升、起航、勇敢地投入未知世界，用想象而不是记忆引导自己，鼓励他们最终超越恐惧和以往的失败。许多个人和公司都需要绩效的飞跃、习惯的改变和方式的重大转变，不然就只能原地踏步，失去任何进取的力量。

克服过去的拉力

为了打破旧习惯和树立新习惯，人们需要学习如何对抗阻力以及运用推动力去取得日常的个人胜利。

为了克服来自于过去的阻力，人们需要有明确的自我和目的，即知道你是谁以及你要做什么。差绩效可以常常归因于确定优先和组织工作不得力。虚弱的决心很容易被感情、情绪和环境彻底破除。

高效能者总是带着他们的议程。日程不是他们的主人，而是他们的仆人。他们每周做安排，但天天做调整。他们并非随意改变计划，他们讲究纪律和专心，不为个人的情绪和周围的环境所动。他们用黄金时间做重要的规划、项目和创造性的工作。在精力不是很充沛时再从事次要的和压力较小的活动。文件他们一般不会看一遍以上，同时避免参与文书工作，除非他们要对它采取行动。

我将纪律定义为兑现诺言和承诺的能力。这是克服来自于过去的阻力的关键所在。从小事开始，我们可以逐步增强自己的个人信用感，并建立许诺和信守大的承诺的能力。最终我们的信用感会比情绪强大，然后我们就很少许诺，因为我们总是信守自己的诺言。

把承诺写下来并放在我们的眼前是很有帮助的。最近我自己也这样做了——我做了一块“七个习惯”牌。把我们的角色和目标记录下来也能增强我们的决心，并提醒我们拿出时间和其他资源来兑现诺言。

你可以从许诺无论感觉如何也要在早上某个钟点起床开始，然后你许诺很好地利用起床后的第一个小时——用来计划和准备当天的工作。许诺以后就要兑现。你会发现信守诺言和承诺的原则本身具有巨大的力量，它增强你的自尊和个人人格完整——这是一切真正的成功的基础。

三大力量

空间物理学告诉我们，升空和克服地球引力所消耗的能量要大于航行一百万英里并返回地球所需的能量。

与此相似的是，我们也要花很大的努力和力量才能开始一个新的习惯。旧习惯的拉力极大。比如我们可能在某一天要决心改变吃得过多的习惯，次日我们又要重下决心。我们可能许诺停止拖拉，赶写到期的信件，了解重要的但不是紧迫的项目要求，但到头来仍然放弃决心，重新回到下决心、放弃决心的自我失败的习惯中。然后我们可能开始思考，做出承诺到底值不值得。

怎样才能打破旧习惯和开始新的习惯呢？我们首先必须坐下

来，想一想这样做有多大的代价，否则我们发表公开声明并打下了基础，但不能完成。如果我们不能做完已经开始的工作，我们就会遭受他人和自己的耻笑。所以我们必须坐下来，先掂量掂量代价，计算一下抑制的力量，以保证我们有足够的动力。

惯性定律告诉我们，在任何环境中，都有强大的惯性在阻碍原有运动状态的改变。如果想努力改变一种习惯，就一定要考虑这种力量。比如我们决心改变我们的食谱，我们就应考虑可能犯错的时间、地点和场合。然后我们就可以预防这种情况，同时采取新的步骤来坚定我们的决心。

旧习惯有巨大的拉力。摆脱根深蒂固的习惯，如拖沓、喜欢批评别人、吃喝过度或贪睡，仅有一点点意志力是不够的。我们可能要考虑基本的人格问题，还要做一些根本的重定方向和改造的工作。

我们自己的决心和意志力往往是不够的，我们可能需要与那些做出类似承诺的人结成同盟，建立共同工作的关系，并从中得到改造的力量。匿名戒酒协会等团体所取得的成功证明了联合的力量。

但在开始的时候，改变仍然是困难的。在决定要改变的时候，我们可能需要牺牲喜欢做和自然而然地做某些事的“自由”，直到新习惯坚定地树立起来和旧习惯消退下去。我们还将经历退却——渴望、例行公事和倾向。正如宇航员在克服引力的拉力时要进行挣扎一样，我们在克服过去的拉力时也会遭遇抵抗。

欲望、傲慢与野心是旧习惯根深蒂固的三大力量。第三章对此已有讨论，这里仍需简要地重温一下。

第一，欲望与情感。我们常常屈从于欲望的拉力，比如对食品和饮料的生理渴望。许多人是他们的肚子和嗜好的奴隶，肚子控制了他们的大脑和身体，而这样做是会有后果的。如果我们放纵自己，我们就对他人的需求少了关切；我们对自己发怒并将怒气发泄到别人身上，不管人家有没有招惹我们。被欲望和情感控制的结果，一定会有关系上的问题。

沃尔特·斯克特（苏格兰小说家——译者注）说过：

任何程度的放纵自己的感觉，都会因为自己的原因而变得令人厌恶。这样做只能满足他自身的兽性，同时招致人性的反感，使他身上的两种本性相互矛盾。

第二，傲慢与虚假。如果对自己的认知觉得不太满意，我们就会从社会反馈中去寻求自我和肯定，所以我们有关自己的观念来自他人对我们的看法，同时我们为满足人家的期望去生活。但是我们越是按人家的期望去生活，我们就越是觉得不安全和虚假。期望是变化的，看法也是无常的，我们就得继续做游戏、扮演角色，向虚荣和傲慢投降。实际上我们在欺骗自己，感觉总是受到威胁，时时要维护一个假面具。

第三，抱负与野心。野心使我们变得盲目，我们希望自己首先得到理解，追求的是光荣、地位、权力和提拔，而不是像管理者应当关注的时间、才能和财富。有大志者都是占有欲很强的人，一事当前，他们先要知道这件事能为自己带来什么。每个人都是竞争对手，与他人的关系，甚至密切和亲密的关系，都是竞争性的关系。他们使用各种操纵的方法来达到自己的目的。

日常的个人胜利

如果我们能克服躯壳的拉力，即用精神战胜床垫，早早地起床，我们就体验到了一天中的第一个胜利。然后我们可以接着做其他的事情。从小事入手可以成就大事。

早晨的胜利给人一种征服的感觉，这种感觉鞭策人进一步战胜困难和跨越一天中的各种障碍。以早晨取得对自己的胜利而开始这一天，是打破旧习惯、培养新习惯的好方法。

精力充沛时做重要和困难的事，其他时间做常务性的事，实行这个原则可以增强我们多做事和把事情做得更好的能力。这样做，我们觉得在按自己的决定、目标和计划而不是按自己的情绪和环境行事。

我们大家都有各自的私人战斗，在公开的战斗到来之前，我们也都有在思想上战而胜之的机会。这样说来，在每天的挑战到来之前，我们也能在思想上首先取得胜利。我们可以对付欲望、自私、负面倾向、烦躁、愤怒、拖沓和不负责任——在现实中克服这些东西之前，我们可以假想身临其境并取得胜利。

之后，在公开的战斗到来的时候，即压力和紧张降临我们生活的时候，我们就有了内在的力量，运用一套正确的原则去迎接挑战。所以说，在公开的战斗之前赢得私人的战斗，是另一个打破旧习惯、培养新习惯的关键。我相信在取得私人胜利之后，我们才有可能赢得永久的公开胜利。

储备能量

增加培养和打破旧习惯的能力，如同增加肺活量一样——我们都从做有氧健美操开始。

我们当然不能以超越身体极限的速度奔跑，但体能要逐步增强。有氧健美操是一种非常活跃的运动，旨在增加储备能量的积累，以供应人体各系统之需。习惯久坐不动的任何人在接受体力测试时，都会发现他们的身体中极度需要氧气，但是他们的循环系统发育不全，一次严重的供氧不足就可能导致中风、心脏病和死亡。

同样，定期和逐步地通过情感神经的日常练习，亦可达到增强情感力量的目的，这是为了将来的紧张之需。

在培养新习惯方面，我推荐的每天要做的两件事是：（一）找到视角；（二）根据这个视角做一些决定和承诺。人们有超越自己的能力，从眼下看到将要发生什么和应当发生什么，所以我们在做计划和做决定的时候不要着急。歌德说过：

最重要的事情绝不可被最不重要的事情所牵制。

周密的计划帮助我们保持一种具有远见、目的和有序的优先考虑的感觉。

五项建议

做到下面五件事，我们就能在困难和考验时刻拥有表现顽强的力量。

· 绝不许下不能信守的诺言。

· 许诺、决心、承诺做得更好和成为更好的人，并将这些与一个亲人分享。

· 运用自知之明，精心选择自己要做出的承诺。

· 将承诺视为衡量诚实和对自己信念的一个标尺。

· 记住人格完整或自制力是与他人共同成功的基础。

在对优异、成熟（勇气加体谅）和正直的追求中，有一个简单的方法可以助你向前。这个方法是：

在实践每一个新的习惯和理想行为之前，静下来数一数你拥有的资源，然后下定决心，选择你的情绪，积极主动地选择你的反应，问问自己“对这种情况的最佳反应是什么？”选择你的最佳自我，这种选择可以平抑你的矛盾心理和更新你的决心。

当万事俱备就要起飞的时候，宇航员会说“一切系统就绪”。这意味着一切都处于适当平衡和工作程序状态，现在可以从发射塔升空了，或者意味着各系统在太空中可以完成一系列机动动作，因为一切都已协调到位，只待行动了。

“系统就绪”这个说法亦可用来表示所有的系统都已准备妥当将我们带向新的高度。但如果我们的习惯系统和价值系统还没有同步，我们就可能遭遇内部的质疑和反抗，任务也可能因此泡汤。主动积极的行动增强良好的意图和决心，而实际行动则可改变人类本性中的每一根纤维。行动还可以改变我们对自己的看法，我们的个人行为基本上就是这种自制能源的产物。

如果一个人不能信守诺言，他的人格就有发生故障的危险，他的诚信受到了威胁，自尊受到削弱，最终他给自己塑造了一个不同的形象并用自己的行动来适应这个形象。但如果我们能直面每一个新的挑战并战而胜之，我们就从自身释放出一种新的自由、力量以及飞向从未梦想过的高度的能力。

第六章

循序渐进

Six Days

一切真正的成长和进步都是按照发展的自然程序一步一步得来的，比如，按《创世纪》的说法，地球是六天中创造出来的，每一天在当时都是重要的，从第一天到第六天先后创造了光、陆地、植物、日月星辰、野兽和人。这种顺序发展过程是所有生命的共性。

· 孩子学翻身、坐、爬、站、走、跑。每一步都是重要的，没有哪一步可以省略。

· 在学校，学生在代数之前学数学，在微积分之前学代数。只有在懂得代数之后才能学微积分。

· 在建筑方面，只有打下一个坚实的基础之后才能有构造和装修。

我们了解和接受物质和智力领域的这种循序渐进程序，因为客观事实提供了许多证据。但在人类发展的其他领域和社会互动中，我们常常想在自然程序中寻求捷径，以权宜代替择优，模仿代替创新，化妆代替人格，风格代替实质，虚假代替能力。为了节省时间和精力，我们常常跳过一些关键的步骤，而且希望得到理想的结果。

但这样的希望往往落空。专业技能、弹钢琴和讲演才能以及思想和人格的发展都无捷径可走。所有生命都有成长和发展的阶段和过程，“循序渐进”的观念适用于每一步。

譬如，如果一个人想在每天的网球训练过程中走捷径，会有什么结果呢？如果一个普通的网球运动员想在训练的“第三天”做“第六天”的功课，结果又会怎样呢？或者，如果你想让朋友相信你的钢琴技艺已经达到“第六天”的水平，但实际上你只有“第二天”的水平，情况将会如何？如果你的高尔夫球只有“第三天”的水平，但你想和“第五天”水平的人对抗，仅仅因为你有积极的想法就能把别人打败吗？

答案是显然的。发展过程是不能违背和忽略的，也是不能走捷径的。走捷径与自然相悖，只能招致混乱和挫败。无论在哪个领域，如果我仍处于“第二天”的水平，但想提高到“第五天”的程度，我必须首先提高到“第三天”的水平。不能绕道，没有捷径，假装或虚饰、表面印象都无济于事，不管有多少“装饰成就”，都不能弥补技能和判断力的缺欠。

要想进步就得接受我现在所处位置的现实，而不能假装我在另外的地方。

如果学生不让老师了解自己目前的程度，比如不问问题也不暴露自己的无知，那么这个学生就学不会也长不大。假装不能长久，真相迟早会暴露。承认自己无知往往是接受教育的第一步。

内在成长

让我们撇开技能或知识的进步，专门谈一谈个人的内在成长吧。譬如，某人在学识上达到了“第五天”的水平，但在情绪上还停留在“第二天”。只要太阳继续发光，一切平安无事，这不会有什么事。但如果疲劳、婚姻问题、开支压力、大孩子不听话、小孩子大哭大闹、电话铃声大作等等事情一起袭来，会出现什么情况呢?

情绪未成熟的人容易成为愤怒、烦躁和挑剔的奴隶。但在公共场合，如果一切顺利，他的这种缺陷和不成熟可能永远不被发现。

在情感、社会和精神领域，违背自然发展的走捷径问题，有时不太明显。我们可以“做姿态”，也可假装，只要是演一场换一个地方，也许一时可以蒙混过去。我们甚至可以欺骗自己。但我们之中多数人都了解自己的内心世界，我们周围的人也如此。

和同事、配偶、子女相处得好，需要情感力量，因为我们必须学会倾听。倾听需要耐心、坦诚和有理解的愿望。如果我们坦诚，我们就可能易受影响并改变自己。但如果我们坚信自己没错，我们就不愿改变。所以我们发现封闭自己、让人家听和对人家发号施令比较容易做，以“第二天”的情感水平给人家出“第六天”的主意也比较容易。

先要拥有才能给予

有一次我想给我的女儿讲与他人分享的道理，当时她还不能接受这种观念，实际上我是在将她从“第二天”的水平拔高到“第五天”。

有一天我回家参加三岁女儿的生日聚会，发现她蹲在房间的角落里，把着她的东西，不让其他小朋友玩。我感觉到在场的几位家长看到了这自私的一幕，我作为一个人际关系学教授当然觉得难为情，我还觉得这些人对我和我的女儿有许多期待。

房子里的气氛有些紧张，别的孩子围在我女儿身边，伸手向她要刚才送给她的玩具，而我女儿则坚决拒绝分享她的东西。我对自己说："我得教女儿与他人分享，分享的观念是我们信仰中最基本的东西之一。"我是按下述步骤来做这件事的。

我的第一招是请求："亲爱的，能和你的朋友分享他们送给你的玩具吗？"

一个断然的"不"。

我的第二招是说理："亲爱的，如果你在自己家里和朋友们分享你的玩具，等你到他们家的时候，他们也会和你分享他们的玩具。"

回答还是"不！"

我感到更难为情了，因为很明显，我没有什么影响力。我的第三招是贿赂："亲爱的，如果你和大家分享，我将给你一个惊喜，一块口香糖。"

"我不要口香糖。"她嚷道。

这时我真的被激怒了，所以我的第四招便是威胁："如果你不跟别人分享，你会有麻烦的。"

"我才不在乎呢。这是我的东西，我不必和别人分享。"

我的最后一招是武力。我拿了一些玩具分给其他的孩子，"孩子们，大家一起玩吧。"

也许我的女儿在给予之前需要一个拥有的经历——要是你不

拥有某样东西，你永远也不会给予。但当时我把其他父母的看法看得比我女儿的成长以及我们的关系还重。我最初的判断就是，我是正确的，在这个基础上我进而想操纵她，直到最后我强迫她那样做。

她还在“第二天”，而我却将“第五天”的期望强加给她，仅仅因为在情感上我还处在“第二天”的阶段。我不能或不愿意给人一个耐心和一个理解，但我却要女儿给予！如果我更成熟一些，我可能会允许她选择分享还是不分享。也许在与她理论之后，我或许可以将其他小孩的注意力引向一个有趣的游戏，这样就解除了我女儿身上的情感压力。自那以后我注意到，一旦我的孩子赢得了真正拥有的感觉，他们就会自然而然、自由和自发地与他人分享。

有时可以进行教育和训练，有时则不可以这样做。企图在关系紧张和情绪化的时候进行教育和训练，对方会认为这是一种指责和否定的形式。较好的方式是和当事人单独在一起讨论原则，但这也需要耐心和自制力——总之是需要情感上的成熟。

借用外在力量反而加重弱点

除父母之外，许多老板、领导和其他处于权力地位的人可能很有能力、知识和技巧（“第六天”的水平），但他们在情感和精神上可能是不成熟的（“第二天”的水平）。为了弥补他们的缺陷，这些人也可能企图借用他们的地位和权力。

不成熟的人如何对待压力？如果下属不按上司的意图行事，上司将如何反应？学生挑战老师的观点，老师会怎样？

当未成年女儿因她的问题打扰父母时，不成熟的父母会如何对待她？父母如何管教麻烦的孩子？他或她将如何处理在一个爆炸性的感情事件上与配偶发生的分歧？他又将如何处理工作中的挑战？

一个不成熟的人可能会从身份、声望、实力、经验、才智或感情上“借用力量”，以弥补自己的人格缺欠。结果会怎么样呢？这个人最终可能加重三个方面的弱点：

第一，他使自己的内在虚弱。从地位和权力借用力量，只能加深自己靠外在因素办事的依赖性。

第二，他使他人虚弱。因为害怕或为了保持一致，他人学会了如何行动和反应，这就制约了他们的理性、自由、成长和内在的戒律。

第三，他使人际关系虚弱。这种关系变得紧张，恐惧代替了合作，关系中的每一个人都比从前专断、焦虑了一点，防备心理也多了一点。

为了赢得一场争论或竞赛，情感不成熟的人可能使用他的力量和能力将对方逼到墙角。这种人即使赢了，实际上也是输了。每一方都输了。力量在这里成了弱项。

事实上，每当我们想从财富、地位、证书、外表、会籍、地位象征或成就借用力量的时候，我们应当想一想这些东西发生了变化或不复存在时怎么办？

显然，我们仍会坚持这种已经注入我们自己、人际关系和他人的虚弱。事实上，习惯借用力量的人，都将最终在他们最想打动的人面前失去影响。他们的孩子会感到被贬低和被压服，没有了任何价值、自我和个人意识；他们的同事可能会成为反叛者，或用他们自己的方式进行回击，回击的目标可能是那些最为宝贵的东西。

那么，从哪些来源我们可以获得力量而不致造成虚弱的后果呢？只有为未来需求而建立起来的内在能力才是这种来源。比如外科大夫从他高超的技能和知识那里获得力量，赛跑运动员从他训练有素的身体、强壮的大腿和强有力的肺获得力量。

换言之，我们必须这样提问，“这个局面要求我做什么？要求什么样的力量、技能、知识和态度？”显然，外科医生或运动员的财产、外表或证书只是所需的象征，若无实质内容都是毫无用处的。

个人成长的含义

- **成长是一个自然过程**——种瓜得瓜；在学微积分之前要学代数；走之前要学会爬。
- **无论是物质、社会、情感、智力或精神领域，我们都处在不同的“天”**（不同的成长水平）。如果我和你处在不同的阶段，我要做的和需要克服的可能是你已经做过的，反过来也一样。你到了“第四天”，也许我才是“第二天”。
- **比较是危险的**。比较就容易产生不安全感，但我们总是在孩子、同事和其他熟人中进行比较。如果我们的价值和个人安全意识来自这种比较，我们就会变得喜怒无常，一会儿觉得比别人强，一会儿又觉得比别人差。看法、习俗和时尚总是在变的，变化的东西不会安全，因此内在的安全感不可能来自外部。从任何不能使人内在力量增强的来源借用力量，到头来只能增加借用者的内在虚弱。更有甚者，比较和借用力量一方面产生傲慢和虚荣心，另一方面又招致泄气和自我厌恶，它鼓励人走捷径、按他人看法行事、视外表为生命、从外在来源借用力量。最好的做法是拿自己跟自己做比较，因为我们不能将自己的幸福建立在别人的进步上，我们只能专注于自己。我们应当根据人们的潜力来进行比较，然后不断地肯定这些潜力和他们发挥潜力的努力。我们应当问“他做得比他拥有的怎么样？”而不是拿他跟别人比，并据此决定我们对他是爱还是惩罚。

• **没有捷径可走。**如果我处在“第二天”（请让我继续使用这个比喻），但想以“第六天”的水平来打动人家，最终我是会被别人看穿的。想做一个八面玲珑的人，最终只能失去众人的尊重，连他自己也没了自尊。不能因为别人在“第三天”，没有达到“第五天”或“第六天”的水平，就去指责他们或者将他们与旁人比较，这样做是有害无益的。总之捷径是没有的。

• **为了改进，我们应当从现在所处的位置开始行动，**而不是从我们所应该处的位置开始，也不是从他人所在的位置或他人认为我们应在的位置开始。比如每天多做一个俯卧撑，每个月我们就可以多做30个；同样，在任何其他可以改进的领域，我们也可以比自己能承受的练习做多一点，比如多一点耐心、理解和勇气，通过日常的努力和规范，慢慢地增加自己的能力。

我相信对我们大多数人来说，“第一天”和“第二天”意味着对自己的身体有更多控制力——早睡早起；定时锻炼；饮食适量；如果有需要的话，即使疲劳也要坚持工作。我们之中有太多的人，当他们还是欲望的奴隶时，就在努力克服“第四天”、“第五天”或“第六天”的问题，如拖沓、烦躁、傲慢。如果我们控制不了自己的身体和欲望，我们怎么能控制自己的舌头、克服激动以及愤怒、妒忌、羡慕或仇恨等情感呢？许多人希望得到“第五天”和“第六天”的成果（爱、脱俗和决策时的智慧）但仍然不愿意服从“第一天”的准则（控制激动和欲望）。

反省使我们对自己的弱点以及克服弱点的力量有准确地认识。我们之中许多人不知道从哪里开始，我们也不总是知道哪些事情应当在另外一些事情之前去做。他人的方式和程序可能与我们不同，他人的“第五天”可能是我们的“第二天”。我们也可能此一时在“第四天”，而彼一时又在“第一天”——而且是关于同一件事情。有时候我们需要同时做不同层次的工作。

不过，总是脚踏实地，从“第一天”开始，是成长和发展的关键。

第七章

七大陋习

SEVEN DEADLY SINS

甘地说过，有七种东西可以摧毁我们。请注意，这七样东西都与社会和政治条件有关，而且这“七宗罪”中任何一条的解药都是一种明确的外在标准或建立在自然法则基础上的东西，而不是社会价值观念。

- **不劳而获**。这是指不付出而获取的行为——操纵市场和资产，这样你就可以不工作，也不纳税：从免费的政府项目中得益而不用承担合理的金融负担；享受作为国家公民和公司成员的所有福利而不承担任何风险和责任。

19世纪80年代曾被称为贪婪的十年，因为那时有许多欺骗性的计划，基本上就是快速致富的把戏，做投机许诺的人宣称，“你甚至不必为此做任何事。”所以我不让自己的孩子进入投机行业，也不让他们学习如何快速赚大钱而不必日复一日地为增加价值而付出。

一些网络营销和传销机构令我担心，因为一些人就靠在他们底下建一个组织，供养他们，使他们快速致富而不必干活。他们是做得完全合理化的，但情绪上的动机往往就是贪婪：“你不必努力干活就可以快速致富。开始的时候也许你也得干活，但很快你就会财源滚滚而不必干活。”新形成的社会习俗和惯例扭曲了这些人的判断力。

正义和判断是不可分的，换言之，你离开自然法则有多远，你的判断力受到的负面影响也就有多远。你的概念被扭曲，为了解释事情成与不成，你开始制造合理的谎言。你离开了“农场”法则，转入了社会或政治环境。

我们常常听到遇到麻烦的公司主管们说，在一段时间里，他们偏离了自然法则并开始过度扩张、过度借贷或过度投机。他们不关心发展倾向，不搜集客观反馈，而沉湎于内部的自言自语。现在他们要为此付出高昂的代价了，为了生存，他们就得开始拼命干活——至少五年内不能健康地活着。他们要回归基本，从努力工作开始。这些管理人员早期都是保守的公司创始人的批评者，那些创始人看重的是基本原则，宁愿小规模和不借贷。

- **昧心享乐。**一事当前，一个不成熟、贪婪、自私和只重感觉的人只关心自己：“我有多少份？能否使我高兴？能否减轻我的负担？”最近有许多人好像很想得到这些，他们没有道德心和责任感，他们甚至在“做我自己的事”的借口下，抛弃或完全不顾配偶和子女。独立并不是最高程度的成熟，而只是通向互相依存关系的中点——只有互相依存，才是最高程度的成熟。学会给予和接受、无私地生活、关心、体谅对我们是一项挑战。不然我们就不会有社会责任感和进行享乐活动的责任心。

昧心享乐的最终代价是高昂的，如果用时间、金钱、名誉来衡量的话。此外，追求一时的满足而放纵自己，还会伤害他人的心并给人以不良影响。经不住引诱而脱离自然法则和良心是危险的。良心是永久的真理和原则的仓库——是自然法则的内心监视器。

一位知名的、其著作广泛流传的心理学家曾经主持过“品行疗法”，即教人培养道德心。有一次他告诉我，他是一个躁狂忧郁症患者。“我知道我有自杀倾向，”他说，“所以我自己去了精神病院，我努力摆脱和调和它，最后我离开了那家医院。现在我不做临床，因为临床压力太大，我主要做研究。通过我自己的斗争，我发现品行疗法是唯一的出路。我放弃了情人，向妻子坦白了一切，这使我获得了一生中的头一次平静。”

昧心享乐是对现代管理人员的主要引诱之一。我乘坐飞机时，有时浏览那些面向公司经理的杂志，发现可能有三分之二的广告都是企图引诱经理们丢弃道德心和放纵自己，意思是说他们“有资格”和“应当”这样做，又说他们没有理由不“放弃”和“放松一下”。那诱惑的台词是：“你们已经到达，你们就是自己的主宰，你们不再需要良心来约束你们自己。”在有些广告中，你看到60来岁的男人和30来岁的漂亮女人在一起，“重要他人”陪伴经理们参加会议。不管配偶了吗？不管认定对配偶的欺骗是非法行为的社会传统了吗？

- **没有人格的知识**。没有知识自然危险，但更危险的是知识很多但没有强有力的有节操的人格。光有智力发展而无相称的内在人格发展，等于将一辆高功率跑车交到一个吸毒的少年手里。在学术界，我们常常这样做——不重视青年人的人格发展。

我主张将“七个习惯”搬进课堂的原因之一，就是这种人格教育。有些人不喜欢人格教育，因为他们说，“那是你的价值系统”。但是你可以有一套每一个人都认可的共同价值观念。这并不难确定，比如善良、公平、尊严、贡献和品格都是值得坚持的，谁也不会跟你说不。所以我们可以从那些不可否认的价值观念开始，将这些观念注入我们的教育体系以及公司培训和发展计划。

今天改革教育的人们正在围绕一套共同的原则、价值观念和优先考虑的事项建立共识，同时批判高度专业化、分科制和政党政治的错误。

• **没有道德**（职业道德）**的商业**（生意）。亚当·史密斯在《道德情操论》（写于《国富论》之前）一书中解释了道德基础对于我们体制的根本意义，这个基础就是我们如何相处以及仁慈、服务和贡献的精神。如果我们忽视道德基础，允许经济体制在没有道德基础和继续教育的情况下运行，我们就将很快地制造一个非道德社会和商业。经济和政治体制最终都要建立在一个道德基础上。

在亚当·史密斯看来，每一项商业交易都是考验是否对双方都公平的道德挑战。商业中的公平和仁慈是自由经营制度即资本主义的基础。我们的经济体制发端于关于少数人的利益也要受到关照这一宪法规定的民主原则。“待人准则”（你想人家怎样待你，你也要怎样待人）或双赢原则就是道德原则、共同受益原则和对有关各方都公平的原则。扶轮社的一条箴言提出了这样的问题：“是否公平和是否对有关各方都有益？”这实际上就是一种服务社会的道德意识。

我很赞赏史密斯说的“每一项”商业交易。人们常说“大多数”经济交易是道德的，这样说的人往往会有麻烦，因为这意味着背后有不公开的、隐藏的秘密。有秘密的人总要为自己的活动辩护，为了使自己不必受自然法则的约束，他们甚至对自己说些合理的谎言。足够的合理化就演化成了完全脱离自然法则的社会习俗或政治意志。

我见过一位在一家大航天公司担任“职业道德主任”五年的

男子，最后他辞职以示抗议并打算离开这家公司，虽然这样做他要失去优厚的待遇和福利。他说公司的管理层有不同的商业道德，并且为他们自己的那一套狡辩。他们看重的是财富和权力，并且不必为此寻找借口。即使在公司内部他们也脱离实际，他们谈论为顾客服务，但同时却掠夺自己的员工。

• **没有人性的科学。**如果科学成了纯粹的技艺和技术，它就会很快堕落成为反人性的人。技术来自科学的模式，如果我们对技术应当为之服务的更高的人类目的一无所知，我们就会成为技术统治论的牺牲品。我们看到一些受过良好教育的人攀登成功的科学阶梯，但常常达不到人性的高度，并且常常走错了方向。

人类曾经有过的科学家大多数仍然健在，他们为世界带来了科技的大发展，但是如果他们所做的只是给同样的老问题添加新的技术，那么就不会有什么基本的变化。我们可能看到科学上的演进和偶尔的“革命”，但如果科学没有人性，我们就看不到真正的人类进步，一切旧的不公平和不公正仍然伴随着我们。

没变的是自然法则——真正的方向。科学和技术则改变了其他所有一切的面貌，随着时间的推移，唯有基本的法则依然有效。

• **没有牺牲的宗教。**没有牺牲，我们可能是教堂的活跃成员，但却不是福音的活跃成员。换言之，我们想得到的只是一种社会装饰和对宗教习俗的虔诚感觉，而不是福音所说的与人同行、多走一程或着手解决最终可能毁灭我们的经济体制的社会问题。为他人的需求服务要求我们做出牺牲，其中包括牺牲我们自己的傲慢与偏见。

如果教堂或宗教只被看作是另外一种等级体系，它的成员就不会有服务他人或内心崇拜的意识，他们只重外在的敬奉和看得见的宗教外表，他们不会以上帝或原则为中心。

“七个习惯”中有三个涉及与他人相处、为他人服务、为他人做出牺牲以及贡献的原则。第四、五、六种习惯，即双赢的互相依存、移情和协作，都要求人们做出巨大的牺牲。我相信，这些习惯要求怜悯心和悔罪精神，对一些人来说，这是最终的牺牲。比如，我观察过经常争吵的一对夫妻，我有一个想法：“这两个人都要以怜悯心和悔罪精神来对待另一方，否则他们的关系不会长久。”无谦卑则无同一和团结。傲慢与自私足以摧毁人与上帝、男人与女人、人与人以及自身与自我的合一。

伟大的公仆型领袖都有这种谦卑——内在宗教的表征。我认识几位公司的首席执行官就是这种公仆型领袖，他们抛弃了自己的傲慢，分享自己的权力，我可以说，这种风格扩大了他们在公司内外的影响。可悲的是，许多人需要“宗教”，或者说至少是宗教的表面，但不愿做出牺牲。他们想要更多的精神生活，但舍不得斋戒时放弃一顿饭，或不留姓名地为他人做一点服务。

- **没有原则的政治。**没有原则，一个人就等于失去了方向和依靠，个人道德就是即时制造出能在社会和经济市场上卖得好的形象。

为了赢得选票和职位，政客们花费数百万美元来创造一个形象，尽管这个形象非常表面化，没有实质内容。当这个形象起作用的时候，它就导致产生一种独立于自然法则的政治制度，本应处于支配地位的自然法则体现在《独立宣言》之中：“我们认为这些真理是不言而喻的：人人生而平等，造物主赋予他们若干不可剥夺的权利，其中包括生命权、自由权和追求幸福的权利……”

换言之，自然法则描述的是不言而喻的、外在的、可见的、自然的、不容争辩的法则：“我们认为这些真理是不言而喻的。”健康社会的关键是将社会意志、价值体系和正确的原则相结合，只有这样，指南针的指针才能指向正北——正北代表自然法则——这正是我们的价值体系的基础。

但是如果政治意志独立于正确原则，而政治意志后面又是一个病态的社会意志，那么这个组织或社会就一定是病态的，其价值观念是扭曲的。比如，干强奸、抢劫、掠夺勾当的罪犯，也用诸如“团队精神”、“合作”、“忠诚”、“利润”、“创新”和“创造性”等字眼作为他们自己的宗旨和价值观，和许多公司的宗旨用词一样，问题是他们的价值体系不是建立在自然法则之上。

比方说，在许多有着高尚宗旨的公司，许多人在光天化日之下遭到掠夺，或者他们的自尊、金钱和地位未经正当程序即遭抢夺，如果正当程序原则后面没有社会意志，如果我们得不到正当程序，你就得去找你的同辈陪审团和参与反文化破坏。

在电影《十诫》中，先知摩西对法老说：“统治我们的是上帝的法则，而不是你。”他实际上是说，“某一个人不能统治我们，除非这个人体现了法律。”最好的社会和组织是由自然法则和原则即宪法治理的，身居要津的人也要服从原则，谁也不能高踞于原则之上。

“七个习惯”可以帮助你摆脱“七大陋习”。如果你做不来“七个习惯”，不妨试试“十诫”。

第八章

用道德指引自我

MORAL COMPASSING

时代的发展给管理带来许多未知领域，陈旧的定式的用途也就变得颇为有限。此时，我们需要的是一个道德罗盘。

不久前我在纽约时，曾目击街头黑帮的一起相当老练的抢劫案。我相信这个黑帮的成员都有他们的街道地图，他们共同的价值观——最高价值莫过于“不要出卖彼此，真诚相待，忠于彼此”。然而这个黑帮所理解和身体力行的这一价值观并不能代表正确的方向，也就是尊重他人和他人财产的磁场原则。

他们缺少一个内在的道德罗盘。原则就像一个罗盘。罗盘有一个客观的、外在的方向，反映了自然规律或原则，它与主观的、内在的价值观相对立。因为罗盘代表了生活的真谛，我们在建立自己的价值体系时，必须对“真北”原则深怀敬意。

正如塞西尔·德米尔（Cecil B. DeMille，美国电影制片人、导演——译者注）所说：“我们不可能打破法则。我们只可能在法则面前碰得头破血流。”

原则是人类行为业已证实、亘古不变的指导方针。某些原则决定着人们能取得多大的成效。世界六大宗教都教导同样的基本核心信仰——诸如“种瓜得瓜、种豆得豆”和“事实胜于雄辩”之类的信条。我发现对于什么是“正确的方向”原则全球有一致意见。这些原则不难发现。它们是客观的、基本的、无可争议的，例如“真心换真心”和“夸夸其谈于事无补”等等。

只要有足够多的人坐到一起来，一个公司最根本的原则应该是什么是没有多少异议的。我发现人们普遍信奉公平、友爱、尊严、仁慈、正直、坦诚、优质、服务和耐心的原则。

想象一下根据相反的原则生活或开展业务是何等荒谬吧。我怀疑任何人会认真地把不公、欺骗、卑劣、无用、平庸或堕落作为长久的幸福和成功的坚实基础。

人们可能会对这些原则在实际生活中如何定义、解释和应用有争议，但通常都一致认为它们有内在价值。他们或许做不到完全与其和谐共处，但却信任它们。而且他们也希望领导者按照这些原则进行管理。他们希望在被人评价时依据的是社会或经济领域的“规律”，这些规律就像物质世界里的万有引力等自然规律一样是实实在在、亘古不变和无可争议的。

在任何严肃的历史研究里——不管是国家还是企业的历史——这些原则的真实性和正确性都显而易见。这些原则一再地显现，而且，社会给予它们的承认越多、越是和谐地与之共存，就越能实现生存和稳定；反之，则会走向解体和灭亡。

在接受一个脱口秀节目采访时，我曾被问及希特勒是否以原则为中心。“不是，”我说，“但他是被价值标准驱动的。他的主要价值标准之一就是统一德国。然而他违背了道德罗盘原则，遭受了必然的后果。而且这种后果影响巨大——造成全世界持续数年的动荡。”

在面对不言而喻的、固有的规律时，我们可以选择或者与它们协调一致，或者反其道而行之，挑战它们。就像规律是固定不变的，结果也是确定的。

我在一些讲习会上问听众：“说到你个人的价值标准时，你是怎样想的？”通常人们的思考都集中在他们想要的东西上。随后我问他们：“说到原则时，你是怎样想的？”此时，他们就会更多地思考客观规律，聆听良知的声音，探索真理。

原则不是价值标准。和街头黑帮成员一样，德国纳粹党人有共同的价值标准，但这些价值标准是违背基本原则的。价值标准是地图；原则是地域。而地图并不等同于地域，它们只不过是试图描述或代表地域的主观努力。

我们的地图越与正确的原则紧密结合——与地域的实际情况、事物的本来面目紧密结合——其准确性和实用性就越强。正确无误的地图对我们工作业绩的影响远甚于我们改变态度和行为的努力。不过，如果地域时刻在发生变化，任何地图都会很快失效。

时代的罗盘

在当今世界里，我们需要的是一个罗盘。罗盘是由一根能够自由摆动、并且总是指向北极的磁针所组成。它也是水手在海上指引或确认航线的工具，同时还是一种画圆和度量的工具（在英语中，“罗盘”这个词为compass，它还有“圆规”的意思——译者注）。“compass”一词还可以指空间或时间的范围、程度、极限或边界；一条路线、一个圆圈或一段区域；意图、目的或设想；理解或领悟。所有这些隐含意义都丰富了罗盘的喻意。

为什么在今天的商界里，罗盘的作用要胜地图一筹呢？我认为以下几条理由有力地解释了为什么罗盘对于公司领导层来说其价值是无可估量的：

· 即便在森林、沙漠、大海或者其他无边无际、荒无人烟的地域中，罗盘也总是为人们确定坐标，指明道路或方向。

· 地图会随着地域的改变而过时。特别是在发展日新月异的时代，地图可能刚刚印刷完毕就已经过时或不准确了。

· 不准确的地图令试图寻找道路或探险的人们失望不已。

· 许多管理者都是在未经探索的水域或荒野开拓前进，没有现成的地图能准确描绘他们所处的地域。

· 为尽快到达目的地，我们需要改进程序，疏通生产和销售渠道（高速公路），而为了在荒野中发现或修建高速公路，我们需要罗盘。

· 地图描绘实际情况，但罗盘却更多地提供远见和方向。

· 准确的地图是良好的管理工具，而罗盘是一个领导和授权的工具。

许多人多年来一直使用地图来寻找道路，帮助自己正确认识事物和保持方向感。但他们应该认识到在目前错综复杂、令人困惑的管理天地里，手中的地图可能毫无用处。我的建议是你应该把地图换成罗盘，训练你自己和你的手下人根据罗盘——一个已按照一组确定不变的真北原则和自然规律得到校正的罗盘——来航行。

为什么这样说呢？因为如果地图不准确，你就会在城里迷路。这时，如果有人说“加倍努力”呢？那么你就会更快地迷路。又有人说，“乐观点”。于是你就不为迷路发愁了。真正的问题与是否勤恳或态度如何毫无关系。它完全是地图失真造成的。你的思维定式或你思考的水平代表了你手中描绘现实（地域）的地图。

大多数效率低下的群体，其症结在于造成这种状况的人们头脑中的地图。这张地图是片面的，它建立在权宜之计和仅仅着眼于当季利润的短期思维基础之上，同时也是建立在稀缺心态之上。

要解决这个问题，就得把依靠地图（价值标准）来管理的模式转变成依靠罗盘（固有的原则）来领导的模式。所有的政治环境体现的必然是最高层领导的行事风格——它被当作是正确的方向。但是这种风格是建立在喜怒无常的情绪、随心所欲的决定、毫不掩饰的情感和追名逐利之上的。这种正确的方向有时被称为“信息系统”或“奖励系统”，它主宰着人们的行为。浇灌什么就会生长什么。以原则为中心的领导模式要求人们根据农业自然规律“经营农场”，并且要求他们把这些原则融入到他们的生活、人际交往、协议、管理过程和责任陈述中去。

战略定向

是拿地图还是拿罗盘来定向，这是一个重要的战略问题，就像日本家用电器业巨头松下公司的总裁松下正治（Masaharu Matsuhita）所说：

我们将获胜，而西方工业国将会落败，因为你们失败的原因在于你们自身：对你们来说，管理的本质就是把老板脑子里的想法放到工人的手中。

在这里，重要的是他所提出的我们“失败”的原因。我们习惯于特定的心理模式或范式，习惯于依靠地图管理，习惯于旧有的领导模式，也就是由占据最高职位的专家来决定目标、方法和手段。

这种旧的战略规划模式已经过时。它是一张道路图。它要求最高层领导利用其经验、专业知识、智慧和判断力，制定为期十年的战略计划——结果只发现不到十八个月这些计划已经毫无价值。在新形势下，计划很快就变得过时了。

彼得·德鲁克（Peter Drucker，美国当代管理大师——译者注）曾经说过：

计划是毫无意义的，但制订计划的工作是无价的。

如果我们在制定计划时围绕总的目标（或构想）以及我们坚信的一组原则来进行，那么在拓荒最前沿摸索前进的人就可以使用这个罗盘以及他们的专业技能和判断力来做出决定、采取行动。结果，人人都可以有他（她）的罗盘。人人都可以被授权制定反映新市场实际情况的目标和计划。

原则不是惯例。惯例是具体的活动，在某种情况下起作用但换一种情况就不一定起作用。如果你是依靠惯例来管理，依靠具体方针来领导，那么你的下属不需要成为专家；他们不需要行使判断力，因为所有的决策和智慧已经以规章制度的形式提供给他们了。

如果你把重点放在原则上，你就授权了所有理解原则的人去采取行动，而不用时时监督、考核、纠正或控制。原则具有普遍适用性。而且一旦它们内化成为习惯后，就使人们有能力创造各种各样的惯例来应付不同的情形。

与依靠惯例相比，依靠原则领导需要另一种形式的培训，甚至可能更多的培训，但是它所带来的回报是：在机构的各个级别都有更多的人拥有专业技能和创造力，并且能够分担责任。

如果你培训人们学习客户服务的惯例，你会得到一定程度的客户服务，但是只要顾客提出特殊情况或问题时这种服务就会中断，因为这时，他们破坏了标准操作程序。

只有在换一种新的心态之后，人们才能始终如一地按照客户服务的原则做事。在大多数情形下，他们需要接受培训——办法有案例研究、扮演角色、模拟和某些在职训练——以保证他们理解原则并知道怎样在工作中运用。

使用罗盘，我们也能赢

“每人口袋里一个罗盘”要胜过“每个锅里一只鸡”或“每个车库里一辆汽车”。运用道德罗盘，我们即便在激烈的竞争中也能获胜。在我看来，日本人过于要求个人服从集体，结果导致他们不去开发人们的创造性和足智多谋的潜力——表现之一就是他们只有4人获得过诺贝尔奖，而美国有186人。最高明的领导原则是相互依存的双赢，在这种情况下，你无论是作为个人还是作为团体都很优秀。

但是，一旦人们意识到道德“罗盘”将成为考核的基础，包括对高层人物领导作风的考核，他们往往就会感觉受到威胁。

一家大公司的总裁曾经要求我和他以及他的管理班子见面。他说这些人都过于注重保持他们自己的管理作风。企业的使命陈述也无法影响他们的作风。这些管理人员认为使命是为“外面那些”必须遵从法则的人而设，但他们是凌驾于法则之上的。

道德罗盘这个概念让自认为高于法则的人们感到不安，因为基于道德原则之上的美国宪法就是法则——它主宰着每一个人，包括总统。它责成每个人审视自己的生活，并决定他们是否愿意按照它来生活。所有人都必须服从法则和原则。

我熟悉好几起这样切中要害的事例——美国一些大企业告诉它们的顾问："我们不能再脱离自己的企业风气和员工来做市场可行性调查和战略研究了。"这些管理者都明白迈克尔·波特（Michael Porter，哈佛商学院教授，全球知名的策略思考大师，产业竞争战略之父——译者注）所说的：

二流的战略、一流的执行胜过一流的战略、二流的执行。

我们必须解决员工风气问题以改进战略的执行，实现企业的完善。即使不发动一场革命战争，我们也要通过一次制宪会议，把问题摆在桌面上，面对它们，深入探讨，做出明智的决策。如果不流一点鲜血、汗水和眼泪这是不会实现的。

最终，任何战略的成功实施取决于人们是否能始终如一地贯彻执行指导原则，以及他们在任何情形下运用自己的道德罗盘贯彻这些原则的能力。

第九章

以原则为中心的权力

PRINCIPLE-CENTERED POWER

真正的领导能力来自高尚的品格和对某些权力工具以及原则的运用。然而，大多数有关领导才能的讨论都集中在天生的“伟人”理论、个性“特征”理论或行为“风格”理论之上。这些理论的价值更多的在于解释现象而不是预言未来。它们或许能解释为什么某一位领袖能崭露头角并站稳脚跟，但却无法帮助我们预言谁是未来的领袖，更不能帮助我们培养领导能力。

更有效的办法不是考察领袖，而是考察追随者，通过探询追随者为什么会追随来评估领导能力。

三种类型的权力

追随者为何会追随，其原因是多种多样、错综复杂的，但可以从三个不同的角度对它们进行分析，其中每一种都有其不同的动机和心理根源。

第一种情况是，追随者因为恐惧而服从——他们担心如果不听从吩咐的话会有不幸的后果。这可以被称为强制型权力。在这种情况下，领袖让追随者感到恐惧，担心如果抗命不从的话他们可能遭到处罚，或者被剥夺某些好处。于是，由于害怕可能的不利后果，他们——至少在刚开始时——默然听命，唯唯诺诺以求平安度日，或者嘴上大表忠心。但是，他们的支持只是表面的，一旦“没有人盯着”，或者当威胁不复存在时，他们就会把精力迅速投入捣乱和破坏当中。有这么一桩曾被广为报道的事例：一名心怀不满的航空公司职员因为感觉被人不公平地利用了，便在离职的当晚娴熟地将航班安排表从电脑内存中彻底删除。强迫别人服从的代价到底是多少呢？损失远远超过百万美元的金钱和成千上万个小时的人工，同时还有来自不满的乘客的强烈的负面反应。

第二种情况是，追随者服从命令是因为如果他们这样做的话将得到好处。这种情况可称之为功利型权力，因为在这种关系中权力是建立在商品和服务的实用性交换上。追随者有领导者想要的东西（例如时间、金钱、活力、个人资源、兴趣、天分、支持等），同时领导者有追随者想要的东西（信息、金钱、提升、接纳、友情、安全、机遇等诸如此类）。追随者抱着如下信念行事：如果他们始终履行协议中自己这方面的内容，也就是为领导者做事，领导者就可以并将会为他们做事。在社会单元的正常运作中，从价值上百亿的公司到日常的家庭生活，许多事务都是在功利型权力的推动下完成的。

第三种情况是，建立在某些因追随者愿意信任他或他试图实现的目标而拥有的力量之上。这就是原则型权力。这些人受到信任、尊重和敬佩。人们追随他是因为他们愿意这么做，他们愿意相信他和他的事业，愿意做他要他们做的一切。这并不是盲目的信任，没有脑子的服从或机器人般的百依百顺；这是有见地的、全心全意的、发自内心的支持。

几乎每个人在其一生中的某个时候都作为追随者感受过这种力量，对方可能是一位对他（她）的生命产生了深远影响的老师、雇主、家庭成员或朋友。可能是某个给了他（她）成功或出人头地机会的人，也可能是某个在逆境中给他（她）以鼓励的人，甚至仅仅是某个在他（她）需要时陪伴在身边的人。无论他们做了什么，他们都是因为信任我们而这样去做的，而我们也回报以尊敬、忠诚、支持和心甘情愿的服从，而且几乎是毫无条件、毫无保留的。

上述三种权力各自建立在不同的基础之上，并且导致不同的结果。

权力的影响

强制型权力建立在领导者和追随者双方的恐惧之上。领导者在担心得不到服从时往往会依赖于强制型权力。这就是所谓的"大棒"方法。人们很少公开支持但却可能使用这种方法，究其原因，要么是因为笼罩在领导者之上的其他的、更大的威胁使它看起来似乎是正当的，要么因为这样做方便而且在当时看起来有效。然而它的有效性不过是镜花水月。

依靠恐惧控制别人的领导者将会发现，这种控制是被动的，而且是暂时的。一旦领导者或他的代表或控制体系不复存在，控制力也就不复存在。它常常会把下属的创造力发动起来，促使他（她）们齐心协力，以新的、尚未得到控制的方式反抗。强制型权力给领导者和追随者都造成心理和情感上的负担。它助长了怀疑、欺骗、虚伪以及最终的控制力的消亡。正如俄国诗人和哲学家亚历山大·索尔仁尼琴所说：

只有在你并未剥夺人们的一切时，你才可控制他们。一旦你让一个人一无所有，他就脱离了你的控制——他再度自由了。

维系大多数机构的是功利型权力。功利型权力建立在平等和公正的感觉之上。只要追随者感到他们得到的回报与付出相当，领导和被领导的关系就将维持下去。建立在功利型权力之上的服从往往看起来更像是被影响而不是被控制。追随者的能动作用受到尊重和考虑，但这么做只是本着“买主自行当心”的精神。领导者受到服从，因为这对追随者来说是有用的。他们借此可以得到领导者凭借职位、专长或个人魅力所控制的事物。以功利型权力为基础的追随其性质仍然是被动的，不过这里的反应往往是积极的而不是消极的。

越来越多的人们已认识到，建立在功利型权力上的关系经常导致个人主义而不是团队精神和高效的集体，因为每个个体都更强烈地认识到要重视自己的想法和欲求。每个成员可能随着愿望和需要的改变而改变。工作人员的构成不断变化，意味着无论是领导者还是追随者，长期的忠诚都是罕见的例外。上至首席执行官（比如苹果计算机公司的乔布斯换成了斯卡利），下至小职员（看看当地便利店里走马灯般变换的面孔），人们来来去去，几乎不给市场带来任何影响——从根本意义上来说，我们都是顾客，哪儿能让我们用我们想要的方式获得我们想要的东西，我们就去哪儿。

不仅如此，功利型权力还助长了见机行事的道德规范，由于没有共同的组织价值观，个人不断权衡什么是最好的、正确的和公正的。在最糟糕的情况下，功利型权力类似于一个动辄诉诸法律的社会里十分醒目的司法力量，通过法庭在企业接管、离婚和破产等事务上强制实现公正。而在最好的情况下，功利型权力体现为自愿维持某种人际关系，无论它是业务关系还是私人关系，只要它对双方有利。

原则型权力颇为罕见。在各种人际关系中，它都是品格、声望和杰出的标志。它建立在尊重之上，领导者尊重追随者，而追随者则自愿贡献自己的力量，因为他们也尊重领导者。持久的、积极主动的影响是原则型权力的显著特点，持久是因为它不取决于某件好事（或坏事）是否会落在追随者身上，积极主动是指根据深信不疑的价值观不断做出选择。当追随者的价值观和领导者的价值观相重合时，就产生了原则型权力。原则型权力不是被逼无奈的结果，它是油然而生的，因为领导者和追随者个人的议事日程都同时从属于一个更宏大的目标。当追随者像领导者一样对这个事业、使命或目标坚信不疑时，原则型权力就形成了。《没有痛苦的压力》一书的作者汉斯·塞勒（Hans Selye）评论说：

只有在拥有追随者的尊敬和忠诚之后，领袖才成其为领袖。

在原则型权力中，控制是显而易见的，但是这种控制不是外在的，而是自我控制。权力是在这样的情形下建立起来的：个体察觉到他们的领导者是值得尊敬的，继而信任他们、受他们鼓舞、坚信他们宣扬的目标并且渴望被他们领导。正因为他们的使命感和远见、他们的品德、本性以及他们所代表的事业，领导者才能够在与追随者的交往中建立原则型权力。在原则型权力中，合乎道德的行为受到鼓励，因为忠诚就是以人们身上体现出的原则为基础的。道德规范归根结底是植根于坚持做正确的事的决心，而原则型权力激发人们甘冒危险去做正确的事，因为领导者重视它们，带头这样做，而且它们符合领导者已清楚阐释的理想。

领导能力的选择

每当问题或机遇出现、要求他人的参与时，领导者就必须做出选择。最重要的领导能力的选择是决定使用哪种权力——强制型、功利型还是原则型。这个选择将受到领导者的品格（他究竟是怎样一个人，他过去的选择把他塑造成一个怎样的人）、人际互动技巧、才能和历史的限制。在形势严峻和压力很大时，领导者就会依赖于职务、地位、资历、关系或能力来迫使他人听命。而且一个陷于危机的领导者，在缺乏良好的人际互动技巧、压力

权力的运用流程

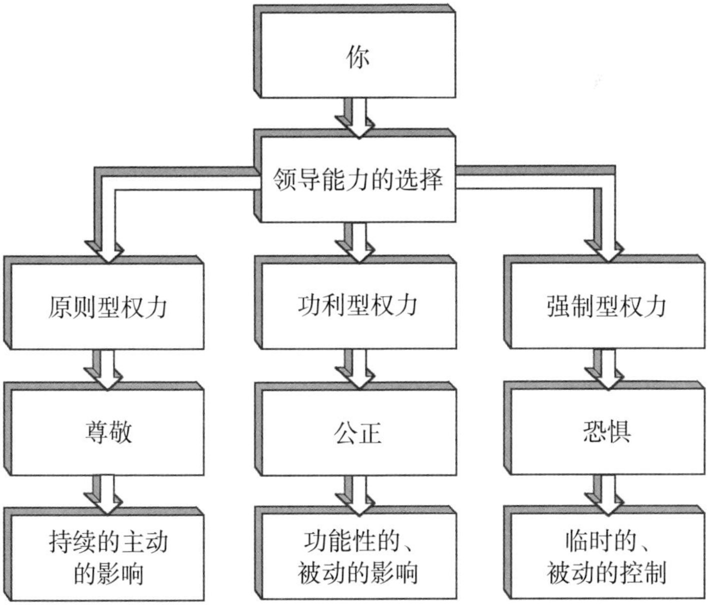

之下，仍然忠于自己坚信的价值观，或者不求助于强制型权力，几乎是不可能的。

对于必须就领导能力做出选择的领导者来说，选择可能是多种多样的。例如，可以培养专业技能，可以争取晋升到更有权有势的新职位，可以积累信息和资源。同时，功利型权力的潜在影响可以通过尽可能地接近追随者、降低与领导者接触的门槛、简化建立功能性人际关系的机制（正规的政策和程序）以及让追随者能更便捷、更低成本地形成功能性人际关系等手段得到增强。这些战术行动都将使领导者有更多建立功利型权力的选择。

领导者如果希望扩大其原则型权力，就必须做到坚持不懈、持之以恒。人际关系中的信赖是原则型权力的基础，它不能在需要时临时制造。一个人不可能长久伪装真诚，最终领导者要展现他们的自我。最终，决定领导者拥有多大的原则型权力的不仅仅是领导者能对或能为追随者做些什么，更是领导者的真实自我。

十种权力工具

一个领导者受到的尊敬和发自内心的推崇越多，他对他人拥有的合法权力就越大。领导者如何与他人打交道（包括真实的和被人理解的意图、人际互动的能力以及人际互动的历史）决定了追随者对他们的尊敬将增加还是减少，也决定了在领导与被领导的关系中合法权力将增大还是减小。可敬之人将拥有权力。

以下针对具体的步骤和基本原则提出的十点建议将使领导者更受人尊敬，也更具影响力。

- **以理服人。**告诉别人你的理由和逻辑，有力地阐述你的立场或愿望，同时对追随者的想法和观点保持真正的尊重；不仅告诉他们做什么，也告诉他们为什么；坚持沟通直到达成互惠、满意的结果。

• **耐心**。对事和对人都应如此。尽管追随者可能造成了一些失败、缺陷和不便，尽管你自己也感到急躁并期望实现自己的目标，但在短期的障碍和阻力面前，仍要保持长远的目光并且坚持你的目标。

• **亲切**。不要严厉、苛刻或强硬地对待追随者可能表现出的脆弱、坦白和感情。

• **虚心**。这意味着做事时抱着你并不知道所有的答案、并不了解所有事物的态度，并重视追随者可能有的不同的观点、判断和经验。

• **接纳**。不急于下断言，在没有相反证据之前给予肯定的判断，不要求有证据或具体的表现作为他人保持较强自尊的条件，并将这些列入你的日常工作事项之中。

• **友善**。敏感、关心、体贴，记住人际关系中的点滴小事（小事也就是大事）。

• **开明**。不管他们拥有、控制和做什么，在追随者的现状值得尊敬的同时，获取对追随者的潜力的准确的信息和看法，充分考虑他们的意图、愿望、价值观和目标而不是仅仅关注他们的行为。

• **富于同情心地指出问题**。在真正关心、担忧和友善的背景之下，指出过失、错误以及追随者“修正航线”的必要性，让追随者敢于冒险。

• **始终如一**。这样，你的领导风格就不会是一种在你未能如愿以偿、面临危机或挑战、或者感觉陷于困境时运用的操纵手段；相反，它是一套价值观、一种个人行为规范，是你的品格的表现，反映出你是什么样的人以及你将成为什么样的人。

- **正直**。真诚地让所言、所感与所思、所行一致，一心为他人谋利益，心中不存恶意，也没有欺骗、利用、操纵或控制他人的愿望；时时反省你的意图，争取做到表里如一。

在有些人看来，这些原则以及它们所代表的理想轻易就能在像圣雄甘地这样卓越的领袖身上发现，但却难以在远远更为普通的日常生活体验中找到。对于这个问题，甘地答道：

> 我自认不过是一个能力不及平均水平的普通人，并无远见卓识。我自认是个务实的理想主义者。对于我通过刻苦钻研取得的一切，我也不认为有任何特别的功绩可言。我丝毫都不怀疑，如果有人愿意付出同样的努力并且心怀同样的希望和信念，他（她）就可以做到我所做到的一切。

在对领导能力的选择中获得了原则型权力的领导者可能发现，他们在对别人提出要求时变得更加谨慎，但同时在提要求时也更为自信。随着他们对权力和领导能力之间关系的理解加深，他们领导他人的能力以及无需强迫即可影响他人的能力也不断增长。并且他们可能体验一种伴随他们成为更为贤明、更有成效的领导者而来的不同寻常的心灵的宁静。

PART3

第三部分

提高人际效能的方法

PRINCIPLE-CENTRED LEADERSHIP

第十章

掌握沟通的技巧

CLEARING COMMUNICATION LINES

大多数沟通障碍的根源在于认知不同或互不信任。我们每个人都看不到世界的本来面目，都是以我们的主观看法看世界，以我们的参照标准，或曰“地图”，界定地域。由经历生发出的认知对我们的感情、信念和行为有极大的影响。

认知和信任

认知不同和互不信任可能最终导致复杂的结果，也就是我们常说的“个性冲突”或“沟通破裂”。相比之下，互不信任更难化解得多，主要因为各方都认为自己是以世界的本来面目看世界，并非主观臆断。他们不曾意识到自己认知中的这种扭曲，俨然一副“如果你不赞同我的意见，在我看来你就是错的，因为我敢肯定我是对的”的态度。

当我们的“正确”令每个与我们看法和想法不同的人感觉自己犯了错误时，为了避免进一步受我们伤害，他们最好的自我保护措施就是给我们贴上标签，把我们归类，无限期地把我们关进思想和情感的牢笼里，直到我们付出“最大的努力”才予以释放。如果当事人的一方或双方意识到互不信任的根源在于认知不同，那么大多数信任问题都能被化解。

态度和行为

某些态度和行为对扫除沟通障碍至关重要。

态度

· 我相信善意；我不怀疑你的真心或通情达理。

· 我在乎我们的关系，想解决我们在认知上的差异。请帮助我从你的角度看问题。

· 我乐于接受影响并准备好改变自己。

行为

· 倾听以求理解他人。

· 倾诉以求被人理解。

· 从共同的参照点或观点一致的问题上开始对话，然后慢慢推进到有分歧的领域。

具备以上三种态度和行为后，几乎任何认知问题或信任问题都能迎刃而解。

通常，当一个人明白了这个道理后，他会改变自己的说话方式。他会说“这就是我的看法”而不说“这就是实际情况”；他会说“在我看来……”或“依我之见……”而不说“事实明摆着”。这样的措词承认了他人也是人，它是在告诉对方，“你也很重要。和我一样，你的观点和感受是合理的、应受尊重的。”

当别人批评我们或与我们意见相左时，我们的回答应在语气上类似于以下说法，即使内容有所出入：“很好，你有不同的看法。我想知道你是怎么看的。”当我们不赞同别人的意见时，不要说“我是对的，你是错的”，而要说“我的观点和你不同。让我跟你说说我是怎么看的吧。”

话语和关系

我永远不会忘记我的一个朋友因为与他十几岁的儿子相处不融洽而苦恼。

他对我诉苦道：“每次我走进他正在看书或看电视的房间，他就起身出去——我们的关系就糟到了这种地步。”

我鼓励他先试着去了解儿子而不是让儿子了解他和他提出的建议。他回答说：“我已经了解他了。他所需要的就是学会尊敬自己的父母并感激我们正在为他做的一切。”

“如果你想让你儿子真正敞开心扉，就必须抱着这样的态度去做：你并不了解他，而且也许永远也不能完全了解他，但你确实想了解他并将努力这么去做。”

最终，这位父亲同意抱着这样的态度试试，因为其他任何办法他都试遍了。我告诉他，他必须为沟通做好心理准备，因为这会是对他的耐心和自制力的考验。

第二天晚上8点左右，父亲走到儿子面前，说：“孩子，我不满意我们现在的关系，我想看看我们能做点什么来加以改善。也许我没有花时间真正地去了解你。”

“哼，你就是没有！你从来不了解我！”儿子毫不客气地顶了回去。

父亲不禁怒火中烧，差点就要反击，“好你个忘恩负义的小兔崽子！别以为我不了解你！哼，我什么没经历过。我什么都知道！”

但他克制住这样的冲动，说：“嗯，孩子，可能我是没花时间去了解你，但我真的很想。你能帮帮我吗？比如说，上星期我们因为那辆汽车吵嘴，你能告诉我你是怎么想的吗？”

儿子依然气呼呼地为自己辩解。父亲再次按捺住插嘴为自己辩解的冲动，继续听儿子讲下去以求理解他。他很高兴在考验到来前就已经下定了决心这么做。

随着他的倾听，不可思议的事情发生了。儿子的态度开始缓和，不久就抛开抵触的情绪，开始诉说他的一些真正的问题和更深层的情感。

父亲对这一切激动得几乎不能自持。他也敞开心扉，告诉儿子他内心深处的一些情感和担心，还有他对过去所发生的事情的理解。多年来他们第一次不是相互指责和自我开脱，而是真正地试图去了解对方。对父子俩来说这是何等的幸福啊！

10点半左右，母亲进来提醒他们该睡觉了。父亲说他们正在“第一次”与彼此沟通，想继续聊下去。他们一直聊到半夜，谈了很多对父子俩都很重要的事情。几天后当这位父亲给我讲述这次经历时，他含着泪说：“我感觉好像重新找回了儿子，儿子也重新找回了爸爸。”他真的庆幸自己能在父子谈话之前下定决心先了解儿子、然后再试图被儿子了解。

人际关系是沟通当中至关重要的一环。沟通之路上许多难以解开的疙瘩就是因为人际关系不佳而形成的。当关系紧张时，我们必须极为小心地措词，否则就可能得罪对方、引发争吵或被人误解。当关系恶劣时，人们变得多疑，他们并不试着去了解说话者的意图，只一个字眼就可能感觉被人冒犯。

另一方面，当关系团结、和谐时，我们几乎可以不用言语沟通。只要有高度的信任和善意，我们根本不必“注意措词”。无论是否面带微笑，我们都能表达自己的意思并获得理解。如果关系不够巩固，说得再多也不足以传情达意，因为含义并不体现在话语里——它体现在说话人身上。

进行有效沟通的关键是建立一对一的关系。一旦我们和另一个人建立起这种特殊的关系，我们就开始改变和他们沟通的性质。我们开始树立对彼此的信赖和信心。说到这里，想想以下的做法有多么重要：与每个职员的私人会面、与商业伙伴的私人午餐、与客户或顾客的私人谈话——这些时候你的注意力只集中在对方身上，聆听他（她）的兴趣、担忧、需要、希望、恐惧和疑虑。

有这么一幅迷人的宣传山景的海报，底下印着一行邀请的文字：“陪大山一天吧。”我们不妨变换一下口号，把它改成“陪客户一小时吧”，或“陪配偶一晚上吧”。试着全身心与对方在一起，超越你自己的个人兴趣、担忧、恐惧和需要。全心全意地同你的经理、客户或配偶在一起。允许他们表达自己的兴趣和目标，并让你的感情从属于他们的。

私人地图和地域

建立和谐的关系并取得相互理解有时是件困难的事。我们都生活在两个世界里——头脑中个人的主观世界和头脑外真实的客观世界。我们可称前者为私人“地图”，称后者为“地域”。

没有人拥有绝对完整和完美地描绘出地域——或者说这真实、客观的世界——的地图。尽管科学家不断尝试绘制日益精确的地图，但完整和完美的地图只掌握在造物主手里。所有真正的科学家都不愿把他们的最新理论称为事实，而仅把它视为到那时为止对事实的最佳阐释。

我们时常会经历一些事情，从而改变我们据以看客观世界（地域）的参照标准（地图）。此时，我们的行为也往往跟着一起变，以反映新的参照标准。实际上，要改变一个人的行为，最快捷的方法就是通过改变对他的称呼、赋予他新的角色或职责、或把他放在新的环境中等等来改变他的参照标准。

技巧和安全

我们也许可以从两个层面来看沟通技巧，就像我们看冰山一样。冰山的那一点点可见的部分是沟通的技巧层，那静卧在海面之下的巨大的不可见部分则代表更深的层次——态度、动机层。我们可称之为一个人的安全基础。要想让自己的沟通能力有重大的、持久的提高，我们就必须在两个层面上，技巧层和安全层，都下功夫。

有效的沟通需要技巧，而技巧的获得来自练习。一个人不可能单靠读网球教材或看网球明星打球来提高网球水平。他得去球场上练习他所读到或看到的内容，慢慢提高自己的熟练程度。

要提高交际技巧，我们也得一步一步来。但令人悲哀的是，许多人因为耻于承认自己是个“初学者”而假装自己拥有交际技巧。而且，有些人不愿意费工夫去学，没有提高自己设身处地为人着想的能力的诚意。然而，要实现从现状到理想的飞跃，我们唯一的方法就是接受自己现在的样子。

我曾经听过一个故事，讲的就是这样的道理。

有个年轻人去看病，对医生抱怨了一大通生活的百无聊赖，简直就像他已经麻木了似的。他的主要意思就是："我现在就是混混日子，但我压根不在乎。一切都是那么平淡乏味，那么机械，生活中再也没有什么令人兴奋的事。"

医生给他体检之后，认为他的身体完全健康。然而，不需要体检医生也能感觉到，这个小伙子的内心深处有问题，他的精神状况有问题。

"我想给你开些药方，你照着方子服一天药，"医生说，"首先，你喜欢什么样的地方？"

"我不知道。"小伙子回答得很快。

"你小时候呢，喜欢什么样的地方？喜欢做些什么？"

"我喜欢海滩。"

于是医生说："带上这三个药方去海滩。上午9点一服，中午一服，下午3点最后一服。你得答应照着药方去做，而且不提前打开药方。不过分吧？"

"我以前从没听过这样的事！"小伙子怀疑地回答道。

"嗯，我认为这真的会对你有帮助。"

于是这个百无聊赖的年轻人带着药方去了海滩。按照医生的指示，他孤身一人9点钟到了那儿。没有收音机，没有电话，也没有人陪伴。只有他自己、海滩以及药方。他立刻展开第一张药方，上面只写着两个字：聆听。

"真难以置信，"他大叫，"三个钟头就干这个！"不到一分钟他就厌烦了。在听过海鸥在上空盘旋、海浪拍打近处的礁石之后，他暗自思量怎样才能打发这三小时。“但我答应医生了，”他自言自语道，“我要坚持。毕竟，不过一天而已。”

他开始仔细思考聆听的真意。他开始用耳朵去听，不久就听出了以前从不曾辨清的声音：两种海浪拍岸声，不同的鸟鸣声，沙蟹爬行的声音，一切一切细微的声音。很快，一个全新的神奇的世界展现在他面前。他整个人都静下来；沉思冥想、身心放松、心平气和。中午来临的时候他几乎已经兴高采烈了，真的不愿意拿出第二个药方，但他还是信守了诺言。

这次是三个字：忆过往。起先他很困惑于这其中隐藏的含义，但随后他开始回忆在海滩上玩耍的童年。一件件往事浮上心头。他记起与家人一起烤蛤时的情景；记起已在二战中身亡的哥哥，仿佛回到当年，自己看着他因为学校放假而欣喜若狂地跑上海滩。一种深深的怀旧之情将他层层包围，唤起了他内心深处许多积极的情感和记忆。当三点钟到来的时候，他正深深地沉浸在回忆中。此时此刻所感受到的温馨与愉悦使他又一次不情愿去看那下一张药方。

但他还是打开了：审视你的动机。这是最难的部分；这就是问题的核心，而他立刻就明白了这一点。他开始内省，反观自己生活的方方面面——和各式各样的人所经历过的各式各样的事。他非常痛苦地发现：自己一直是自私自利的。从不曾超越自己，从不曾确定一个更大的目标、一项更有价值的事业，只不停地问：“我从中能得到什么好处呢？”

他终于找到自己总感厌倦、无聊、生活暗淡、对一切都机械而走过场式的态度的根源所在了。到六点钟时，他已完全心平气和，已回顾了往事并审视了自己的内心深处。遵照那三个药方，他对自己今后的生活道路做出了一些决定，并开始改变自己。

在干系重大的问题上仔细、认真地听取他人意见需要我们的内心有极强的个人安全感。它暴露出我们的弱点。我们可能会被他人改变；如果内心深处我们感觉很不安全，就不可能冒险去让别人改变自己。我们需要感觉到事物的可预测性和确定性。对偏见或臆断可剖析如下：我们事先就做出判断，好让我们不必应对发生新情况的可能性。萦绕心头的对改变的恐惧吓倒了绝大多数人。

如果我们因为一次设身处地的倾听而被影响或改变，我们要能这么说：“没关系——一切并没有真正的分别”，因为在内心深处我们是不会改变的。在内心深处，我们有一套代表着真我的价值观和感情，一种不因他人怎么对待我们而改变的内在价值感。这就是我们不受侵犯的自我，是我们的真本色。

逻辑与情感

有效的双向沟通要求我们既领会内容又领会意图，并学会使用逻辑语言和感情语言。

逻辑语言和感情语言完全是两种不同的语言，其中，感情语言更能激发人的动力，也有效得多。这就是为什么首先用眼和心去听、其次才用耳朵去听是如此重要的原因。我们必须设法理解沟通的意图，同时不臆断或排斥沟通的内容。我们可以通过给他人一点时间、耐心、先试着理解他人和坦诚地表达感受来做到这一点。

要想有效地陈述你的观点，应该从展现你对其他观点的清楚认识开始。要比这些观点的支持者更好地阐明它们。有效的陈述都是从事先做好评估开始的。

同情和移情

给人以全部的关注，认真地聆听并竭力超越一己的经历，设法从另一个人的角度看事物——要做到这些需要勇气、耐心和内心的安全感。它意味着乐意学习新东西，乐意改变；意味着深入他人的思想和内心，以他们的方式看世界。但它并不意味着你完全体会到与他们一样的感情，也就是所谓的“同情”。确切地说，它意味着你根据他们对世界的看法理解了他们的感受，也就是所谓的“换位”。

换位的态度极为吸引人，因为它让你敞开心扉，让别人感觉你正在学习，感觉你是可以被影响的。记住，你对别人有影响力的关键就在于别人感觉到他们对你有影响力。当我们终于学会倾听，首先试着理解他人时，我们就更深地了解了沟通的含义。我们将明白让理智主宰心灵完全是徒劳无益的。我们将明白世上有两种语言——逻辑语言和感情语言，明白人们更多地是根据他们的感受而不是想法做事。我们将了解到，除非彼此之间存在善意，否则人们会发现情感上的障碍使得他们几乎不可能在一起商议问题。我们将了解到，恐惧是一个心结，要解开这个结我们必须改善与他人的关系。

毕竟，沟通与其说是一个理解力的问题，不如说是一个信任和接纳的问题：是否接纳他人，接纳他们的想法和感受，接纳他们是不同的、从他们的角度来看他们是正确的这个事实。

失败的起步

大多数人际和机构间的沟通都是由社会价值观支配的。强有力的社会规范常常使我们心存戒备，因为我们认为那边的那些家伙想抓住我们这些人。许多群体——家庭和商业公司——都陷入在社会和政治的泥潭里，主宰一切的是你认识什么人；是往自己脸上贴金、给人留下良好的印象和在正确的时候遇见正确的人；是高层人士喜怒无常的情绪；又或者是一种敌对的心态。

让我来问你：在你的家庭或公司中，有多大比重的时间和精力是花在某种防御性或自卫性的沟通之上？有多大比重的精力是花在不能对你的配偶、孩子或客户有帮助的事情上——比如像内部争执、部门间的竞争、权术斗争和人际冲突这样的浪费精力的事情上？大多数人承认，他们20%到40%的时间和精力是以这些非建设性的方式花掉的。

在我们承认存在这些浪费的同时，我们往往会采取一些行动来寻求改善。这些行动经常是以引人注目，甚至夸张做作的方式开始。但很快它们就陷于停顿。新的行动湮灭在充斥着权术斗争、防御型沟通、自卫型沟通、人际竞争、部门间的较劲、抢占有利位置和玩弄手腕的泥潭中。它们才刚刚宣布就遇到了巨大的阻力。这个群体蚕食自己已经太长时间了，所以企图吞噬新的行动计划。

新的行动往往把重点放在改进沟通程序、培养大家聆听和阐明自己的观点的技巧之上。还有一些行动则把重点放在解决问题的技巧和怎样建立有效的工作班子之上。这些尝试本意是好的，旨在创造一种合作的精神。然而这个群体已经如此政治化、如此依赖于捍卫一己的位置和强制型权力以及胡萝卜加大棒的激励方式，以至于人们抵制新的做法。这个群体变得愤世嫉俗。下一个新的行动被视为又一次毫无成效、夸张做作、孤注一掷、歇斯底里的想让好的事情发生的尝试。渐渐地，这个群体变得筋疲力尽，士气低落。生存、工资和安全成为最主要的问题。许多人开始调整自己，在工作之外寻找他们最大的满足，因为工作已经不再能带来内在的满足。他们继续干这份工作主要是为了能有钱从事给他们带来更大满足的其他活动。

只有在机构内部培养起以原则为中心的领导关系之后，我们改善沟通的努力才会有长远价值。人和关系是一切的基础。如果我们忽视基础，我们改善沟通的行动就会失败或收效甚微。有效的沟通是建立在信赖的纽带之上的。而信赖的基础是值得信赖，不是权术斗争。

第十一章

提高影响力的30个方法

THIRTY METHODS OF INFLUENCE

我们都想对自己在个人和职业生活中遇到的某些人施加积极的影响，具体的动机可能是赢得新业务、留住客户、维系友谊、改变行为或改善婚姻和家庭关系。

但我们要怎样做到这一点呢？怎样才能既合乎道德又不失力度地影响其他人的生活呢？我认为影响主要可分为三类：（一）做出表率（让他人看到）；（二）建立友爱的关系（让他人感觉到）；（三）给予教导（让他人听到）。

以下30个施加影响的方法都可归入这三大类中。

表率：你是谁和你怎么做？

1. 克制自己，不说刻薄或消极的话，尤其在你受到挑衅或感到疲劳之时。在这种情况下，不恶语相向是最高形式的自制。在最大的考验关头，勇气是重中之重的品质。如果没有自我控制的榜样可效仿，我们可能会把受挫后的怒气发泄在同事身上。我们也许需要找到新的榜样、新的表率，学会悄悄战胜自己，学会理

影响力金字塔

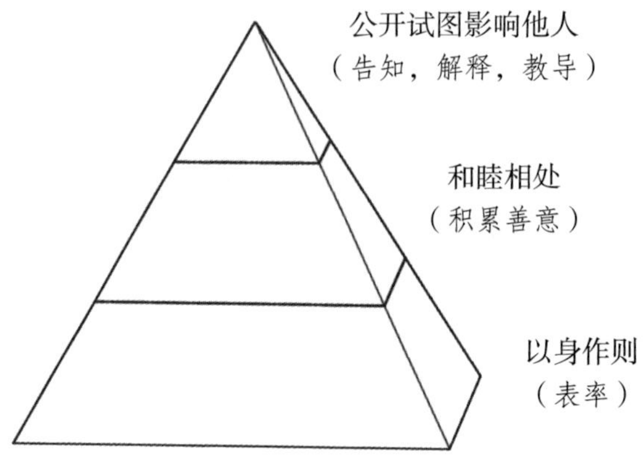

清自己的动机、明察事理、自我克制，不因一时冲动胡言乱语或重拳出击。

2. 以耐心待人。压力之下，我们的不耐烦会溢于言表。可能会说一些根本无意说的话——完全背离事实的过头话；也可能会愠怒，以情绪和态度而不是言辞来有力地表达批评、指责和拒绝之意。随后我们得到的就是受伤的情感和紧张的关系。耐心实际上是对忠诚、希望、睿智和爱的表达，是一种很积极的情绪而非漠不关心、抑郁忍受或听之任之。耐心是感情上的努力耕耘，它接受现实，承认事实得一步一步来，承认一切都有自然的成长周期。生活提供了大量锻炼耐心——绷紧感情神经——的机会，从等候迟到的人或晚点的飞机，到在手头有其他急事的情况下静听孩子的感受和经历。

3. **把人和行为（或表现）区分开。**尽管我们可能不赞同某人的不良行为或拙劣表现，我们还是要先与之沟通，帮助他树立与比较和评价完全无关的内在价值感和自尊感。这样会大大激励他加倍努力。这种对事不对人、让对方感受到内在价值的能力是我们发挥自己的内在价值感的自然结果。

4. **做无名英雄。**每当我们悄悄帮助他人时，我们的内在价值感和自尊也随之增强。而且，通过不求名利地为他人服务，我们也认识到他人的价值。无私奉献历来都是影响他人的最有力的方法之一。

5. **选择积极主动的反应。**为什么我们当中很少有人“做”的跟“知道”的一样多呢？因为我们忽略了联系所知与所做的一环——我们不选择自己的反应。选择要求我们明察事理进而决定我们自己的行为和反应。选择意味着我们要为自己的态度和行为负责，不能抱怨他人或环境。最终，它需要我们在种种矛盾的动机或想法之间来一场真正的内心斗争。如果我们不运用自己的能力明智地加以选择，我们的行为就会被外界环境左右。当我们有权并有能力决定外界的任何人或事物将怎样影响我们时，我们就获得了最高程度的自由。

6. **信守你对他人的承诺。**下定决心并持之以恒，许下诺言并信守承诺，我们就会获得对他人的影响力。想要成为更好的人或做得更好，我们一定要做出承诺（决心、保证、誓言、契约），但决不应该做你无法遵守的承诺。依靠自知之明，我们可以非常审慎地许诺。许诺并恪守诺言的能力是衡量我们是否自信、诚实的一把标尺。

7. **重点放在影响范围内。**当我们把重点放在积极处理自己能控制的事情时，我们就扩大了自己的影响范围。对于能直接控制的问题，我们可通过改变行事和思考的习惯加以解决；能间接控制的问题则要求我们变换施以影响的方法。例如，我们不时抱怨"要是老板能明白我的方案或问题就好了……"但我们当中很少有人会花时间考虑到老板的问题，以老板的语言，准备一份他可能会聆听并且重视的汇报。至于我们无法控制的问题，我们能把握自己对它的态度，自行决定某人或某事将对我们产生怎样的影响。正如威廉·詹姆斯（WilliamJames，美国哲学家和心理学家，机能心理学创始人——译者注）所说："只需改变一下我们的态度，我们就能改变环境。"

8. 实践爱的法则。在我们这么做的时候，我们是在鼓励顺应生活规律。人们的内心都非常脆弱，尤其那些行为举止看似坚强、自立的人。如果我们愿意用第三只耳朵——心灵——倾听，他们就会向我们敞开心扉。关爱他们，特别是无条件地关爱，我们就能从更大程度地影响他们，因为关爱给人一种与循规蹈矩或互相攀比无关的内在价值感和安全感。许多人借助外表、身份、地位、成就和人际关系来增强他们的安全感和力量，但借来的力量不可避免地助长懦弱。我们都不相信脱离真爱的浅薄的人际关系技巧和操纵他人的成功法则。

你理解并关心你与他人的关系吗?

9. 相信他人最好的一面。相信别人的善意会带来好的结果。如果你与人交往时总是假定别人愿意并且打算按他们所认为的最好去做，你就能对他们施加积极的影响，让他们发挥出自己最好的一面。我们之所以会试图对人进行分类、评判和衡量，是因为我们自己在应对复杂多变的现实时产生了不安全感和挫败感。每个人都有多方面的特点和潜质，有些显而易见，但大多隐藏着。而且他们往往根据我们对待他们的方式和对他们的看法做出反应。有些人（他们觉得我们天真、容易受骗）也许会令我们失望或利用我们的信任，但大多数人会表现不错，只因为我们信任他们。我们绝不能因噎废食！每当我们（由于自己良好的动机和内心的安全感）相信别人的善意，我们就是在呼唤他们身上的闪光点。

10. 先试着理解他人。先试着理解他人，然后再试着让他人理解自己。在我们和别人交流的时候，我们要投入全部注意力，毫不心猿意马。然后我们要设身处地——从他的角度看问题，“站在他的角度”站一会儿。这样做需要勇气、耐心和内在安全感，但是人们只有在觉得你理解他们时，才会愿意受你的影响。

11. 嘉奖诚实、坦率的言论或问题。我们习惯于惩罚诚实、坦率的言论或问题，还之以训斥、批评、轻视，或使人难堪。于是他人学会掩饰，学会保护自己，不再问问题。动不动就批评指责是富有意义的坦诚交流的唯一最大障碍。

12. 给他人理解的回应。若你的回应（感情的回馈）表明你理解他们，那么有三大好处：① 你可以更深地理解和明白他们的感受和问题；② 你在“负责任的独立”方面获得新的勇气和成长；③ 你在人际关系中建立起真正的信任。当一个人想要谈论某个充满感情的话题时，理解的回应收效最大。但这种回应与其说是一门技巧不如说是一种态度。只有你真正想理解别人，它才能发挥作用；若你试图操纵别人，那必将失去效果。

13. 在被冒犯时要采取主动。如果某人无意间冒犯了你并且还在这么做，你要主动去把事情说清。否则，会有两个悲惨后果：一是被冒犯的人（你）经常对此耿耿于怀，直到局面被夸大到不可收拾的地步；二是被冒犯的人（你）采取自卫性行动以避免进一步受伤害。在你采取主动的时候，心情要好，不要一副讨还公道和怒气冲冲的样子。另外，要表达你的感受——你什么时候、怎么样被他冒犯了——而不要评价对方或为其定性。这么做维护了他的尊严和自尊，他接下来可以在丝毫不感觉受威胁的情况下做出回应并吸取教训。我们的感觉、看法和认知并非事实。抱着这样的态度做事要求我们控制自己的思想，并有助于培养谦恭的品行。

14. 承认错误，表示歉意，求得谅解。在身陷严重紧张的关系之中时，我们可能不得不承认自己至少要负部分责任。当一个人深受伤害时，他会退缩、封闭自己，把我们关进他心灵深处的牢笼里。我们单靠改进行为还不足以将自己从这牢笼中解放出来。唯一的出路往往是承认错误，表示歉意并求得谅解——不找借口、不做解释、不为自己开脱。

15. 让争论飞出窗外。不要搭理有争议的观点或不负责任的指责，让它们"飞出窗外"直到自行消失。如果你试图反唇相讥或据理力争，你仅仅是满足并点燃了压抑的敌意与怒火。如果你心平气和地做自己的事，对方将不得不费心料理不负责任的言论所带来的自然后果。不要卷入任何刻薄的争执，否则你会感觉自己同样受到伤害和折磨。他人的缺点进而也会成为你的，这一切都为日后的误解、指责与争吵播下种子。让争论飞出窗外的能力源自你内心的平和，它使你摆脱不由自主地想要反击和辩解的冲动。而这种平和源于负责任地、问心无愧地生活。

16. 一对一的交流。一位管理者或许会全身心投入自己的工作，热心参与教堂和社区事务，关心众人的生活，但却未能和自己的配偶建立起深厚而有意义的关系。与坚持热心为众人服务相比，与配偶建立这样的关系需要更高尚的品格、更多的谦恭与耐心。我们经常认为忽视一个人来照顾众人是正当的，因为这使我们得到许多人的敬重与感激。然而我们知道，我们需要留出点时间，全心全意地与某个特别的人共度。对于孩子，我们可能需要安排些一对一的谈心——给予他们我们所有的关注，不做任何挑剔、说教或对比地倾听他们。

17. 重申对你们的共同的支持。对于那些把你和你的朋友、家人、同事维系在一起的事物，要不断重申你对它们的根本支持。人们对你最忠实、最深厚的感情是和这些共同点而不是和经常引发分歧的问题联系在一起的。分歧并没有被忽略；它们是被摆在了从属的位置上。问题或个人观点从来不及你们间的关系来得重要。

18. 先被他人影响。他人认为他们对我们有多大影响力，我们就对他们有多大影响力。就像俗话说的："我先要知道你有多关心，然后才关心你知道多少。"当一个人感觉你是真正关心他并且理解他独有的问题和感受时，他也会感觉对你有影响力，然后就会出人意料地开诚布公起来。我们之所以按方服药，是因为处方是根据诊断开出的。

19. 接受他人，接受现状。想要改变或改进他人，首先要接受他现在的样子。没有什么比被评判、比较和排斥更容易加强一个人的戒备行为了。被认同感和价值感使他无需防备，有助于他自然而然地进步。接受并不意味着纵容缺点或同意他的意见，确切点说，它是通过承认他确实有某种感受或想法来肯定他的内在价值。

教导：你告诉我什么？

20. 在准备讲话之前先调整好心绪。说什么可能不如怎么说来得重要。因此，在孩子们带着种种需要从学校返家前，花点时间调整自己。想想对策，调整心绪，表现得高兴、振奋，充分考虑他们的需要。或者在下班进家门前先在汽车里坐一会儿，同样地如上所述调整一下自己。问自己：“今晚我怎样才能令妻子（丈夫）和孩子幸福？”想想办法。选择展现自己最好的一面能给疲劳划上休止符，坚定你最好的决心。

21. 避免对抗或逃避——通过对话解决分歧。许多人在意见出现分歧的时候要么对抗，要么逃避。对抗有多种形式，从暴力、公开表示愤怒和仇恨，到含沙射影的讽刺、尖酸刻薄的回答、聪明的反唇相讥、不屑的幽默、评价和反应等等。逃避也各式各样。其中一种是简单地退缩，心中充满自怜。这种暗生闷气通常埋下了日后复仇之火。人们还可能通过变得冷漠、拒绝参与和规避责任来逃避。

22. 找准时机并花时间进行教育。出现分歧的时候也就是绝佳的教育时机。但是，有些时候适宜施教，有些时候则不适宜。适宜的时机有：① 人们感觉不受威胁时（在人们感觉受威胁的时候，试图教育他们将徒增他们的怨恨，因此要等待或创造新的环境，让对方更有安全感、更听得进教诲）；② 你并不感到愤怒或沮丧，心中充满爱、尊重和安全感时；③ 对方需要帮助和支持之时（如果在某人情绪低落、精神疲惫或承受巨大压力时忙着教给他成功的法则，就好比试图教一个行将溺死之人游泳）。记住：我们时时刻刻都在对人施教，因为我们不停地在展示自己是什么样的人。

23. 就限制、规则、期望及后果达成共识。这些都必须规定得清清楚楚，达成共识，确保人人理解并贯彻执行。个人安全感很大程度上源于公正的感觉——知道该做什么，限制、规则和后果又是什么。不确定的期望、变来换去的限制或随心所欲的规则——今天这样，明天那样——都会打破生活的平衡。无怪乎很多人长大后学会了单靠其操纵他人和生活的能力为生。当生命成为一场被玩弄于股掌之间的游戏时，唯一需要避免的就是被抓住。

24. 不放弃，也不让步。庇护他人、使其免于为自己的行为承担后果并不是件好事。这么做只是在告诉他们：他们软弱无能。当我们对不负责任的行为让步，为它找借口开脱或是表示同情时，我们宽容和助长了一意孤行的恶习。而如果我们放弃——忽视他人或对他们大肆攻击——我们就破坏了他们尝试改变的动力。融入了爱的“不放弃，也不妥协”原则来自负责任、守信义的生活方式。否则我们只需拣阻力最小的路走——如果关心就让步，如果不关心就放弃。

25. 抉择关头陪在身边。我们都不希望自己最关心的人在感情用事、不安全感或自我怀疑时而做出有重大、长远影响的决定。我们怎样才能影响他们呢？首先，在你做出反应之前要考虑清楚。不要被一时的感情冲动所控制，做出有损于你现在的人际关系和影响力的事。其次，要明白人们常常按照他们的感觉而不是他们所知道的事实行事。行动与其说是头脑的作用，不如说是心灵的反应。当我们发觉我们的道理和逻辑无法与他们的感想和感情相沟通的时候，我们应该试着理解他们的语言，就好像去理解一门外语一样，而不要责备或排斥他们。这么做表达了尊重和认可之意，可减轻他们的戒备情绪，减少对抗的必要，恢复他们想做正确的事情的愿望。

26. 既晓之以理，又动之以情。逻辑语言和感情语言就像英语和法语一样截然不同。当我们认识到我们没有一种共同语言时，我们可能需要从另外四种方法中择一进行交流：① 给对方一点时间，因为如果我们愉快地给人以时间，我们就把时间的价值转移到对方身上。② 要有耐心，因为耐心也传达了价值，它表达这样的含意，“我会按你的进度走；我很高兴为你等候；你值得我这样做”。③ 试着去理解，因为诚恳地试图理解他人会使对抗和戒备成为不必要。④ 坦率地表达我们的感情并让它与我们的肢体语言一致。

27. 有效地授权。有效授权需要情感上的勇气，因为这意味着我们要或多或少地允许他人拿我们的时间、金钱及名誉犯错误。这种勇气由耐心、自制力、对他人潜力的信任以及对个体差异的尊重汇集而成。有效的授权一定是双向的：赋予责任和接受责任。它包括三个阶段：① 双方达成最初共识的阶段。人们对应该做什么，可用的资源、授予的权力、职权范围及指导方针又是什么有清楚的认识。② 支持代理人阶段。管理者成为帮助的来源，是支持者而不是可怕的对手。他供给资源、扫除障碍、支持行动和决策、预期未来、提供培训并共享反馈。③ 述职阶段。这在很大程度上是一个自我评估的阶段，因为监督代理人的是最终结果和实际的业绩。

28. 让人们参加有意义的项目。有意义的项目对人的心灵有治疗作用。不过，对经理人有意义的项目可能对下属毫无意义。只有在人们参与到策划和思考过程中去时，项目才获得了意义。我们都需要从事某项好的事业。没有这样的事业，生命就失去了意义；事实上，对于寻求无压力生活状态的遁世者来说，生命分外短暂。支撑生命的正是在我们的现状和我们的梦想——某个值得我们去奋斗的目标——之间所存在的张力。

29. 教他们掌握收获法则。我们教导的是耕地、播种、育苗、浇水、除草、最后收获这一“自然法则”。我们强调自然进程。调整体制，尤其是薪酬体制，以体现和强化“种瓜得瓜种豆得豆”的精神。

30. 让自然的后果教会人们负责任。我们能做的最用心良苦的事情之一就是让人们的行为的自然或逻辑后果教会他们负责任。他们可能不喜欢这样，也不喜欢我们，但是否受人欢迎是一个变化无常的标准，不足以衡量个性的发展。坚持公正需要更多的真爱而不是相反。正因为我们关心他们的成长和安全，才愿意承受他们的不满。

克服三大错误

我们在试图影响他人时常犯三种错误，无一不是和忽视上述三种影响或企图绕过它们走捷径有关。

错误1：还没理解就妄提建议。在我们试图告诉他人做什么之前，必须与对方建立起相互理解的关系。要想影响我，关键在于理解我。除非你理解了我以及我独特的处境和感受，否则你不会知道怎样建议或劝告我。除非你为我的独特所影响，否则我不会为你的建议所左右。改正方法：设身处地——试着先去理解他人，然后再被人理解。

错误2：试图在不改变行为或态度的情况下，建立（重建）人际关系。我们企图在不对自己的行为或态度做根本改变的情况下建立或重建人际关系。如果我们的表现自相矛盾而且虚情假意，有多少“赢得友谊”的技巧也不管用。爱默生说得好，“你的人品响彻我的耳边，让我听不见你说什么。”改正方法：言行一致，诚恳待人。

错误3：认为良好的榜样和人际关系就足够了。我们以为有好的榜样和好的人际关系就足够了，以为无需直白地去教导别人。然而，就像没有爱的远见不含动力一样，没有远见的爱也不含目标，不含原则、标准和鼓舞人心的力量。改正方法：传授并探讨远见、使命、任务、目标、原则和标准。

归根结底，我们是什么样的人，远比我们说了什么甚至做了什么更为雄辩，更有说服力。

第十二章

幸福生活的8个准则

EIGHT WAYS TO ENRICH MARRIAGE AND FAMILY RELATIONSHIPS

事业上的成功无法弥补婚姻和家庭关系的失败，生活的账簿将反映这种不平衡（如果你不能说它是欠账的话）。

与配偶和孩子的关系同与其他人的关系一样，都容易减弱——容易混乱和消退。生活中最不道德和最浪费的过程，就是对孩子——不管是出世的，还是堕掉的——造成可怕后果的婚姻和离婚的过程，以及短暂艳遇和风流韵事的过程。

长期保持健康的婚姻和家庭关系不是一件小事。记住以原则为核心的夫妻关系的确有用。应用以下八个以原则为基础的方法，将丰富你的家庭关系并使之获得新生。

1. 保持长远眼光。婚姻和家庭缺乏长远眼光，我们就不能忍耐或度过难免的严酷、斗争和挑战。有了长远眼光，只要有想法，就有办法。

鼠目寸光与只考虑现在的思考方式会让我们陷入泥潭，只能拽着拔靴带让自己站起来。对于眼光短浅的人来说，婚姻和家庭中的问题是快速自我实现道路上的又一个痛苦的障碍。

你在婚姻和家庭中拥有短浅，还是长远的眼光呢？要回答这个问题，你需要做下面这个实验。

拿出一张纸，在左上方写下“短期目标”，在右上方写下“长期目标”。在中间列下你们在婚姻和家庭中遇到的问题。比如说，你可能会列出类似丈夫/父亲和妻子/母亲的职责、财务管理事宜、管教孩子、姻亲关系、节育、道德与宗教行为、生活方式、问题决策，等等问题。细究每一个问题，每一件事，从短期目标出发，再转移到长期目标。

这个练习会让你深入了解你同配偶和孩子之间的关系。我建议你在理想与现实中间架一座桥，以防生活在两个独立的人为空间中：① 抽象、缥缈、理想化、精神的一面；② 世俗、苦难、现实的另一面。

2. 重写你的婚姻和家庭生活。作为孩子时，我们最具依赖性、最脆弱、最需要爱、被接受和归属感。我们童年的经历塑造我们的人生。我们的父母和其他人给了我们示范；我们跟他们相似，不论是好还是坏。事实上，他们交给我们一个生命剧本。这些剧本成为我们的一部分，我们扮演的角色。我们从感情上吸收了它们，而不是理智地选择了它们。它们来自我们深刻的脆弱感，来自我们对别人的依赖，来自我们对被接受和爱、对归属感、对感觉自己重要和有价值的一种需要。因此，示范职责是为人父母最基本的责任。它们将处理孩子的生命剧本，而这个剧本十之八九将决定孩子的生命将上演什么。

人们更多地沿袭他们看到和感受到的，而不是听到的。父母对于孩子“剧本编写”90%的工作是榜样和关系，只有10%是说教。因此，我们每天的示范无疑是最高的影响形式！我们不能滔滔不绝地重复高尚的道德标准，然后却打心眼儿里用大部分的时间去发牢骚、挑剔，就像那些冷若冰霜、毫无爱心的人。

我们受到我们“剧本”的影响很大，但是，我们可以学着改写剧本。我们能变得和新榜样一样，可以拥有新的关系。更好的剧本不仅仅来自阅读好书中正确的原则，还来自对遵守这些原则的人的认同和效仿。正确的原则无法弥补不正确的示范和坏榜样。教给我的学生正确的原则要比了解和喜爱他们简单得多；提出明智的建议要比拥有同情心并敞开心扉让人们了解和喜爱我们简单得多；生活独立比互相依赖简单得多；成为一名判官比作为一盏引导人的“明灯”要简单得多；做一个批评家比一个模范要简单得多。

人们在婚姻中面临的许多问题来自互相冲突的角色期望，或者说剧本冲突。比方说，丈夫可能想妻子的职责是清理花园——他妈妈却在做这件事。当然，妻子可能会想这是她丈夫的活，因为她爸爸干了。因为互相冲突的剧本综合了每个问题并放大了每一点差异，所以小问题成了大矛盾。研究你自己婚姻和家庭的问题，看看它们是不是来自互相冲突的角色期望，并因互相冲突的剧本纠缠在一起。

3. 重新思考你的角色。配偶和父母担当三个角色：制造者、管理者和领导者。制造者做实现期望结果必需的事情：孩子整理自己的房间；爸爸倒垃圾；妈妈哄孩子睡觉。制造者可能使用工具改善结果。

一位为制造所左右的家长可能是一个只考虑干净的屋子、整洁的庭院的人。他或她干了大部分的活，然后指责孩子没有完成分内工作。当然，孩子根本没有得到充足的训练，也没有充实的准备，来完成他们的分内工作。

许多“制造者”式的家长不懂怎样委派任务，所以他们最后都是自己干活，使自己了无生趣。他们每天晚上上床都对别人帮不了什么忙感到精疲力竭、怒气冲冲、满腹牢骚、失望透顶。他们很可能认为解决大部分问题的办法就是他们“自力更生，丰衣足食”。因此，他们的“运作”一直很小，“生意”也下滑。他们就是不知道这样将职责交给别人，让其他人从关系内部获得动力，依照各自的期望行动。当他们想要委派职责的时候，他们最后经常会说“我解释和训练这个人比我自己做还花时间。”于是，他们放弃了，然后返回到制造阶段，以疲惫、自怜和牺牲告终。他们永远都负担过重、匆匆忙忙、精疲力竭、失望至极。他们对错误反应过激，立即采取行动进行纠正。他们高高在上，时不时检查一下，从而挫伤了孩子的动机，证实了他的预言“我知道；我知道他们做不到。”

通过扮演“管理者”的角色，家长可以把家里和庭院里各种各样的工作分配给孩子。这种委派可以使家长获得一种杠杆作用：拥有一个单位的家长能够创造出一百个单位的产品。担当“管理者”角色的家长弥补创作者——孩子——的不足。管理者理解结构和体系——特别是训练、交流、信息和补偿体系——的需要，以及以正确原则为基础的标准方法和行动的需要。大部分创造随后可能就会以自动的引导过程出现。但是，就是因为这个原因，管理者家长容易僵化、官僚、唯方法是从，一心只想着系统。时间长了，管理者更可能看重效率，而不是有效性——看重“以正确的方式做事”，而不是“做正确的事”。

婚姻和家庭生活本质是互相依赖。家庭缺乏管理，方向盘每天都要调整；缺乏固有的系统和方法，每个人都疲于创造，就会出现角色冲突和模糊；而如果工作没有做，人们就会因为失误相互指责。在成为管理者之前，家长需要高度的独立性、内在安全感和自立精神；否则，他们就不会心甘情愿地选择交流、协作、同其他人合作，或让别人办事。也不愿意灵活，适应别人的特殊情况和需求。

通过扮演“领导者”的角色，你可以带来改变。但是改变扰乱人的生活，让人不高兴、激起恐惧、怀疑和不安全感。通过真正考虑引起相反意见的问题，帮助别人自如地表达他们的想法，并参与到创造新的可接受的解决方法中，就可以使改变更为圆滑。缺乏类似的领导方式，阻力只会加大，并在家庭中形成僵化呆板的官僚气，或在婚姻中形成一种冷冰冰的适应。

有许多管理得很好的家庭缺乏领导：它们确实在前进，却是朝着错误的方向；确实充满了不错的体系和对每个人的考察标准，却缺乏感情、缺乏温暖、缺乏感觉。孩子很想尽快脱离这种环境，可能再也不回来，除非是出于一种家庭责任感。这种现象在隔代家庭关系中也存在：家人要么经常因为共同的兴趣和爱团聚，要么只是因为出于对某个人的责任感，偶尔，还有点不情愿地聚在一起。在后面这种情况中，这个核心人物一旦去世，家庭成员就会各奔东西，居住在不同的城市，感觉邻居和老朋友比兄弟姐妹、堂兄表弟、叔叔阿姨还亲近。

如果母亲担当创作者的角色，父亲是管理者的角色，没有人担当领导者的角色，孩子就不会帮忙，除非是在他们特别不情愿的情况下。领导者的职责是通过示范和共同的理想指明方向，通过爱和期望提供动力，建立一个以互相尊重为基础的互补型团队，看重有效性，将重点放在结果而不是方法、体系或程序上。

这三个相辅相成的角色——创作者、管理者和领导者——对婚姻和家庭生活至关重要。在婚姻的早期阶段，父母双方都必须扮演这三个角色，可能会侧重其中的某一个。当孩子跟得上并能履行更多的责任时，管理者和领导者的角色可能就变得日益重要。最终，领导者角色对父母和祖父母变得最为重要。

4. 更新目标。当我们为实现婚姻和家庭生活的期望而努力时，有一节课程至关重要：我们必须保存和提高使我们具备创造力的资本和资源。我将这两个目标称为“P”和“PC”。“P”代表直接的目标（production）。“PC”代表创造力（production capability），意思是创造目标所需要的条件。

举个例子说明一下，如果家长忽视一个十几岁的儿子的PC工作，信任度就会降低，使交流封闭和机械化。不管需要哪方面的经验和智慧，这个儿子就是不会倾听他老爸的建议。父亲可能会有许多想法和期望要告诉儿子，但是，由于信任度低，儿子是不会听的。由于PC工作没做好，P工作，也就是对预期结果的创造就会受到很大损害。这个儿子最后就可能从短期的情感角度做出决定，产生许多长期看来很消极的后果。

如果PC工作被忽视了，父母可能需要通过补偿来修复关系。有许多实现补偿——也就是进行感情存款——的方法。对一个人来说是存款的东西，对另外一个人可能就是提款。“一人之佳肴他人之毒药。”如果我们遵从爱的基本法则（PC*活动*），我们就会激发对生活基本法则的遵守（P*结果*）。这里不存在捷径。

在发展婚姻或家庭关系的过程中，投机取巧、做作的奖励、勾心斗角和欺骗与虚伪的生活可能暂时掩盖了性格缺陷，但是，这些缺陷将在生活的下一次风暴中暴露。婚姻是一段追求的过程，它需要你不断地以温柔、和善、理解、微小的礼节、甜言蜜语和无条件的爱进行储备。

不管什么时候，我们因为P而忽视了PC，我们只能暂时地得到一点P，但是，它最终将减少。如果我们利用狡诈或恐吓的手段，我们可能会在短期内得到我们想要的，但是，信任度和交流过程最终将恶化，造成愤世嫉俗式的文化。在这种气氛中，婚姻关系将恶化。代替充分理解的是简单的适应，在前面一种情况，夫妻几乎是心有灵犀，不点自通，即便犯了错也能得到理解，但是，后一种情况，双方只是试图以非常尊敬和容忍的方式拥有彼此独立的生活方式。在充满敌意和防范的家庭中，情况可能进一步恶化，一方可能“出口伤人”，如果把他的话当回事，家庭就会出现危机。这些婚姻可能都会以法庭内激烈的争斗和家庭中的冷战告终，仅仅因为孩子、性、社会压力或身份地位等原因得到暂时的维系。

在某种意义上，自私这种造成婚姻失衡和离婚的根本原因是过度重视P——或者说我们想要的，我们渴望的结果——的一个征兆。例如，一位丈夫在一段时间内自私自利，只顾自己，通过哄骗、耍手腕和恐吓得到自己想要的，但是，最后，由于缺乏PC，夫妻关系将恶化。

家长与孩子的关系也是这样。如果家长看重他们想要的，威胁、恐吓、喊叫、怒喝，挥舞胡萝卜和大棒，或者走向另一个极端，纵容孩子，由着孩子的性子，他们的关系也将恶化，纪律不存在了，理想、标准和期望不清楚了、模糊了，让人糊涂了。

在孩子年幼，威胁和欺骗对他们还起作用时，家长不论利用什么方法，往往都能得到他们想要的。但是，当孩子长到十几岁时，家长的威胁就没有获得想要结果的即刻效应了。除非有高度的信任和充分的相互尊敬，他们实际上对孩子没有控制力。其实，就是感情银行账户没有存款。孩子儿时没有完成PC工作，就会引起孩子少年时感情银行账户的透支，关系的破裂，影响力的缺乏。

感情银行账户非常脆弱，同时也非常有弹性。如果我们与他人的感情银行账户有一大笔钱，比方说，20万美金，我们就可以时不时地从中提取5千美元或1万美元的小额存款，他们就能理解并适应我们。比方说，我们要做一个很不得人心、独断专行的决定，因为时间紧迫，我们根本没有时间向其他人解释或讨论。如果我们有20万美元的存款，我们这一下要取出1万，我们还剩19万。可能第二天我们就有时间解释我们的做法和这样做的理由，又再存回去1万美元。

PC倾向直接来自一个人的性格、正直和真诚，而不是一心想得到P的欺骗手段。如果我们不真诚，用PC作为一种欺骗手段，它无疑将暴露实际的东西，最终的结果就是大笔的提款。但是，如果我们长期不断提取小额的真诚的"存款"，我们就将建立一个大账户。我们可以用耐心、礼貌、同情、和善、服务、牺牲、诚实和为过去的错误、过激行为、追求自我和其他形式的"提款"真诚道歉的方式投入小额存款。

5. 重整家庭体系。家庭运作需要四个体系：① 目标和计划，也就是你的依托；② 领导和规范计划，也就是包括标准在内的东西；③ 教育和训练；④ 交流和解决问题的系统。

如果你的家庭缺乏教育和训练计划，你怎么培养交流和解决问题的技巧，以及承担责任、干工作和服从规范体系的意愿呢？如果你没有交流和解决问题的体系，你怎样阐明价值观并选择目标，并设立实现目标的计划呢？你怎样进行教育和训练，并建立权威和统一的规范呢？如果你没领导和规范体系，工作又怎样朝着实现目标，执行计划，培养技巧和教育与训练的方向发展呢？

这四个体系都是必需的。许多家长很不明智，只看重其中的一两个体系，认为一个体系的成功就能弥补其他体系的失败。人们愿意做他们擅长并喜欢的事情。让他们走出他们的“舒适区”是让他们非常害怕和痛苦的事情。但是，如果有人起到一种带头作用，使成长和改变的过程更顺利——帮助他们理解他们为何需要这四个体系并鼓励他们培养可能超越他们目前的“剧本”或者他们目前的思考和行为模式的态度和技巧——他们就不会因为劳动的痛苦放弃“新生”的过程。

6. 精炼三个重要技巧。时间管理、交流和解决问题是婚姻和家庭生活各个阶段都需要的技巧。幸好，这三个技巧的发展取决于我们自身。我们不能对别人的行为做什么，但是我们可以做许多事来改变自己的行为，特别是我们管理时间的方式，我们与其他人交流的方式，我们解决生活中问题和挑战的方式。

- **时间管理。**确实是用词不当，因为我们拥有的时间都一样，尽管一些人用与其他人相同的时间做出了几倍多的成就。自我管理是一个更准确的词，因为它表示我们在自己有限的时间里管理自己。许多人通过灾难管理自己的生活；他们因为外部事物、环境和问题改变。他们变得只考虑问题，他们认为唯一需要优先考虑的情况就是这个问题和下一个问题之间。高效的时间管理者考虑的是机会。他们不否认或忽视问题，但是他们努力避免这些。他们有时必须解决紧急的问题和危机，但是他们往往能通过认真的、深入问题本质的分析和长期的计划达到解决问题的程度。

时间管理的实质是确立需要优先处理的问题，然后围绕它们展开组织和行动。设立优先问题需要我们仔细并清楚地考虑价值观和最终的问题。随后，这些问题都要转换为长期和短期的目标和计划，然后再转换为工作计划和时间表。然后，除非有更重要的事——并不是更急迫的事——出现，我们必须按我们计划的约束自己。

• **交流**。是解决问题的前提，也是最基本的生活技巧之一。交流的主要问题是“翻译”：将我们的意思翻译到我们的话中，将我们的话翻译为我们的意愿。但是，第一个挑战是学着表达我们的意愿；第二个挑战是学会倾听，从而理解别人的意思。“准确翻译”或有效的双向交流的关键是高度信任。你可以在不用只言片语的情况下与你信任的人交流。你甚至可以在言语交流中出错，但仍发现他们理解了你的意思。但是，如果信任度低，你会发现，不管你怎么交流，不管你多善于表达，不管你的语言多清楚，都不起什么作用。如果信任度高，交流很容易，不费什么力气，甚至是瞬时完成的。如果信任度低，交流极度困难，让人精疲力竭，还没有效果。交流的关键是信任，而信任的关键是信用。过着正直的生活是保持有效交流的最佳保证。就像所有自然而然的过程一样，这里不存在捷径，不可能投机取巧。

• **解决问题**。对我们交流技巧的真正考验来自真实的婚姻和家庭环境中交互式的解决问题的过程。解决问题的经典方式要处理四个问题：① 我们在哪儿？② 我们想去哪儿？③ 我们怎么才能到那儿？④ 我们怎么才知道我们到了？

第一个问题——我们在哪儿——注重对现实数据的收集和分析。第二个问题——我们想去哪儿——包括澄清价值观和选择目标。第三个问题——我们怎么才能到那儿——涉及创造和评价多种方法、做决定并决定实施目标的行动步骤。第四个问题——我们怎么才知道我们到了——包括设立检测、观察和认识我们实现目标的进程的标准和参数。

如果问题涉及感情，像婚姻和家庭环境中经常出现的，大部分人会对头两个问题——我们在哪儿？和我们想去哪儿？——做假设，然后开始为第三个问题——我们怎么才能到那儿？——争吵不休。这只能集中问题，提高人们在他们想要的东西上的投入，培养稀缺心态。随后他们开始将胜利定义为打败某人，用二分法（非此即彼的方法）思考问题，然后寻找“非赢即输”的方法。如果双方都是这个态度，那么双方皆输的结果几乎是难免的。一方可能会感觉被制服了或被恐吓了，并采取“非赢即输”的方式，但是，这只能得到问题的暂时解决，更严重的问题还在后面呢。

我们希望的是双赢，双方都对决定和行动计划都感觉不错，感觉有责任。实现这一点不只需要时间：它还需要耐心、自控和充分考虑别人的勇气。简而言之，它需要很大程度的成熟和对我们更高技能的运用。

7. 重获内部安全感。许多人从外部事物获得安全感——也就是说，从环境、资产，或者他人的看法，包括自己配偶的看法中获得安全感。任何外部事物的问题是对这些事物的依赖，这意味着如果这些东西出了问题我们的生活就会受损，变得不确定、不安全了。

我们需要从无论在什么环境中都会保持不变并忠诚的事物中培养相互依赖的感觉。改写我们生活剧本的能力和遵从这些剧本的能力需要很大的勇气。勇气来自内部的个人价值和个人安全感。考虑下面七个不因环境和观点改变的事物。

- **正北原则。**其他任何事的源泉和根本，以及在任何情况下都可以依赖的东西就是我们对一套稳定原则的坚持。这意味着我们不断教育和遵从我们的良心。我们做这些事情越多，我们的幸福就越多，我们的婚姻就成长得越快，我们就能获得更多的智慧、指导和能力，来解决和应对我们遇到的各种问题和挑战。
- **丰富的个人生活。**培养个人考虑、沉思、祷告，研究经文和其他哲学著作的习惯。许多人一个人呆着就烦，因为他们的生活成为了行为的旋转木马，即便同其他人呆在一起，也是这样。培养独处的能力，深入思考，“什么也别做”，享受寂静与孤独。回忆、书写、倾听、计划、想象、沉思、放松。丰富的个人生活将加强我们的自我价值和安全感。

- **欣赏自然**。如果你深深地沉醉于自然——特别是山峦和海滩，尤其是在清晨和夜晚——你将体验难得的愉悦，自然将向你的心灵注入静谧的美和力量。就像是得到了一罐氧气。自然是编写剧本最佳的来源，而且交给人们许多美好的原则和过程。

想一想你度过的一次假期，你与自然非常接近，体验了美丽环境——比如说，峡谷、湖泊、河流、溪流、海滩或是高山——的安静时光。你自己当时是什么样子？你难道不是在静思，内心得到平静和安宁吗？现在，再想一次同样充满快乐，却有时间表、匆匆忙忙的旅游经历，比如说，狂欢节、看马戏、游乐园，不管什么。这样度假之后回到家你是什么感觉？你难道不是精疲力竭、疲惫不堪，还需要真正休个假吗？

- **磨刀不误砍柴工**。每天都要培养用体力、智力和精神磨刀的能力。培养至少每两天都进行有规律的伸展、有氧和保持身体健康的运动习惯。只在周末运动是不够的；事实上，运动过度弊大于利。当我们年纪越来越大时，我们的身体没有应付周末压力的弹性和韧性。规律健康的运动对持久的健康是至关重要的，它无疑能影响我们的生命长度，而且还能影响这些年里我们的生活质量。我们不能只是一味地忙着砍柴，而没有时间磨刀。

- **提供服务**。不留名地为他人服务非常重要。我们在服务中找回失去的生活的道理确实有些矛盾。如果我们的意图是为他人服务，保佑别人，而不是考虑自己，我们的服务就会产生一个副产品——一种以内部安全与平静表现出来的心理上的、情感上的、精神上的回报。

- **表现正直。**如果我们真实表现自己，如果我们一直信守承诺，如果我们不断努力使我们的行为体系与价值体系相协调，我们的生活就完整了。我们的敬意大于我们的心情，我们将变得自信，因为我们了解自己。我们知道自己在诱惑面前会表现出真实和诚恳。正直是所有真正美好和伟大事物的基础。正直带来的内部安全感消除了为留下影响而生活，为努力而夸张，留名或升职，从证书、财产、时装、裙带关系、地位象征获得力量的需要。我们不必指责、挖苦或讲一些尖刻的幽默。我们的幽默感变得随时随地、健康向上，与环境相适应。

- **另外一个人。**安全感最终的一个来源是爱我们，信任我们——甚至在我们不自信时——的另一个人。从某种意义上说，这种来源来自外界，而且不完美。但是，我提到它是因为有些人非常真实，非常忠诚，非常内敛，我们可以依赖他们——不是一种归属的感觉，而是一种亲密的感觉。他们了解我们；他们关心我们；他们的爱是无条件的；即便所有人抛弃我们的时候，他们也会和我们在一起，特别是我们自暴自弃的时候。

大部分母亲和许多父亲对孩子的爱都是无条件的。可能是因为母亲历经磨难，将孩子带到世界上的过程，给了她这种无条件的爱和对自己儿子、女儿最根本的善良和潜力的一贯信任。那些以原则为核心的人也有这种能力。

这样的人会让我们的生活大为改观。想一想你自己的生活。你是否有一位老师、领导、邻居、朋友、教练，或者建议者在你不自信的时候仍然信任你？一位在任何情况下都支持你的人？不是对你温柔并唯唯诺诺的人，不是对你妥协的人，而是一个既不对你妥协，也不放弃你的人。

在我看来，最激动人心的挑战就是意识到自己能够成为这样一个人。

8. 建立家庭使命宣言。一个家庭能够拥有的最有力的凝聚人心的经历就是创立家庭使命宣言。太多家庭都是在及时满意的基础上进行管理的，而不是在健康的原则和富有的感情银行账户的基础上。这样，当压力增加时，人们就开始大喊大叫，反应过激，变得愤世嫉俗、吹毛求疵，或者默不作声。孩子看在眼里，就认为这是你解决问题的方式——要么打闹，要么逃避。而这种恶性循环会传递给几代人。这就是我建议创立家庭使命宣言的原因。通过起草家庭管理，你就能涉及问题的根本。如果你想在长期的过程中实现某种目标，你就要认识核心价值观和目标，而且使各种体系与这些价值观和目标相一致。在基础上下功夫。使基础牢靠。任何家庭的核心就是那些不变的东西，永远都能存在的东西。这些可以表现在家庭使命宣言中。问自己，"我们的价值是什么？我们家所有人是什么？我们代表什么？我们最根本的任务，我们存在的理由是什么？"

最终产品固然重要——一张写着家庭任务的纸——更重要的是创造它的过程中所发生的事情。如果家庭任务确实是作为一个整体——引导、管理和鼓励的东西——进行服务，那么每位家庭成员必然会参与。使命宣言必须代表每位家庭成员看重的原则。让这个任务的发展过程持续几周或者几个月。创造机会，让每个人都能自由地表达自己的感受，不要下判断，真正的工作就是深入了解对每个孩子来说重要的东西。拿出大量的时间，要非常耐心。

我想起我们家第一次创立使命宣言的过程。我打橄榄球的儿子对这件事的第一反应是："我们到底是一家人，所以我们拍马屁！”我们在几个月里度过了非常愉快的时光。我们互相学习了许多，而最后我们团结到一项任务周围，我们都保证要互相支持。我愿意与你分享我们的使命宣言。我又有些犹豫，因为我不希望你们用它作为你们的范例。这只不过是一个例子：

我们家庭的任务是创造一个充满秩序、真实、爱、幸福和放松有益身心的环境，为每个人变得独立却负有责任、互相依赖却工作有效创造机会，最终目标是实现有意义的目标。

我已经看到这一宣言对我们家庭中每个人的巨大影响。我看到我的孩子在生活中依照他们内心的渴望和以实现有价值的目标并对世界作奉献为基础，而做出的重大决定。我建议你们进行这样一个凝聚人心的有益活动。

第十三章

让孩子成为冠军的10个关键点

MAKING CHAMPIONS OF YOUR CHILDREN

桑德拉和我有9个孩子，我们把他们都看作冠军。当然，他们和我们都没有实现这一点；每一天，我们祈祷获得智慧、力量、宽容和做得更好的能力。

我们在每个孩子身上都尝试了各种各样将他们培养成冠军的方法。意外的是，以下10个关键点也适用你将自己所雇佣、管理或领导的人培养成冠军的过程。

第一，努力建立孩子的信心。从他们出生的那一天起，我们就对他们做了很大的肯定，信任他们，给他们大量积极的反馈。我们对他们和他们的能力表现出信心。我们尽量不要将他们中的任何一个同其他人相比较。

我一直认为，人们自我感觉如何是利用他们天赋和释放他们能力的真正关键所在。他们的自我感觉大体上是他们被别人如何看待和对待的一部分，特别是他们的父母。

当我们孩子很小时——学龄前——我们通过和他们度过很长的时间，倾听他们，和他们游戏，肯定他们来培养他们的自信。比方说，我仍然花很多时间和我们最小的孩子约书亚呆在一起，而且我确实乐意这么做。当我旅行归来时——即便我只出去了一天——我们都会到附近的商店买东西庆祝。我们一坐上车，他就会凑过来说，“哦，我们又在一起了，只有你和我。”然后，我会说，“啊，哦……”我们到商店的时候，我们就会对对方感到满足。然后，他会在晚上说，“你今天还能给我讲故事吗，爸爸？”我说，“哦，当然，儿子。”这样，他就靠着我，我就给他讲故事。

第二，鼓励最根本的美好事物。我们教育他们存在两种美好：最根本的美好——也就是以原则为核心的性格——和第二美好的事物，也就是世界所承认的美好。这是不变的主题。我们鼓励他们首先寻求最根本的美好，不要通过替代或从第二种来源中（人缘、声望、财富、天赋和其他）借取能力的方式弥补性格缺陷。

例如，我们的儿子肖恩在去南非的过程中表现出很多最根本的美好品质——不断否定自我，约束自己，爱别人，肯定和他工作的每个人，最终将自己的任务扩展到影响更多的人。他学会了——往往是通过艰难的方式——生命的关键问题就是围绕上帝的旨意和光辉，或者人类的旨意和光辉。

在面对巨大压力时，肖恩也表现出最根本的美好品质，做出非常难的决定。作为杨百翰大学一个刚起步的四分位，他学着从内心判断如果传给他的球不好，他就学着防守，并改变打法。他创造了姿势，培养了耐心和判断过激球，并将它传给接球手。当他感到球队士气下降时，他就会和球员聚在一起，洋溢出“我们要得分——我们要让局面改观”的精神。当他被擒抱后，他就会跳回来，拍拍抱住他的那个队员的背说，“上帝打的”。他愿意同泄气并对自己失去信心的球员亲近。

当他想把球打好并赢得比赛的时候，他大学生活的主要目标是为以后的生活和研究生院做准备。如今，他不想长期打球，知道严重的受伤不管怎样都可能改变所有事。

第三，鼓励他们培养他们自己的兴趣。例如，当约书亚看了电影《空手道小子》后，他就想学空手道。我立即给他报了名，而且清楚地知道他在两个星期后又会因别的什么事感到兴奋，渐渐对空手道失去兴趣。但是，我想让他在感兴趣时尝试些什么事。我试着肯定他对活动的选择。比方说，最近我们在走廊里玩橄榄球，他说，“看看我橄榄球打得多好。”他对自己能做好许多事毫不怀疑。

当我们发现孩子确实有天赋时，我们就鼓励他们发展这种才能。例如，我在肖恩开始对抗性运动之前很久，就感到他的运动才能。当他上小学时，我可以感受到他体内那种韧性、协调性、反应能力和平衡性。我曾这样建议，鼓励他，“你为什么不参加比赛呢？你为什么不跑步呢？”但是他一直都有些犹豫，因为他担心如果他试了，失败了，不尝试比经历失败强。有一天，他终于决定参加学校的一些跑步比赛。他赢了所有的比赛，他一旦获得自己能行的感觉，他就开始在几个比赛项目中竞争。

第四，尽力创造一个愉悦的家庭文化。我们希望我们的孩子从家庭中得到的欢乐和满足要多于他们从学校，同龄人和其他任何外部影响力那里获得的。从根本上说，我们不希望他们有什么要反抗的东西；我们希望家庭文化是愉悦的，是正面的，有许多与之相关的机会。家庭中不应有限制的感觉，你不能干什么的感觉。我们培养了这样的态度“你能行，即便是了不起的事，只要你提前计划并为之努力。”

我们争取在每周有一次和每个孩子单独约会的时间，做一些对他们来说特别的事情。我们现在还有同他们一对一的访问和谈话。我们现在过生日时还很快活。我们将之称为“生周

（birthweek）”，并把一周的时间花在这个人身上。我们很重视来往。我们还有家庭夜晚和家庭祷告。我们尽量使这些事积极向上，鼓励每个人说出他们为何彼此相爱，彼此欣赏。

第五，提前计划。我们在计划许多重大家庭活动时至少要提前半年。我们的儿子史蒂文和他的妻子杰里说他们不想搬到达拉斯——他在那里为IBM工作，然后再搬到波士顿，他在那里攻读哈佛商学院——的一个原因是他们不想错过我们一家人在一起计划好玩的事。

我认为许多家长之所以没有把他们的孩子培养成冠军，是因为他们没有计划有趣的家庭活动——并使之变成传统活动。任何活动的快乐的一部分就是计划；事实上，从期待中获得的满足感和实现这些事情的满足感同样多。金钱往往只是对不计划或做任何事的一个借口、一种逃避。你要做的不是要花很多钱得到欢乐。重要的是你永远快乐的家庭时光，你的孩子参与在这些事情的计划中，你们都因为期待这些事而变得兴奋，每个人都认为自己是一分子，都感到当他们回首时会感到快乐。

当然，大家庭对计划也是非常重要的部分。我们的孩子同他们的堂表兄弟都保持着亲密的关系，而且在意他们的幸福和成功。我们经常在家庭活动中涉及四代人，我们对彼此都很感兴趣。态度对培养冠军很重要，因为它给孩子带来认同感，培养他们的自信，向他们提供充满关怀的支持体系，并向他们提供服务于人的机会。

第六，尽量树立优秀的榜样。我们都尽量在自己从事的事情中表现优秀，这样，优秀就变成了不言而喻的标准。我们从来不用告诉我们的孩子学习，做功课，可能是因为他们一直感觉到阅读和学习的价值。这既是家庭文化的一部分，也是学校的期望。

如果他们要求，我们将和他们一起做作业，但是，我们试图培养他们不依赖我们的能力。

比方说，我们家有一次为讨论在家里看电视的事聚在一起。大量的阅读和研究让我们肯定，美国人，特别是我们家，普遍都在电视机前花了太多的时间，使我们的大脑萎缩。但是，我知道，如果我以武断的风格限制看电视的时间，会发生什么事：尖叫、抱怨、坚决“提款”的迹象。

相反，我们聚在一起开家庭会议，讨论一些有关的数据：因为电视，家庭中发生了什么，许多节目所体现的价值观。我解释一些人为何认为电视是他们家里敞开着的化粪池，或者是具有强大但细致影响的注射式毒品。为了强调我的观点，我甚至和他们分享亚历山大·蒲柏关于恶习的著名论述：

> 恶习是一个有着如此可怕风度的恶魔，
> 以致让人们仇恨，而不让人们察觉；
> 如果我们看得多了，熟悉了他的脸，
> 我们首先会忍受，然后同情，最后就会拥抱他。

我们的讨论以试着将我们看电视的时间限制在每天一小时——好的娱乐节目和教育节目——的决定结束。显然，我们不是每天都能达到这个目标；但是，如果我们达到了，结果就很令人振奋。孩子们完成家庭作业更完整，更用心。阅读、思考、分析和创造代替了看电视。

第七，让他们认识自己的潜力。例如，当肖恩在中学打四分位的时候，我和他就有很多一对一的认识经历，特别是在比赛前的一个晚上。

认识是建立在所有事都会被创建两次——第一是思想上的，第二是体力上的——的原则上的。运动的大部分训练都是体力上的。教练可能会谈论思想问题，但是，很少有教练会谈论思想演练和认识的任何类型的一贯体系。但是，世界级的运动员几乎都是思想者；实际上，他们在真正经历成功之前很长的时间，就在脑子里想象了成功。

当我开始和肖恩在这方面努力时，我教他如何放松，然后细致描述橄榄球赛中不同的情形。肖恩接着会想象自己在这些情况下的完美表现。

这样的思想准备是有回报的。例如，在一次州冠军赛中，他的球队（普洛瓦高中）因为对方的两个触地得分比分落后，对方占据了优势。普洛瓦在一次丢分后被逼到了自己一方的底线附近。我“看到”肖恩下了决心。“我不仅要完成任务。我还有考虑传球的工作，但是我们必须让这些事发生。”我能清楚地看到并感受到这些。球队也能感受到这些。接着，优势转移了。这都来自他的脑子。他们一举成功，而且因为触地得了一分，接着，又一分，又一分，最后赢了比赛。我想他们之所以赢了是因为肖恩和其他人在他们的头脑里一遍又一遍地经历了这些事。

当他为杨百翰大学每一季的比赛做准备时，他每天都花大量的时间来想象。他还看了杨百翰过去许多伟大的四分卫——鲁比·波斯科、史蒂夫·扬、吉姆·麦克马汉、马克·威尔逊和吉尔福德·尼尔森——的录影带，他们后来成为了他的临场导师和榜样。

第八，帮助他们的朋友。例如，我们帮助了肖恩的许多橄榄球队友。我们录下了全部的比赛，在每次比赛后邀请每个人到我们家，看这些录影。这有助于创造一种家庭、团队文化。

个人冠军往往是冠军队伍中的一分子。这就是我们向我们孩子所属的队伍和俱乐部、学校和班级投入这么多的原因。但家庭、朋友、学校和教堂都统一了，就会形成一个有力的训练体系。只要事情出了格——比方说，与同龄人发生了矛盾——我们就帮助同龄人。这比简单地放弃同龄人要好。

第九，教他们拥有信念、信任并相信他人，肯定、培养、保佑并服务于他人。肖恩在他的任务中学到同情是影响的关键——这样你就会对别人的感受和想法非常敏感。如果你准备培养冠军，你就必须对这个人感兴趣，特别是那些心情沮丧和被遗弃的人。其他百分之九十九的关键，就在这百分之一上。

在橄榄球队中，肖恩对那些没人会感兴趣的人表现得很感兴趣，比如新来的替补队员——而他表现出的是真正的兴趣，而不是假装的。他相信人们不能实现自己潜能的主要原因是怀疑自己。他肯定他们。如果你与一个人谈论他们自身的能力，人们就会了不起。成功与人交往的关键是信任他们，肯定他们。

第十，提供支持、资源和反馈信息。我们同所有的孩子通电话、通信，彼此鼓励。这样不断地肯定积少成多。他们变得可以从感情上支持其他人了。

我们还依赖彼此，得到诚实的反馈信息，因为良好的反馈对成长至关重要。肖恩一直都很欢迎这一点。比方说，他曾对他的橄榄球教练说，“我想让你知道我想得到反馈信息。你不会冒犯我。只要在任何时候告诉我你的感受就行了。”他一直都想向那些有知识和技巧的人学习。他很开放，也很愿意接受，即便有些事情学起来很难。

培养冠军需要不断努力。我们不懈努力，发现往往要回到最基本的问题上。

PART4

第四部分

管理和组织发展中的领导准则

PRINCIPLE-CENTRED LEADERSHIP

引言

INTRODUCTION

在我非常年轻的时候，也就是20岁，我分配到管理许多人的任务，训练年龄比我大一倍的男人和女人学习高效管理和领导的原则和技巧。这是一次让人不好意思、让人害怕的经历。

同我一样，许多人——独自一人——会发现自己处在“管理”的位置。这样的责任往往在我们做好准备之前就到来了。但是，我们通过做事、犯错来学习，时间一长，我们就获得了某种程度的竞争力和自信心。

在这一部分，我重点讨论所有管理者面临的问题和挑战——监督、委派、参与、期望和达成协议。我还要讨论与组织领导相关的问题。当我们成为机构的领导时，我们就会面临一系列新的问题。一些是长期问题，一些是紧急问题。进入财富500强的企业面临的普遍问题在家庭、小企业和志愿者组织中也很常见：一定的组织有效性“放之四海皆准”。

尽管我处理结构、战略、途径和体系的具体问题，我也在以原则为核心的模型中保持很强的个人特征的成分。哪个领导也不能忘记个人与组织结合是相互交织的。也不能丧失对任务和共同目标的认识——团体的结构。

走出管理的两难境地

以原则为核心的领导风格还能帮助你走出管理的两难境地。

· 我们怎样在拥有以变化、灵活性和不断改进为特点的文化的同时，还能保持稳定和安全感？

· 我们怎样将人、文化与战略相结合，从而使组织中每个人都能像战略决策者一样对政策负有责任？

· 我们怎么将现有工作中的创造力、丰富感、天分和能量最大程度地释放出来？

· 我们怎样才能清楚地看到“是应该强硬，还是应该温和”的两难境地是建立在错误的二分法上？

· 我们怎样在冠军早餐（理想）的前提下，吃冠军午餐（反馈信息）和冠军晚餐（自省）呢？

· 我们怎样才能将使命宣言转变为现实——整个组织中最高的引导力——而不是一大堆模棱两可、毫无意义、引起冷嘲热讽的陈词滥调？

· 我们怎样创造一种文化，其管理将雇员视为顾客，并以本地专家的方式利用他们？

· 我们怎样在多年互相攻击、互相指责、争夺稀有资源、玩政治游戏，搞小动作的部门和人之间创建团队精神与和谐？

当你阅读这一部分的章节时，你将获得对高效组织领导风格基本原则的理解力，你就能独立解决这样或那样的管理问题。

两条重要原则

以原则为核心的领导方式是在个人、人与人、管理和组织阶段从内而外进行的。每个阶段都是“必要，但不充分的”。我们必须在一定原则的基础上，在这四个阶段上努力。在这一部分，我将着重讨论管理和领导的重要原则。

- **在管理阶段获得力量。**如果你缺乏信任，或对别人的信任度低，你怎样管理部下呢？如果你认为你的部下缺乏特点和竞争力，你怎么管理他们呢？你不信任别人，还要控制部下？但是，如果你信任度高，你怎样管理部下呢？你不是在监督他们——他们监督自己。你变成了援助的来源。你建立了行为一致性，他们就会理解将要发生的一切。你将他们的需求与组织的需求相重叠。你具有责任感，但是，他们自己就参与到用这种一致性对他们的行为进行评判的活动中。人们就有能力判断自己，因为他们的知识超越了任何的评判体系。如果你拥有的文化信任度低，你就要使用评判标准，因为人们会对你说他们认为你想听的。

- **在组织阶段达成统一。**在一种以控制进行管理的信任度低的文化中，你的组织会是什么样呢？非常具有阶级性。控制的范围有多大？特别小，因为你只能控制一些人。你依赖“办事员”；你开列并管理方法。你的信息体系搜集结果的及时信息，你就能采取决定性的更正性行动。你使用“胡萝卜—大棒”的鼓励体系。这种原始的体系也许能让你战胜温和的竞争，但是，你很容易成为艰苦竞争的俘虏。

如果你的信任度高，你的组织的结构是怎么样的呢？特别平坦，特别有弹性。控制的范围有多大？非常大。为什么？人们进行自我监督。他们不用提醒，就能高兴地完成任务，因为你同他们建立了感情银行账户。你得到了承诺，他们获得了力量。为什么？因为你在某些基本原则的基础上，围绕共同的理想建立了文化，而你还在不断努力地将战略、风格、结构和体系与公开的任务（你的惯例）相统一，与环境中（途径）的现实相统一。

第十四章

培养知足心态

ABUNDANCE MANAGERS

对付“烫手山芋”，很在行的管理人员能一直保持冷静，他们的注意力更多地放在为他们的产品创立市场，而不是放在保护他们的“草皮”，扩大他们的“局面”，获得“自己的一杯羹”上。

来自爱达荷州的两个土豆农通过培养知足心态，开创了事业的大场面。J·R·桑普洛和耐菲·格里格依据“一个人要创建市场，而不是偷取别人的市场份额”的理念建立了成功的冷冻食品公司（J·R·桑普洛公司和奥尔—依达食品公司）。

桑普洛是麦当劳主要的土豆供应商，格里格建立了奥尔—依达食品公司，之后为亨氏公司提供产品，他们发现，创建新的财富，并不意味着要从市场的竞争者中争夺份额。就像他们那个年代的其他神话——雷·克罗克和J·威拉德·马里奥特——一样，桑普洛和格里格为他们的产品建立了自己的市场。

他们做到这一点是依赖知足心态——坚信“有足够的自然和人力资源，实现我的梦想”，以及“我的成功并不意味着别人的失败，他们的成功并不妨碍我自己的成功。”

在过去25年间，与组织和个人合作的过程中，我发现知足心态往往使平庸变成优秀，特别是因为它消除了细枝末节的想法和对立的关系。

组织和我们的社会存在着许多消极的能量。人们往往在一开始遇到问题时，就想到要通过合法的手段达到解决问题的地步。许多人都想争第一，渴望得到他们的“一杯羹”，保护他们的“草皮”。这样的以自我为中心的活动来自资源有限的认识。我称其为稀缺心态。

因为公认的“总数为零”的情况，正常的分配曲线容易造成人们的稀缺心态，而这种想法已经深入到了学校和企业内部。如果人们在学习的过程中，从某种程度上避免“获得”这种稀缺心态，他们也可能从一种运动和社交体验中获得这种心态。

具有稀缺心态的人容易以“非赢即输”的方式看待每件事。他们认为“就那么多东西，如果其他人得到了，就意味着我得到的就少了。”比方说，他们很难对别人的成功真正感到快乐——特别是，如果这些人是他公司里的同事，或者社区的邻居——因为他们在某种程度上感觉有人抢了他们的东西。

如果你认为生活是“总数为零”的游戏，你就会以对抗和竞争的方式进行思考，因为其他人的“赢”意味着你的输。如果你在一种有条件的爱和不断比较的环境中长大，你就容易产生稀缺心态，以二分法思考——要么富，要么穷；要么是“我好，你不好”，要么是“我不好，你好”。

在我的生活中，我经历了许多次知足与稀缺思考的过程。如果我怀有知足心态，我就对别人深信不疑，胸怀开阔，愿意给予，愿意经历，也愿意别人经历，能够珍惜差别。我意识到力量存在于差别。我对团结的定义不是整齐划一，而是互补式的统一，一个人的弱点由另一个人的长处补充。

拥有知足心态的人采取双赢的协商原则和在寻求被别人理解之前先理解别人的交流原则。他们的心理满意度不是来自赢或者战胜他人，也不是来自与他人的比较，不管是积极的，还是消极的。他们不想占有。他们不通过要求别人不断说出自己的立场，强迫或推动自然过程。他们不从别人的观点获得安全感。

知足心态来自内部安全感，而不是来自外部的地位、比较、观点、财产，或联系。从这些东西中获得安全感的人就变得依赖这些东西。不管他们获得安全感的来源发生什么变化，他们的生活就会受影响。具有稀缺心态的人认为资源稀缺。因此，如果他们认识的人被大幅提升，或者他们的朋友得到很大肯定，或实现重大成就，他们的安全感和认同感就会受到威胁。他们可能会夸奖这个人，但是，他们内心很痛苦。他们感觉好像有人抢了他们的东西，因为他们的安全感来自与他人的对比，而不是对自然法则和原则的认同。

我们越以原则为核心，我们就越容易培养知足心态，我们就越愿意与别人分享力量、利益和认同感，我们就越会为别人的成功、富有、成就、认同和好运真正感到高兴。我们认为他们的成功丰富了——而不是转移——我们的人生。

拥有知足心态的管理者的 7 个特点

桑普洛、格里格和马里奥特这些具有知足心态的人区别于具有稀缺心态的人的特点是什么呢？看看下面这7个特点。

• **他们往往返回到正确的源泉上。**在《高效能人士的七个习惯》一书中，我提到最根本的源泉，其他所有事物的根本，是原则。如果我们的生活集中在其他源泉上——配偶、工作、金钱、财产、快乐、领导、朋友、敌人、自我——曲解和依赖就产生了。

拥有知足心态的人深入吸取内部安全感的源泉——让他们对别人的成功保持温和、开放、信任和真正快乐的源泉……让他们精神焕发、身心愉快的来源……培养和丰富感觉，让这种感觉生长发展，并让他们感到舒心、见识、鼓舞、引导、保护、方向和心态平和的源泉。他们盼望着回归到这些源泉中。不管多长时间——哪怕是几个小时——不寻找这种源泉的人就会造成真正的“取款”疼痛，就像没有食物和水的生理感觉一样。

- **他们寻求孤独并享受自然。**拥有知足心态的人保留独处的时间。拥有稀缺心态的人独处时就会感到无聊，因为他们生活的实质是“旋转木马”式的。培养独处、沉思，享受寂静和孤独的能力。回忆、写作、聆听、计划、准备、想象、沉思、放松。

自然能教会我们许多，补充我们的精神资源。静谧的自然环境能让我们更深沉、更平和，更容易回复到我们事业的快节奏中。

- **他们定时“磨刀”。**通过锻炼头脑和身体，培养“磨刀不误砍柴工”的习惯。

对于锻炼头脑，我建议您采取广泛和深入阅读的方式。参加管理发展课程，然后再加入纪律和义务。如果我们继续教育，我们的经济安全感对我们的工作、我们老板的观点和人际关系的依赖，与我们对生产能力的依赖是不同的。巨大无形的工作市场叫做“未解决的问题”，这里永远有许多空职，留给那些采取主动，通过表明他们对这些问题的解决办法而创造价值的人。

在《管理工作无限》这本书中，卡尔·博尔从根本上建议，那些不定期“磨刀”的人不仅会发现他们的刀钝了，还会发现他们自己也过时了，而且还会发现他们越来越依赖怎样安全地舞刀。他们变得有自我保护意识，具有政治或安全头脑，而且开始带上了“金手铐”。

• **他们做好事不留名。**通过不断培养产生内部安全感的源泉，他们恢复有效帮助其他人的意愿和能力。他们做好事不留名尤其会感到快乐，感觉这种服务是获得生活在这个世界上的特权交付的租金。如果我们的想法是做好事不留名，我们从内心就会感到一种与日俱增的安全感和知足心态。

• **他们与另外一个人保持长期的亲密关系。**这是一个爱我们、即便在我们不自信的时候也信任我们的人——通常是配偶或一个亲密的朋友。但是，他们不是对我们唯唯诺诺，他们既不让步，也不放弃。这样的人能使我们的生活完全转变。

往往，拥有知足心态的人在与许多人的关系中都扮演这个角色。无论何时，当他们感到有人处在十字路口时，他们就更进一步地表达出对这个人的信任。

• **他们宽容自己和他人。**他们不会因为每一个愚蠢的错误或社交失误谴责自己。他们不埋怨昨天，也不对明天想入非非。他们理智地生活在现在，认真地计划明天，灵活适应不断变化的环境。他们的自身诚实表现在他们的幽默感、他们承认并忘记错误的意愿，他们在力所能及的范围内愉快诚实地做事。

• **他们是解决问题的人。**他们就是办法的一部分。他们学着将人同所讨论的问题区别开。他们将注意力集中在人们的兴趣和问题上，而不是为立场斗争。逐渐地，其他人发现他们的真诚，也变成创造性解决问题的过程的一部分，然后，这种交流就会产生合作性的解决办法，而这种办法往往比最初的建议要好得多，因为，它不是妥协的产物。

农场的法则

延误和填鸭在农场上是行不通的。奶牛必须天天挤奶。其他事必须根据自然过程应季处理。即便出于好的意图，违反自然规律就会产生不良后果。我们要遵守自然法则和统治原则——农场和丰收的法则。

唯一能经历时间考验的是农场法则。根据自然法则和原则，如果我要获得丰收，我必须翻地、撒种、施肥、除草和浇水。因此，不管是在婚姻中，还是在帮助少年经历困难的自我认同危机——没有快速解决的办法，没有即刻成功的模式，你不能因为一些积极的思想态度和一些成功的方式就能解决问题。

农业收获的法则发挥重要作用。不管在什么情况下，自然法则和原则都会起作用。因此，将这些农业原则摆放在你的生活和各种关系的中心位置。你这样做，你的思考方式就会从稀缺心态转变为知足心态。

在“土豆农”的例子里，知足心态最终意味着“土豆肉厚皮薄”。而用约翰·韦恩朴实的英语说，这就是底线。

第十五章

解决长期问题

SEVEN CHRONIC PROBLEMS

每天，各种承诺快速、轻便和免费结果与安慰的广告对我们进行狂轰滥炸。我们往往遗忘的问题是大部分的“灵丹妙药”都只对急性症状，而不是对长期问题起作用。

什么是急性病？它就是让我们突然感到疼痛的原因。慢性病是急性疼痛下存在的持续、长期的疾病。

大部分人都更重视解决急性病和紧急的问题。他们想立刻消除刺痛。他们希望破裂的关系及时修复。然而，他们越是寻求快速的解决方式，他们就发现长期问题越发严重。

比方说，如果我长期感到疲倦——也就是说，如果我存储的能力枯竭了；如果我总是通过危机发挥管理作用；如果我总是用力过度，或者强迫自己干自己做不到的事；如果我的感情生活取决于别人对我的看法，我试图变得对所有人都很重要；或者，如果我就是精疲力竭——我就会出现单核细胞增多症和其他某种疾病。这可能会表现出某种症状，我可能就会针对这些症状服一些保证能快速解痛的药。

但是，保证是具有欺骗性的。对于慢性病或长期存在的问题来说，没有快速解决的方法。为了解决这些问题，我们必须应用自然过程。我们能在秋季收获谷物的唯一方式就是：在春天播种，在漫长的夏天浇水、除草、培育和施肥。我们如果在自然系统中工作，就能理解生活的实际。但是，一旦进入社会体系，我们就期望快速解决的办法。比方说，我们有多少人在学校接受填鸭式的教育？我们有多少人通过填鸭式的教育，获得好成绩，甚至是好的研究生成绩？从内心讲，我们知道可能自己没有获得最好的教育，因为我们没有每天付出。

这种生活风格将人们打垮，把人们耗干，将他们与其他人友好相处的能力消耗殆尽，特别是在压力和紧张之中。他们的生活就随着发生的事情改变。他们就完全成为了牺牲品。

可能需要外科手术

许多个人和机构遭受一些严重的长期问题的痛苦，而具有长期效应的解决办法往往需要外科手术。

我曾经拜访了一位朋友，他在一所医院中负责外科手术。他让我观看了二十个不同的手术。我还帮他在手术中换血管。我拿着仪器，将患者的胸腔撑开，而他给患者换三根血管。我摸了摸这些血管；它们很硬，很脆，因为里面都是血栓，一种胆固醇物质。

“为什么不把这些血管清除了呢？”我问。

他说，“你可以在一段时间内转换这个过程，但是，时间一长，这些血栓，胆固醇，就附着在血管壁上了。”

我又问，“那么，你现在清理这三根血管，这个人就好了吗？”

他说，“没有，问题存在于他的整个系统。他有慢性血管病，心脏疾病。我能看得出，他在锻炼，因为一些补偿性的循环体系已经建立起来了，但是，他没有改变他生活方式的其他方面。他有慢性病。我只处理了三个最紧急的地方，因为如果氧气无法进入这几个部分，就可能引发心脏病或中风。”

人们不愿改变的就是生活方式，但是，如果他们想要处理最严重的问题的慢性本质，一般来说，他们一定要改变生活方式。

组织中的慢性病

个人构成组织。尽管我们在职业生活中引入非常多的纪律，我们的个人喜好仍然被带入我们的组织。因此，我们持续寻找针对这些症状的快速解决方式，也就是针对急性疼痛症状，而不是处理融入日常活动的导致这种急性疼痛的慢性习惯模式。

因为“至关重要的”人每天通过许多途径将这些问题带入组织，因为社会价值观鼓励对深刻、困难的问题做同步的、满意的和快速的解决，这样，个人的“慢性病”就变成了组织的“慢性病”。

尽管以下这七个问题在美国是存在的，但是，以我多年的国际经历看，在某种程度上，这七个问题是非常普遍的——它们也适应许多其他文化背景中的组织，甚至是一些组织中的部门和个人。

问题1——缺乏共同的理想和价值观：组织既没有使命宣言，在不同阶段也没有对任务有深刻的理解，也没有对其做出保证。

大部分管理者没有意识到，创立使命宣言所涉及的工作真正深刻地体现了一个组织所有阶段的共同价值观和理想。它需要耐心、长期的认识和有意义的参与——只有少数组织在这些品质上能得高分。许多组织有使命宣言，但是，典型的问题是，因为大多数员工没有参与宣言的创立，所以他们对这些宣言并没有任何责任感；从而，宣言也不会成为文化的一部分。文化，顾名思义，体现共同的理想和价值观，通过使命宣言表现，在组织的各个阶段被集中，被理解和执行。

我的经验说明，如果你没有一个制度，用这个制度管理其他任何事，你的组织就很可能出现另外六个长期的问题，肯定是这样。

为了实现最大的效率，你的使命宣言应该包括所有的基本需求：经济或者金钱的需求；社交和关系的需求；心理或成长的需求；精神或奉献的需求。大部分使命宣言都没有包括这四个需求。许多使命宣言缺失了心理或成长的需求，或者是对人成长和发展的需求。一些缺乏对双赢关系的解释、经济补偿中的平等，以及对一系列原则和价值观的承诺，对社区、顾客、雇主和雇员提供服务，做出贡献的承诺。

第一个问题像一个无形的冰山。如果公司拥有各种“任务”，问题就不会明显暴露——管理者可能看不出大家并没有核心的共同任务。但是，缺乏共同的理想和价值观是所有其他问题的温床。

问题2——缺乏战略的风格：要么是没有很好地订立战略，要么是战略没有很好地体现使命宣言，或者不符合期望和需求，以及渠道的现实。

近几年，最佳的战略性思考从“路线图”变成了“罗盘”模式，因为我们在荒原上——渠道、环境都非常难以预料，因此路线图没有任何价值。人们需要固定在实体上的罗盘（带有一系列原则和价值观的使命宣言），这样，他们就能灵活地适应环境。

老的战略性策划模式被称作目标（我们要去哪儿）、方式（我们怎么到那里）和手段（我们怎样运用资源）。新的模式要求人们使用罗盘和一系列原则和价值观，然后创造实现目标的方法。大多数组织自然而然的倾向是通过推断潮流进行预测，然后称之为战略性策划。这些组织的领导人从不真正思考，“我们在今后5年想发展到什么地步？”或者“我们希望拥有什么样的组织？”的问题。相反，他们会变得只对环境、对他们活动的趋势做出反应。因此，尽管战略性的计划反映了这种趋势，却不能反映理想。其他一些组织变得被任务和理想影响，他们的战略却不能反应这种影响。

良好的战略性策划既能反映理想，也能反映趋势。要确信你的战略性道路源自你的使命宣言，反映宣言的理想和价值观，同时也反映周围的现实，趋势，这样，你就不会制造过时的产品和服务。创造并保持这种平衡很困难。这需要大量的判断和智慧。这需要一个随趋势而动的社会雷达。它还需要符合价值体系的深刻责任和良知。如果你组织的中心缺乏一个深入人心的价值体系，你很可能就会缺乏内部安全感，这样你就会从外部寻找安全感。这样，你就会犹豫不定，在同外部接触的过程中，很容易屈服于变化无常的外部环境。

问题3——缺乏统一：结构和共同目标之间、理想与体系之间不够统一；组织的结构和体系不能很好地服务并改善战略方式。

统一问题是在每个地方都普遍存在的。问问自己：“我们的使命宣言是一个制度吗？这是这个社会上的至高法则吗？进入这个组织的每个人都能保证忠实于这个制度吗？每个计划、每个系统，甚至是我们的组织结构，都服从于这个制度吗？”如果你的答案是“否”——通常是这样——你就存在统一性的问题。

如果你没有共同的价值体系，你就没有获得安全感的内部来源。那么，你从哪里获得安全感呢？从僵化的结构和体系中。为什么？因为它带给你预见能力，一种太阳明天会照样升起的感觉。通过拥有一种僵化结构和体系，你就有了预见能力。但是，你适应趋势的灵活性就很差——而这种趋势能在很短的时间里消灭你，就像许多美国公司和企业所证明的。

许多美国公司在以一对六、一对七，甚至是一对十的管理幅度进行管理。突然，他们遇到了管理幅度为一对五十的竞争——这是全然不同的成本结构。他们知道，除非他们进行重组，他们无法竞争；但是，一些公司保持着原有的旧结构，仅仅因为“事情本来就是这样完成的。”其他组织缩小规模，因为潮流迫使他们简化结构和体系。这就造成了很大的疑惑；人们很害怕。他们在寻求新结构的同时仍然依赖老结构。

许多管理者说他们看重资本主义，但是，他们奖励封建主义。他们说，他们看重民主，但是，他们奖励独裁。他们说，他们看重价值的公开和开放，但是，他们以封闭、隐蔽议程和政治活动的方式行事。

这种长期问题的急性表现是人与人之间的冲突和不良的部门关系（草皮之争）。“快速解决方法”就是找出肤浅的办法——新的临时培训交流技巧的计划——但是，未必会产生信任，因此这样做没有意义。下一个肤浅的办法可能是调整补偿体系，旨在得到暂时的动力。但是，人们会感觉被盗了，因为管理将他们的饭碗搞得一团糟，他们不知道明天会发生什么。他们新的补偿体系也许会迫使他们通过竞争提高生产率，即便他们的主要价值观是协作和合作。

问题4——错误的风格：要么是管理哲学与共同的理想和价值观不一致，要么是风格不能持续体现使命宣言的理想和价值观。

在某种意义上，这个长期问题比前三个更具根本性——因为大部分人都是从他们所受的教育、早期的导师——不论是家庭中的还是学校或公司里的——那里得到自己的行事风格的。我们早期所受的指导对我们有很大的影响，因为，当我们变得具有高度依赖性的时候，我们对"被别人接受"的感情和心理需求就会很强。不管我们喜不喜欢，一个独裁的父亲，甚至是一个虐待人的父亲，就可能成为我们对生存的唯一联系，因此，他的风格就变成了我们的风格。

当我们遇到一个与我们自己的风格大为不同的风格时——比方说，一种生硬的、暴虐的，或者对抗的风格——我们就会感到惊讶。例如，我8岁的儿子约书亚，当他听到一个像他那么大的孩子被父母遗弃的消息时就很惊讶。他一直惊讶了两天。他问，"怎么会这样？"他甚至不明白遗弃孩子也是一种选择——因为这对他来说太陌生了。

当人们发现自己处在一种与自己特定方式不相符合的具有新的价值体系的新潮流中——无论是独裁的、唯唯诺诺的，还是民主的方式——他们必定会获得新生。他们必须非常深入地参与到这种新的价值体系中，这样，他们就会被这种价值体系重组。这个新的价值体系必定会成为他们自己个人生活中新的部分。

员工的行事风格受到高级管理督导的强烈影响，大部分人都愿意被管理，而不是被领导。这样，他们就会考虑效率；他们就会考虑问题。他们不考虑人；他们不考虑原则——因为他们没有受到这方面的指导。

鉴于我们社会中如此之多的多样性和流动性，将你的风格与你所处的组织中的理想和价值观相统一往往是一项挑战。你也许需要使你的风格进行某种程度的适应。这就是以原则为核心的领导风格如此重要的原因。如果你以原则为核心，你就能在你生活的层面上变得非常灵活、很容易改变，只要这种风格与这些原则相一致。

有人或许会想，资深管理人、老家伙，学习一种新的风格和技巧，可能吗？有人也许会提出，我们的风格在我们10岁、20岁、30岁的时候就已经深深地印在我们身上。我想，尽管调整或改变我们的风格非常困难，但决不是不可能的。我们的领导风格可以是“随情况改变”，但是，在我们能做出改变之前，我们可能需要新的导师和榜样。

社会上持续的辩题之一就是，领导力是天生的，还是后天培养的？我认为大部分都是天生的，通过某种督导——学习并应用正确的原则。这就是为何伟大的领袖能成为导师，帮助带来全新的一代，一个全面的转变。但是，完成这项工作的个人代价是巨大的；你可能会付出非常大的代价——也就是说，你为了进行大的改变，可能必须要做大量的牺牲和忍耐。

一个组织可以容忍许多不同的风格，只要人们能依靠相同的领导原则。当然，找到一种与你的风格兼容的环境是明智的。你的风格在一些组织中可能比在其他组织中更协调。你需要真正的智慧，确定你最适合什么地方，你的风格是否与组织风格相一致，意识到改变会有多难。

问题5——技巧不佳：要么是风格与技巧不符，要么是管理者缺乏他们使用合适风格所需的技巧。

有时，我发现人们想转换到不同的风格，但他们就是缺乏技巧。比方说，他们不知道如何建立完全委派责任的工作；如何运用共鸣了解别人的观点；如何利用协作，创造新的途径；如何达成双赢的行事协定。因此，缺乏知识和技巧不是一个长期的深刻问题，因为，通过教育和训练，我们可能就会解决这些问题。

通过提高技巧，人们可能还能提高他们的期望，甚至改变他们的方式。比方说，如果人们获得了新时代的管理手段，以及可以参加的技巧训练，他们往往会在他们的生活中进行重大改变。或者，如果人们开始学习并应用同情的技巧，他们可能发现这些技巧的发展也改善了他们的方式。事实上，人类潜能运动之父卡尔·罗杰斯断言，如果你真想帮助人们改变，要先同情他们。他们逐渐获得了新的认识，并开始意识到新的能力；在某种程度上，这个过程开始改变他们。

问题6——信任度低：员工信任度低，感情银行账户亏空，因此，低信任度造成交流闭塞，解决问题能力低，合作与协作水平低下。

信任度决定人们关系的质量。在某种程度上，信任度就是“鸡生蛋，蛋生鸡”的问题。如果你想努力建立信任度，而不顾其他长期和紧急问题，你可能只会让你的环境更糟。比方说，建立信任的最佳方法是制定使命宣言，然后努力处理统一问题。但是，如果你在试图做这件事的同时，还保持封闭管理的风格，你的员工就会一直小心翼翼，对你的话不太信任。

即便你们有技巧训练，低信任度也会破坏交流。比方说，在信任度低的文化中生活的人通常会制定一些人们不买账的工作协定、工作描述和使命宣言。如果他们不买账，他们就不会将其当作一个机体；相反，他们会试图建立政策和程序手册，保留他们的工作，建立他们的关系网。

信任程度——“我信任你”或“你是个可信的人”，或“你是一个勇于承认错误的人”，或“你容易接触”，或“你心胸开阔，容易驯服”或“如果你承诺，你就会守信”的感觉——是能够真正巩固其他东西的勇气感。如果你从根本上就缺乏可信性，你就不能解决信任度低的问题；你无法说服自己摆脱面临的问题。

可信度不仅是正直；它的含义还包括能力。换句话说，如果你是一个诚实的医生，但是在我对你产生信任之前，我想知道你还能够胜任工作。有时，我们太过重视正直，而对个人能力和职业水平重视不够。在职业、专业领域但缺少能力的诚实的人是不值得信任的。

问题7——不正直：价值观不等于习惯；我尊重和信任的东西与我在做的事情之间没有联系。

如果一个人不正直，他怎样建立感情银行账户？他怎么让人信任他呢？他怎样调整他的风格，以适应新趋势的需求呢？他怎样建立一个具有真正信任的文化呢？

如果一个公司缺乏正直，它怎样满足它的顾客呢？它怎样留住最优秀的雇员呢？它怎样在行业中保持不败呢？

不能遵循价值体系的人可能没有使命宣言。没有明确的价值观宣言，我们的习惯就会将其取而代之。当然，我们也可能有使命宣言，却不能遵守它。这样，我们就变得虚伪，或者奸诈。

公司欺诈基本上都是一样的，就是集合式的，因为一个公司是由个人组成的。因此，如果我们在一个组织里发现这七个长期问题中的一个或多个问题时——如果高级管理者想因为这些问题指责每个人、每件事——我们就在镜子中看它们，确认问题的根源。

他们不用看其他人，或问其他问题，只要问一句："我自己正直吗？"

问题是可以解决的

这七个问题都是可以解决的。这些问题也很普遍——可能出现的问题同你所患的顽症一样多。行业中的成功是相对的；它不是以理想为比较依据，而是以竞争为比较依据。因为，大部分组织或多或少都存在这些问题，他们学着在整个职业生活中适应长期的问题。它们存在的时间可能还要更长，除非疼痛非常突然。

我相信明智的领导能治疗这七个问题，不仅是症状，并且能创造更好的社会。但是，为了达到这个目的，他们必须换"心"，建立信任，重新审视结构和体系。大部分领导都试着在某种程度上实现这个目标。他们尽量建立有益的、合作的优秀组织。他们开始像重视利益（底线）一样尊重人（最高线）。

第十六章

改变管理模式

SHIFTING YOUR MANAGEMENT PARADIGM

维克多·雨果曾经说过："没有什么比一种理念即将到来更有力的了。"

当《追求卓越》(In Search of Excellence)一书以狂风暴雨之势席卷全美国时，明显地说明了这种理念和优秀理想的时间已经到了。那么，现在正是许多人和公司在工作中进行量子级跃进，进行健康的习惯转变和进行模式的重大改变的时候；否则，你的企业就同平常一样——再也不前卫了。

但是，现在的问题是"如何转变？"我们怎样才能变得效率更高？我发现，如果你希望慢慢地、逐步地提高，改变你的态度和行为，你就能做到这一点。但是，如果你想以快速的方式——我的意思是说，以剧烈的、革命性的、转型性的方式——如果你想发生量子级数的提高，不论是个人还是组织，你都要改变你的参照模式。改变你对世界的看法，你对人的看法，你对管理和领导的看法。改变你的模式，改变你理解和解释现实某些方面的方法。最大的突破就是打破旧的思考方式。由于模式改变了，它就打开了认识、知识和理解的全新领域，从而引起工作中量子级的变化。思考下面提到的三个历史例子。

- **多少年来，成千上万的人因疾病和感染死亡。**战争中，战场上每死一个人，就有几十个人因为疾病和感染丧命。相似地，在分娩的过程中，千千万万的母亲和新生儿死去。问题在于医生对模式转变的想法——发酵、腐败、感染和疾病都是由小得看不见的细菌感染的——接受得较慢。如果不是法国的路易·巴斯特、匈牙利的伊格纳兹·菲利浦·塞麦尔维斯和其他人改变了医生头脑中的模式，医学界不会取得战胜疾病和感染的重大进步。
- **转变模式的做法使美国这片土地获得了自由。**当托马斯·杰斐逊在《独立宣言》中写道，政府是从它所管理的人们中获得力量的，他便与那些在宣言上签字的人建立了一种新的政府模式。不存在统治这片土地的神力，不存在拥有特权的霸主。公共官员只能从人们的呼声中产生。这种模式带来的是世界史上最自由的人民和最富生机的国家。
- **使用错误的模式会毁了整个国家。**1588年，西班牙是欧洲最强大的国家。它的保障来自新大陆的黄金，它的船只是七大洋上最所向披靡的。但是，英国人没有被吓倒，当西班牙骄傲舰队的残余蹒跚返航时，显然，模式改变了。敏捷的船只，资源丰富、富于创新的英国舰长成为了海浪新的统治者。

在我们这个时代，我们感到由于同样一些原因，商界发生了类似的改变。世界上最了不起的一些公司将他们的信任放在现金储备、资本资产、技术、战略和高楼大厦上，就像当年的西班牙人一样，它们却发现，拥有不同模式——更适合当今市场——的小公司低声下气地为争夺顾客进行着竞争。

想一想你自己生活中的模式转变。如果你结婚了，回忆单身汉的日子是什么样的。你结婚时，你的模式发生了怎样的改变？如果你在军队服役，回忆一下当你从士兵擢升为军官时，你的姓名和职责有什么改变。你看到一个全新的世界。你从不同的角度看待你的责任。你以新的模式看待生活——一幅新地图——从而引发了根本性的、巨大的、革命性的转变。如果你是祖父母，回忆你的第一个孙子出生时的情景。你有了新的称呼，有了新的职责。

拥有了新的名称、担当新的角色，拥有了新的模式，你的行为和你的态度都会发生巨大的改变。事实上，改变一个人的模式最快捷的方法就是改变他的名字和角色。

回忆你第一次成为管理者时的情形？你难道没有开始以不同的角度看待每件事吗？这是一种革命性的转变。问题还是我们从前抱怨的问题，当我们意识到解决这些问题的责任感时，我们就从不同的角度看待这些问题。

当我们被迫决定生活需要优先考虑的问题时，危机也能带来模式的改变。比方说，当安瓦尔·萨达特就任埃及总统时，他在电视上发表演讲，向百万民众发表誓言，“只要以色列人哪怕还占据着一寸阿拉伯土地，我就不会同一个以色列人握手。绝不，绝不，绝不。”群众都大声喝道，“绝不，绝不，绝不。”

但是，萨达特内心知道自己生活在一个危险频发、各国互相依赖的世界。幸运的是，他早先就学会了如何转变自己的头脑和实现，在内心深处完成了模式的转变。当他年轻时，他被关押在开罗中央监狱阴冷的囚室里，他就学会了转变。他学会如何进入大脑的沉思状态，根据当时的现实看待他头脑中的计划，在他内心产生一种模式的改变，从不同的角度看待整体情况。这最终指引他在耶路撒冷发起了前所未有的勇敢的和平运动，最终促成了《戴维营协定》。

我承认，如果我们将注意力集中在技术、特定行为、“行动”表、现在的压力上，我们可能会取得某些小的进展。但是，如果我们想进行大的转变，我们需要转变我们的模式，以全新的方式看待情况。

四个管理模式

我想提出四个最基本的管理模式，需要指出的是，虽然其中每一个都有益，但是，其中三个却有根本的缺陷，因为它们的基础是对人本质的错误假设。

第一，科学管理模式。利用这个模式，我们主要将人看作“欲望”（经济动物）。如果这是我对我部下的看法，我作为管理者的责任就是通过极为愚蠢的方式督促他们，也就是胡萝卜和大棒——先用胡萝卜在前面引诱和迷惑他们，让他们得到利益，大棒却跟在后面。意识到我能够控制。我有权力。只有我一人是精英人士。我知道什么最好。我将指引你朝哪里去，我将用胡萝卜

四个模式

需求	比喻	模式	原则
生理 / 经济	胃	科学独裁者	公平
社会 / 感情	心	人际关系	善良
心理	心智	人力资源	天赋的使用和发展
精神	精神（整个人）	原则型领导方式	有意义

加大棒的方法达到这个目的。当然，我还要公平对待经济奖励和利益分配。但是，这些全是为了满足一个人的欲望。

这个模式对人的本质的假设就是经济人的假设。这意味着我们主要是被我们对经济安全感的追求所驱使。依照这种假设行事的管理者就会挥舞胡萝卜和大棒。如果这个假设正确，人们就会从为自己谋生活或者养活家人的动机出发。

这种管理风格可能是独裁式的。独裁管理者做决定，下指示，员工服从，配合，工作，做贡献，以满足拿工资并获得其他好处的经济奖励的要求。许多组织和管理者以这种假设工作。一次又一次，他们以口惠满足对人的本质的放大观点，但是，最根本的，他们认为自己在操纵经济奖励，以求获得他们期望的行为。

第二，人际关系模式。我们承认人不仅有欲望，还有情感（社会动物）。我们知道人们有感觉。因此，我们不仅公平地对待人，还以温和、礼貌、礼节和庄重对待人。但是，这仅仅意味着从独裁者到爱心独裁者的转变，因为我们仍然是那些知道什么是最佳方式的少数精英。我们仍然有权力，但是，我们对别人不仅公平，而且和善。

这个模式对人的本质的假设就是社会经济人的假设。我们意识到，除了有经济需求，人们还有社会需求：被人善待，被人喜爱和尊重，有归属感。这种对人的本质的观点是人际关系运动的基础。

这种假设依然没有管理，依然做决定，下指示，但是，注重人际关系的管理者至少试着创立和谐的团队或公司精神，并为合作的人们提供在社交和娱乐场合彼此了解，彼此喜欢的机会。以这种假设行事的管理者可能会变得唯唯诺诺，面慈心软，纵容别人，因为他们对归属感、对自己有人缘的需求很强，而且不愿给别人订立标准和期望。许多管理者陷入了错误的二分法。他们认为，“我们不是强硬，就是软弱，不是坚强，就是虚弱。如果我们不管理别人，别人就会管理我们。”因为独裁主义往往比纵容主义的成就大，拥有社会经济假设的管理者就会通过采取爱心独裁主义的管理方式来解决这种两难处境，或打消这种二分法。

爱心独裁者就像一个知道什么对孩子最好的和蔼的父亲，只要孩子遵守他的愿望和期望，他就会照顾他们。如果他们不遵守，他就将这种反抗看成一种不忠或忘恩负义。“怎么说，我也为他们付出了，看看他们是怎么对我的。”

第三，人力资源模式。依照这种模式，我们不仅会以公平和善良工作，而且还会讲效率。我们更在意共享。我们认为，人除了欲望和情感，还有智慧。换句话说，人们是有意识的，是思考型动物。有了这种对人的本质更全面的理解，我们就开始更好地利用他们的天赋、创造力、足智多谋、独创性和想象力。我们开始委派更多的任务，意识到如果人们对一个特定的目标有责任感，就会去完成所需的工作。我们开始将人们视为主要的资源：不是资产、不是物质财产，而是人——他们的情感和智慧。我们开始开发创造最优环境的方式，一种释放他们的才智，发挥他们创造力的文化。我们意识到人们希望做出有意义的贡献。他们希望他们的天赋被认同、得到发展、被利用、被认可。

在这一阶段，我们知道人也是心理动物。这意味着，除了经济安全感和社会所属感，人们需要成长，发展，并为有价值的目标创造性地做出有效的贡献。采取这种模式的管理者会将人视为潜在天赋和能力的集合体。他们的目标可能是认识并发展这种能力，实现组织的目标。当人们被视为具有生长和发展，并以创造性和建设性的方式发挥他们的才干的经济、社会和心理动物时，管理者就会努力创造一种环境，在这种环境中，人们可以为实现组织目标贡献出所有的才智。

第四，以原则为核心的领导模式。在这种模式下，我们采取公平、和善、效率和有效的方式工作。我们看重整个人。我们不仅将人看作资源和资产，不仅是经济、社会和心理动物，他们还是精神动物。他们希望有意义，一种干大事的感觉。人们不想做没有意义的事，即便这种事充分展示了他们的智慧。必然存在一些目的，能够提升他们，让他们高贵，使他们达到个人的最高境界。

使用这种模式，我们通过一系列经受了检验的原则来管理人。这些原则是几百年来每个伟大社会、每个负责任的文明社会所体现的自然法则和重要的社会价值观。它们以提升高贵、完满、有力、受鼓舞的价值观、理想、规范和教育的形式体现。

以原则为核心的管理者知道人们拥有的创造力，各种才能和主动性比他们现在工作需要的要多得多。人们大声疾呼，“信任我”。IBM成功的根本就是对个人尊严和潜力的尊重。你一旦拥有了以原则为核心的模式，你就会感觉到支持你重新看待人事的证据。人们都为他们的期望而生活。

人们将自己的创造性放在他们的目标和梦想上——大部分精力消耗在组织中。消极的协作是对人的天分的巨大浪费。

积极协作的公式是：参与＋耐心＝责任。

柜台后面的雇员与柜台前面的顾客一样重要。世界上没有什么可以收买自愿的责任心。你可以买一个人的体力，但是，你买不到一个人的心和头脑。

汤姆·彼得斯曾说过，随着权力中心从精英统治阶层的偏离——不管统治者多么仁慈——组织中的每个人就感到被赋予力量。

我们思考管理和领导的方式的转变不少于180度。过去的模式和比喻成为了管理者的警官、裁判、审查官、拒绝者和代言人。我们在最优秀的公司里听到的最恰当的言语来自管理者和领导人，他们好像是一个啦啦队长、教练、援助者和冠军培养者。

人们希望做出贡献，实现有意义的目标。他们希望成为超越个人职责的任务和企业的一部分。人们不想做没有意义的事，即便这种事充分展示了他们的智慧。必然存在一些目的，能够提升他们，让他们高贵，使他们达到个人的最高境界。

我经常问人们喜不喜欢，每周五天，每天八小时挖一个洞，再将其填满，年薪100万美元直到他们65岁退休，每年还拿着一笔生活费的工作。一些人认为他们会在几年内用这个工作来改善他们目前的经济状况，但是，尽管他们有这么多经济上的酬劳，他们这几年却什么也得不到，他们更愿意将时间和金钱花费在这项工作以外的事情上。人不仅靠面包生活，除非这是他生活的全部意义所在。

这种对人的本质更广泛的观点强调了使工作具有挑战性、更完满的需要。以原则为核心的领导会试着让人们自动完成例行的、无聊的和反复的工作，让人们有机会在他们的工作中感到骄傲。他们鼓励人们参与决策和其他更重要的事情。事实上，决定越是重要，问题就越具挑战性，人们就越期望释放自己的天赋。这样的领导在员工发展并显示更好的洞察力和能力的同时，还会继续尽量扩大部下能展示自主和自控的领域。

机构中的大部分调查显示，人们希望通过原则被管理。他们希望在他们的生活中有意义，有目标。他们希望他们的老板以整个人来看待他们。但是，他们希望向他们做报告的人会对人际关系的模式做出反应。

我希望你高高在上，询问我的观点，但是我希望你能谦卑地像一个好士兵那样，尊重我的观点。合作，帮助，服从。

在科学管理（欲望）的模式下，人们说，“给我高工资。”在人际关系（情感）的模式下，人们说，“对我好一点。”在人力资源（智慧）的模式下，人们提出，“好好用我。”在以原则为核心的（整体）领导模式下，人们说，“让我们讨论理想和任务、角色和目标。我想做出有意义的贡献。”

我建议我们要培养以原则为核心的领导模式，它不仅包括公平与和善的原则，并更好地利用人的天赋，以提高效率，而且，能够引发个人与组织有效中的量子级跃升。

PART5

第五部分

PCL 在领导行为中的应用

PRINCIPLE-
CENTRED
LEADERSHIP

第十七章 PCL模式

PRINCIPLE-CENTERED LEADERSHIP PARADIGM

有一次，我与一个管理几十亿美元资产机构的团队工作，这个机构总部设在德克萨斯的达拉斯。我问这些人，“你们有使命宣言吗？”

犹豫再三，他们才将其拿了出来。宣言写道，“提高主人翁的资本基础。”我说，“你们把它贴在墙上，鼓励顾客和雇员吗？”

“哦，你知道，这是我们私下里说的，但是，我们不为这种理想主义的废话奋斗。我的意思是，做生意的全部意义不就是——赚钱吗？”

我说，“我肯定这是一个重要的目的。但是，我要告诉你，你们的文化应该是什么样的？”

接着，我描述了他们的文化：人与人之间的冲突，部门之间的对立，以关键的自然问题集中在一起的小集团；背后议论人，说人坏话，层面交流看上去很不错。我接着又描述了他们的行业：以两种方式进行工作的人结合在一起；部门间深刻、不易改变的利益；为了提高销售额，一直存在的特殊斗争和促销活动。

他们说，“你怎么知道这么多？”

“你刚才告诉我的。你们只依据一个错误的假设，在一个层面上，满足人们的经济需求。因此，每个人都试图在别的方面满足他们的其他需求，做更有意义的贡献。”

“那么，你能提出什么建议呢？”

我接着提出了一个新的管理模式。在我解释的过程中，他们开始发现他们的文化需要根本改变，他们问道，“进行修复要多长时间？”

我说，“你知道，这取决于你们受到的伤害有多大。如果你没有受伤，就根本不用修复。如果你因为外部力量，或者是道德的力量而受到伤害，如果这种疼痛在你们文化中能够被普遍感受到，你可以这样做——你可以建立一个平衡的使命宣言，然后，在一到两年里，开始将方式、结构和体系与这个宣言相统一。”

“史蒂芬，你对我们的一件事不了解。我们工作节奏快。我们将在周末让这个‘宝贝’出世。”

他们最终的生意是什么？他们的模式？他们头脑中思考的最终的生意是房地产——他们能在“周末”买进，然后又卖出的东西。但是，他们没有能产生真正的合作式的文化，因为他们以错误的管理模式工作。

为了帮你分析你的工作，并达到你的目标，我建议你采取更真实地描述一个组织真正本质的模式。我称其为以原则为核心的领导模式（PCL : Principle-Centered Leadership Paradigm）。

一个 P，八个 S

- **人**（People）。PCL模式不是建立在组织结构和管理风格与

以原则为核心的领导模式：四个层面和关键的原则

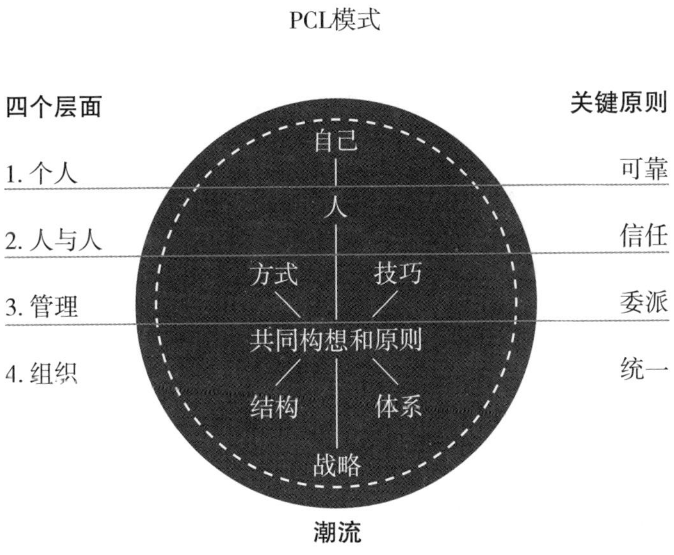

体系的基础上的；相反，它建立在人的有效性上。它认为人是最宝贵的，因为人是计划的创造者——他们在个人、人与人、管理和组织阶段创造其他任何东西。文化只是人们如何看待自己、他们的同事和他们的组织的一个表现。

在PCL模式中，你知道“人”表现在人际层面，最关键的原则就是信任。信任是所有高效关系和组织的基础。缺乏具有高度信任的文化，既不能建立真正的委托授权，也不能保持。那么，为什么大部分组织的信任度长期都处在低水平呢？原因是，信任不是组织命令和计划的结果，换句话说，不能进行快速的修整，它是个人层面上可信度的硕果。

• **自己**（Self）。自己体现了PCL模式的个人层面——可靠的关键原则。可靠在从内而外的方法中处于核心位置，是两件事——性格和竞争力——的目的。大部分人将可靠同性格本身等同。性格至关重要，但并不完全。比方说，你能信任一个在他的账务上不作假，却跟不上医学领域的发展，职业水平已经落后的医生进行一个大的外科手术吗？

处在潮流之中，我们会发现我们组织内部和外部有许多问题，但是，如果我们想进行有意义的转变，我们必须从我们能掌握的范围内开始。可靠完全是我们可以掌握的事情。我们能够承诺，也能够守信。我们能参与正在进行的职业发展。还有，这是一直从内而外的方法；事实上，改变和改善必须从自己开始。

• **方式**（Style）。委派责任方式的管理不仅带来更多的创新、主动性和责任，还带来了难以预料的行为。管理者必须依据高度控制的预见性来衡量这种方式的好处。口口声声说委派，实际却采取控制的做法造成了玩世不恭的态度。很少有管理者通过达成双赢协议的过程——在这个过程中，明确地提出了期望的结果和指导方针，确认了可支配的资源，并且在责任与后果上达成了一致——真正付出委派责任的代价。而那些能付出代价的人，能够释放人们的潜能，通过尊重个人的自我监督培养创造力和积极性，并以一种既比高度控制方式困难，又较之温和的方式创造出期望的结果。

• **技巧**（Skills）。像团队建设、委派工作、交流、谈判和自我管理这样的技巧对组织的高度运作都是最根本的。所幸，这些都能通过不断的教育和训练，得到学习和提高。

• **共同的构想和原则**（Shared vision and principle）。大部分组织在将他们的人和文化与一种理想和原则统一的过程中，都会遇到真正的挑战。我所知道的产生这种共同理想的最好办法就是创建使命宣言。我不是说，管理者利用一个周末的时间草草制定的东西就是使命宣言，我说的使命宣言是一个组织各阶层努力与付出的产物。大部分组织的使命宣言无外乎是墙上镜框里一大堆讨人欢心的公关俗语。但是，使命宣言有成为一部鲜活的（公司）宪法的潜力——是深深怀有的价值观和以不变的原则为基础的理念所体现的。最后，参与创立使命宣言整个过程的人所学到的东西远比实际的文件要重要得多。理想的一贯性不可能存在于没有张贴就几乎过时的战略路线图中。在充满大规模全球变革的世界中，最重要的是每个合作者手中的罗盘。通过广泛人群的参与创建的，以原则为基础的使命宣言基础就像是一个罗盘。

• **结构与体系**（Structure and systems）。结构与体系和战略与潮流的关键原则是统一的。有了正确的使命宣言，身处要职的管理者的任务就是将这些“困难”的S同使命宣言所体现的原则相统一。要克服以旧的控制模式为基础的结构和体系的惯性，建立以原则为基础的理想需要很大的决心和责任心。但是，这是革命性的，它释放了所有股东的责任心和创造力。各层面的领导发现，他们产生的最大的平衡作用和影响力是使命宣言所体现的原则的督导和示范作用。他们通过创建支持共同理想和原则的条件，平衡他们带领的人的贡献。

在组织中，我们通过互相依赖的方式与许多人产生联系，相互作用需要某种结构和某些系统。人体是最好的例子：它是一个标准的组织。比方说，神经系统传输信号（信息）；循环系统传递营养（补偿）；骨骼系统（结构）支持躯干；呼吸系统提供氧气（反馈）。

这些系统是相互依赖的；某个系统的大调整会打乱整个组织

的平衡。组织，与人体一样，也有平衡状态。当它们处在平衡状态运行时，相对而言，就没有忧伤和疼痛；但是，它们可能在差别很大的产出水平上运行。一种组织可能具有高度创造性；协作能力；充满了团队精神，充满了责任、热情、目标、激情和创新能力；相对而言，没有疼痛的残疾。另一种组织的特点可能是极强的对立和政治气氛，保护与防范行为，低产出，低效益。它也处在一种平衡状态，却是以低水平运行。

在大部分组织中，常见的系统有6种：

1. 信息。为了对所发生的事情有一个准确、平衡、不偏不倚的认识，管理者需要一个赌金保管人式的信息系统——这个系统能告诉他们组织内部和所有赌金保管人（例如，雇员、所有者、顾客、供应商，等等）内心和头脑里的想法。拥有好的数据，才能做出好的决定（假设判断准确）。

2. 补偿。金钱、认同、责任、机会和职位的其他调整都是补偿。有效的补偿系统既要包括经济建立，也要包括心理奖励。它奖励协作增效的合作，并创建团队精神。

3. 培训与发展。在高效的HRD计划中，学习者有学习的责任；老师和学院被视为有益的资源；培训受学习者，而不是系统控制的，也就是，学习者能够根据他或她的节奏，选择满足一致协定的目标的方法；学习者要讲出他所学的，因为向第三方讲他所学的内容的过程，在提高持续力的同时，大大加强了责任感；而培训计划与个人事业计划之间存在密切的联系。

4. 征募与挑选。以原则为核心的领导在招募和挑选员工时非常谨慎，将候选人的能力、志向、兴趣与工作需求相对照。人们喜欢并擅长的事情与他们在公司中的工作有密切的联系。面试、筛选与聘用都是在双方的最佳兴趣中进行的。个人工作经历中明显的成功模式与公司和行业要求的成功模式相符。双方应该开诚布公地讨论分歧。在做出雇用、提升、降职或解雇的决定之前，管理高效的领导者一定会寻求令人尊敬的同事或督导的意见。

5. 工作设计。如同家庭设计满足人们品位的需求一样，工作是为了释放人们的许多兴趣和技巧而设计的。人们需要明确一项工作的意义，它与公司整体任务的关系，他们个人能做什么样的贡献。他们要知道有什么样的资源和支持系统，他们在决定用什么办法实现预期的目标时，应该有某种程度的自主权。反馈，就像家庭装修中的布线，应该从一开始就进行，成长和新机遇的规定也是这样。

6. 交流。一对一的谈话——设计双赢的行动协定和责任过程——依照指导行动的纲领召开员工会议，奖励引起节约的雇员建议体系，开放式的和符合程序的政策与过程、每年一次的越级谈话、不记名意见调查和特别委员会集体讨论都是高效组织交流的关键。如果交流系统围绕共同的理想和任务建立，它的作用会更有效。系统往往被错误地调整，因为制定系统的人是那些很难同别人建立高度信任感的、具有稀缺心态的人。他们对周围的竞争感到担忧。他们希望每个主意都是他们想出来的。他们很难认同别人并与别人分享权力。

- **战略。**战略应该与专业任务、可利用的资源和市场情况相符。而且，战略还应该得到督导，并加以改变，以反映方向，其中包括竞争的状况。

- **动向。**组织内部和外部有许多动向（运作环境）。应该定期对这些动向加以监督，以保证战略、共同理想、系统和其他内容都与外部现实相一致。而且，聪明的管理者会解读趋势，预见动向的改变，避免翻船或落伍。

这一切都来自人，计划者。为了改变强硬的S，你必须先应对软S——因为这些仅仅是人们思想的外部反映。

提供优质产品和服务的关键是优秀的人。我们个人品质的关键是性格、能力和与其他人的感情银行账户。以原则为核心的人通过质量获得数量，通过关系获得结果。在他们的婚姻、家庭、公司和社区中，他们的指导原则是：

我们不会在任何人背后谈论另外一个人。我们在帮助别人的过程中，可能会持建设性的评判意见，但是，我们不会嚼舌头。如果我们和别人意见不统一，我们就直接找到这个人，阐明自己的观点，解决问题。

这需要很大的勇气和性格力量——而这来自以原则为核心的做法和拥有一个以原则为核心的领导模式。

四个特点

模式是自然模式。改善模式就是尽力更好地理解自然，在工作的每个方面，这些被称作理论、解释或榜样。如果你的模式有误，不管你的行为多么好，你的态度多么好，都不管用。

PCL模式有四个特点，这些特点比大部分模式都更好地描述了自然。

第一，它是一个整体。换句话说，它解决整个一揽子的事情。什么事都包括：你可以将经济、生理结构、技术都归纳在结构里。你可以说，人们的工作方式、技巧、互补式领导方式和技巧都是可以管理的。它解决的是一个开放系统（在图表中，用实心圆圆周的虚线表明）的问题，而不是一个封闭的系统，包括“动向”——你所处的组织、行业，以及范围更宽阔的社会“内部”的环境——中的每件事、任何事。

没有哪个组织的协调是十全十美的。每个人都面临敌对环境，可能在公司内部，也可能在公司以外。积极处世、以原则为核心的人不会成为这种环境的牺牲品。他们不断向着“协调”前进，尽量在他们生活和工作的环境中——更广泛的社会的影响，经济、社会和政治走向；文化推进力；国际市场——做得更有意义。

第二，它是具有生态特点的。意思是，每件事都与其他每件事相联系。在生态系统中，我们不仅要面对每个生物，而生物与生物之间也是相互联系、相互依赖的。一个领域的行动会影响其他每个领域。某些管理模式则认为组织是一种无联系、机械的、无生命的、非生态的环境。但是，所有组织都是处在更大环境中的生态系统，因此是自然的一部分。自然中没有间隔。那是一个无法分割的整体。我们可能说，“那些燃烧着的油井和油田会影响环境、天气、植物的生长季节、将来的生活质量。”

第三，它是发展的。这说明你在做一些事之前，必须完成另外一些事，在学几何之前要学数学。成长和进步是一个持续的过程。尽管，许多传统的管理模式不是发展式的。它们认为你不必经历一个过程：你从任何一个层面进入，就能以快速修复的方法，改善局面。上帝6天创造世界的故事可以有力说明发展式的进程。真正的进步从个人开始，由内而外地进行。

第四，这个模式的基础是积极处世的人，不是死气沉沉的东西、植物和动物。与自然界的其他事物不同，人受意志支配，具有选择的能力。当然，一些人由于童年或现实环境造成的心理创伤，意志脆弱，影响力弱小。来自竞争环境的人会以防卫与保护的方式思考，受到稀缺心态的影响。生活在肯定和无私的爱的环境中的人会有一种本能的个人安全感和一种知足心态。

大部分管理模式试图通过将员工变得更能干，将人变成机器。因此，许多管理者认为人力资源是取之不尽的。如果这种观点在文化中普遍存在，人们会通过建立某种集体力量，可能是一个联盟来保护自己，通过建议建立社会法制，来缓和侵略性管理模式的剥削和机会主义的倾向。你可以让机器运作得更快，不过，你只能使人变得更具效率。如果你在感情问题上速战速决，你只能以打闹、逃跑、从感情银行账户上撤资结束。

PCL模式的四个特点——整体的、生态的、发展式的，以及以人而不以物为导向——使其更适合企业管理和以原则为核心的领导模式。

第十八章

授权的6个条件

SIX CONDITIONS OF EMPOWERMENT

在工作的每个方面，我们都要根据现实的最终本质作假设。如果最基本的假设或前提是错误的，结论就会是错的，即便推理过程是正确的。

正确的决定只能来自基于正确前提的严密推理。

人们往往忘记这个简单，几乎是不言而喻的道理。所谓的客观知识的整个领域可能都建立在主观假设上。在我们各自的领域，通过研究和阅读文献，尽可能地质疑和证明我们这个领域的知识的假设基础是一种非常聪明的做法。比方说，心理学建立在一些对人性的假设上。不管企业领导者是不是意识到了，他们都在某种意义上进行着心理学家的工作，因此，他们想激励部下的愿望建立在他们对人性的假设上。

李·亚科卡在他的自传中写道，在大学里，他除了学习了所有的工程学和商学课程，他还学习了四年的心理学和变态心理学。“如果我说这些课程是我大学期间学习的最有价值的课程，我不是在撒谎。在州立医院精神病房里进行的一节课重点讨论的问题就是人的行为的根本因素：什么驱使着这个人？”

大部分身居高位的管理人员现在都意识到了以原则为核心的领导方式的正确。但是，问题在于执行：一个高级管理人员怎样按照“整体”的假设做事？组织怎样反映这种对人的更广泛的理解？管理者能去除根深蒂固的独裁或爱心独裁管理方式吗？他们怎样让人们开始摆脱多余的心理和组织“包袱”，并让人们自由灵活地，以同对人的看法相一致的方式思考和做事？

通用电器公司的口号“清瘦灵活”，能在许多情况下说明问题。我绝忘不了我同家人进行的一次特殊的欧洲之旅。在游玩了短短一段时间后，我们已经攒了太多东西，衣服、纪念品、旅行宣传册、礼物，因此我们因为行李太多感到烦恼。我们决定在我们结束旅行之前，让一位比我们先返回的朋友带走三分之二的东西。我们感到自由了，没负担了，能够干我们想干和感兴趣的事情了。我们再也不用担心没有足够的地方放东西，没有足够的力气扛东西。

我的意思是管理人员可能需要摒弃他们对人性的某些错误假设，在他们完全利用他们的人力资源并体验有效性提高的好处之前，先简化组织。就像李·亚科卡所说，我们在建立结构之前，也许需要研究动机。利用建筑学中的一句话——“形式服从功能”——我们在发展我们的战略和系统之前，可能先要认识并明确我们的假设。

为了使人们发挥最大的能力，我们首先必须寻找组织需求和目标与个人需求、目标和能力重合的方面。接着，我们要发挥援助的作用，建立有益的组织系统，让具有自主和自控能力的个人朝着完成协议条款的方向努力。雇员会通过依照双赢协定进行自我评价的方式，定期地反思他们对责任履行的情况。

这里是委派责任的头四个条件：**1. 双赢协定；2. 自我监督；3. 有益的结构和体系；4. 责任感。**

从根本上说，双赢协定是管理者同服从者之间的一种心理协定。它从五个方面体现了对期望的共同理解和责任感：第一，期望的结果；第二，指导方针；第三，资源；第四，责任感；第五，后果。

为了更好地建立并管理双赢协定，让我们逐一讨论这五个步骤。

第一，明确期望的结果。讨论你们期望的结果。要明确数量和质量。确定预算和时间表。让人们保证实现这个结果，但要让我们自己决定最佳的方式和手段。为实现你的目标确定目标日期或截止日期。这些目标从根本上表现了组织战略、目标和工作设计与个人价值、目标、需求和能力的重合。双赢的概念是管理者和雇员都明确期望目标，并保证能实现期望的结果。

第二，提出一些指导方针。彼此交流对实现期望结果至关重要的原则、政策和方法。提到的方法越少越好，允许员工有最大限度的自由和灵活度。组织政策和工作手册应该简化，主要集中在原则背后的政策和方法上。然后，随着环境的改变，人们就不会一成不变——他们仍然能发挥作用，用他们自己的主动性和良好的判断，在公司的价值结构中做实现期望结果所需的事情。

指导方针还要说明禁止的事情，比如从前遇到的、对实现组织目标或保持组织价值观不利的错误方法。许多以目标进行管理的计划慢慢偃旗息鼓，都是因为最初没有提到这些需要禁止的做法和失败方法。人们感到他们几乎没有任何限制，能够自由灵活地做实现公认结果所需的任何事，最后他们会犹豫不定，挑战组织神圣的誓言，成为破坏分子，感到压力很大，对实际实施的每件事感到越来越害怕。

员工的普遍态度变成了，“让我们忘记目标管理（MBO）。告诉我，你想让我们做什么。”他们的期望破灭了，他们背后的伤痕太深，他们开始将工作单纯地看作一种经济利益，并开始在工作以外的地方寻求对他们其他需求的满足。

在明确禁令和神圣誓言的同时，还要明确一个人对不同责任的积极程度：这个人，是等你告诉他，他才会做；还是，当他遇到问题时，先自己研究，再提出建议；还是先研究，然后立即报告呢，还是，先研究，再例行报告呢？这样，目标就被明确了，界限也划定了。

在一些责任领域，要求的积极程度就是等你告诉他怎么做，在其他一些领域，则需要人们表现得更加积极，其中包括，“利用你自己的良好判断力，做你认为对的事情；定期向我们汇报你的进度和成果。”

第三，认识可支配的资源。认识雇员可支配的各种各样的经济、人力、技术和组织资源，帮助他们实现预期结果。要提到结构式和系统化的协定和过程。这些系统将包括信息、交流和培训。你可能会将自己或其他人视为资源，说明这些人力资源可以怎么用。你可能想要设立一些限制，或者简单地与员工分享你的经验，让员工自己决定，这样做最有利。

第四，定义责任。让人们对预期结果承担责任，就使双赢协定更有效了。如果没有责任感，人们就会忘了他们的职责，开始抱怨环境、其他人或者自己糟糕的工作。但是，如果人们参与到工作标准设立的过程中，他们就对实现期望结果有一种非常深的责任感。

结果可以通过三种方式评估：评估、观察和辨别。说明你会这样评价员工的工作。还要说明进度报告提交的时间和方式，以及责任会议召开的时间和方式。如果一个公司中彼此的信任度高，人们会比其他任何外部评估者或管理者对自己的要求更严格。而且，如果信任度高，辨别往往比所谓的客观测量要精确。因为人们心里对他们工作的了解远大于评估系统所能体现的。

第五，确定后果。在期望的结果实现或者没有实现的时候，达成对后果的分析。积极的后果可能包括经济和心理奖励，比如，认可、赏识、进步、新任务、培训、弹性工作时间、放假、更广泛的责任、奖励或提升。消极结果可能包括斥责、再培训、终止合同。

努力实现自我管理

双赢协定的这五个特点基本上涵盖了一个人在从事一项工作之前需要理解的东西。我们说明了预期的结果、需要遵从的指导方针、可以利用的资源、负责任的方式和现在工作的结果。但是，我们没有讨论方法。双赢是一项人力资源原则：人们具备自主和自控的能力，能够在指导原则下做实现期望结果需要的事情。

如果两个以上的个人参与到双赢协定中，这份心理合同就变成了一份社会合同。我们可能同一个团队、一个部门，或整个大部门订立协议。这样，这份社会合同就变得比心理合同更有力、更强大、更具激励性，因为它涉及社会的本质和人类的归属需求，而且成为有意义的团队计划或工作的一部分。

这份心理或社会双赢合同的一个作用是，它的灵活几乎没有限度，能够适应各种环境，或者任何程度的竞争。如果人们做一项工作的能力和希望都不大，那你就要提出更细致的结果；

可能需要更多的指导原则，其中包括程序；让资源利用起来更方便，更吸引人，更显而易见；以更紧凑、明确和可以度量的标准更经常地汇报工作；后续工作可能要立即做出，让信息反馈更有力。

在另一种情况下，人们都很成熟、很有能力、干一件事的愿望也很强烈，那么，你采取的双赢协定就要有更广泛、更长期的结果，而且要提出更少的指导原则，特别是有关程序和政策的。你可能要让资源服务于人，却不能说得太明白；不用经常汇报工作，用辨认和评估一起评价人们的表现；说明更长期的后续奖励，特别要重视内在的心理奖励，而不是外部奖励。

一旦建立了双赢协定，人们就会依照协定监督自己。管理者可能就要扮演援助的角色，建立有益的组织结构和系统，具有自主和自控能力的人可依赖这种结构和系统，努力履行双赢协定。雇员参与了协议的制定，他们就会对定期汇报他们履行责任的情况感到高兴；从根本看，他们以一定的标准来评估自己。如果正确地建立了双赢协定，他们就会在指导方针的约束下，做实现期望结果所需的事情。

有益的组织系统在很大程度上会促进双赢协议的实现。这些系统应该包括政策制定、公司结构、工作设计、交流、预算、补偿、信息、招聘、选择、分配工作、培训和发展。在一个有益的系统中，人们直接获得有关他们表现的信息，他们会利用这些信息进行必要的改正。

如果所谓的有益系统实际上是一个有害的非赢即输的系统，它就会破坏双赢协定。在补偿系统中尤为如此。如果管理说的是双赢，最后的奖励却是赢与输，他们就会破坏自己的体系。这就像你对一朵花说，“快长，快长”，却在给另一朵浇水。

组织中的所有体系必须统一，并支持双赢协定。双赢的概念应该体现在招聘、雇用和培训中。在职业发展、补偿、工作设计、公司结构、战略制定和任务与目标选择，以及所有战术活动中明显体现。

对双赢工作的赞赏

在双赢协定下，人们进行自我评估。因为他们提前清楚认识到了期望出现的结果，评价他们表现的标准，他们处在自我评价的最佳位置。

人们的老办法是，管理人员评价部下的表现，有时在工作的最后阶段，拿出一套秘密的、主观的评判标准，来评判人们的工作。这无疑是对人的侮辱，因此，一些管理者没有好的工作评语。除非目标明确，提前保证，人们会认为自己的工作很难得到赏识，很尴尬，有时感到受到了侮辱。

管理者的观点起到帮助的作用，而不是评判的作用。他要将自己视为双赢协定中的一种资源。在他的部下要接受新任务或责任时，他们的作用是一个培训者，而在职业计划和事业发展方面，他是一个顾问。他让他的部下参与双赢协定的制定，并进行自我评估。如果信任度高，雇员的评估就比管理者的评估更准确，更完整、更诚实，因为人们知道所有的条件和细节。

如果管理者变得能够意识到不断变化的趋势和原来不属于协定的其他条件，他将会重新商定，进行重新思考、重新计划，重新规划。

另外两个条件

这四个条件的中心是另外两个条件：**技巧和性格**。性格是指这个人，技巧是这个人的能力。这是建立并保持其他四个条件所需的能力。所以，它们才是建立可信的关系、双赢协定、有益的系统，以及雇员的自我监督和自我评价的前提条件。

在信任度低的文化中，建立双赢协定或让员工进行自我监督和自我评价是困难的。相反，这种情况可能还需要控制系统和外部监督与评价。管理者在建立我们在前面的讨论的四个条件之前，他可能需要在感情银行账户上存钱，做一切必要的事情，建立信任关系，从而建立双赢协定。一旦双赢协定正确建立了，其他条件会自然而然，顺理成章地出现。

建立双赢协定最重要的性格特点是正直（习惯与价值观相符、言语与行动相符、表情与感觉相符）、成熟（既有勇气，又考虑周到）和知足心态（每个人都能被满足）。具有这些性格特点的人真正能为别人的成功和成就感到高兴。

最重要的三个技巧是交流、计划和组织，以及通过协作解决问题，因为这三个个人技巧能够让一个人建立实现组织有效性的四个条件。

如果一个人欺骗，如果他们说一套，做一套，如果他们在人们背后说别人的坏话，当面却甜言蜜语，这种简单却经常的交流会破坏信任，从而不可避免地导致非赢即输协定的生成，而组织工作就需要外部监督、控制和评价。

这六个条件相辅相成，如果其中一个没有实现，就会立即影响其他五个；事实上，仅仅改变一个性格特征就会影响其他所有条件。比方说，考虑一下成熟这个性格特征，我们对它的定义是

委派责任的六个条件

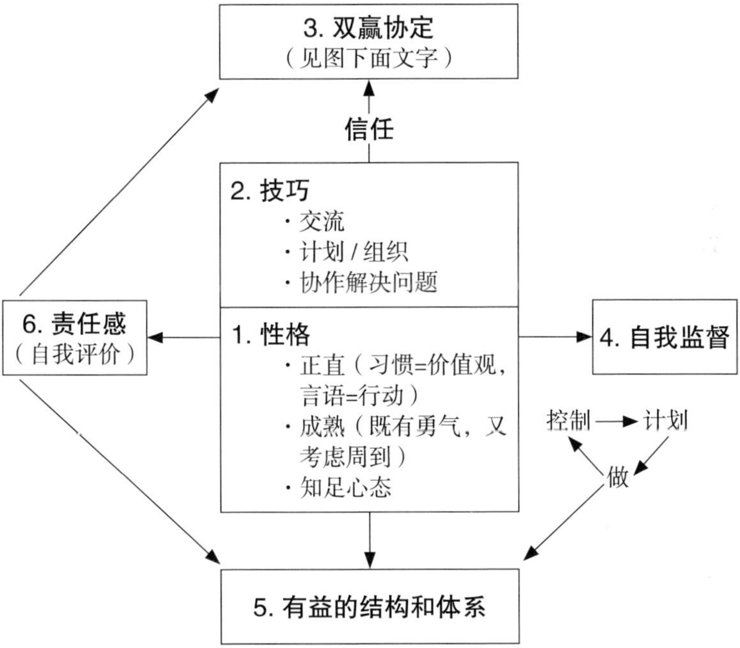

双赢协定—心理 / 社会协定：明确的相互理解和对期望的承诺：

1. 期望的结果：使组织任务 / 战略 / 目标 / 工作设计与个人价值观 / 目标 / 需要——包括时间表——相统一。
2. 指导方针：政策、禁令、积极程度和少数必要的程序。
3. 资源：人力的、预算的、结构的和系统的。
4. 责任感：很难表现的标准，什么时候对进度做汇报等等。
5. 后期奖励：自然的组织和个人后期奖励——经济的、心理的、机遇，提升、责任范围等等。

“既有勇气，又考虑周到”。如果一个管理者有很大的勇气，对事情却欠考虑，他可能会很明确，很坦率地表达自己的意思，却不能很好听取别人的想法，也不会站在别人的立场想问题。他可能无法实现内部动力，需要外部能力、监督，并使用良好的控制体系和工作表扬程序，以及补偿系统，来加强员工的行为，达到他所希望的程度。

另一方面，如果一个人缺乏勇气，却考虑周到，很需要人们对他的接受和喜爱，他也会建立起一种非赢即输的心理协定，人们会各行其是。这些协定往往会导致各种形式的自我放纵和组织混乱。人们可能开始因为工作表现不好或者结果不佳谴责其他人。他们可能也会变得苛刻。这样的行为只能进一步加强这种非赢即输的协定，最终不能保持经济上的成功，从而导致非赢即输的中心控制成为一场假装维护命令的管理战。混论滋生独裁。就像帕克里克·亨利所说的，“如果我们不理智地管理自己，我们就会受制于暴君。”

为结果储蓄

为了说明双赢协定方式对组织有效性的作用，我要回忆自己的一段经历。一段时间，我是一个拥有数百个分部的投资机构组织提升计划的顾问之一。这个银行对此项计划的预算为75万美元，他们打算花费6个月的时间培养中层管理人员。

他们的想法是招收大学毕业生，让他们在不同的职位上轮换工作。在一个部门工作两个星期后，他们就换到另一个部门工作两个星期。6个月的计划结束时，他们会被派到一个分部，担当中层管理职务。该银行的最高管理层希望这个计划得到细致的分析和改善。

我们做的第一件事是理解他们的目的。我们怀疑他们对目标是否很理解。事实上，他们不是很理解。我们发现这些目标非常笼统、非常模糊，而银行高层管理者之间对这些应该提出的目标和需要优先考虑的事情分歧很大。

我们继续鼓励他们，直到他们说明希望每个人在培训期结束，在分配到中层管理职位之前应当具备的能力。他们提出将向这些受训者提出40多个目标。我们将其变更为40个——期望实现的结果。

下一步，是告诉受训者这些目标。这些人对他们的工作很满意，并对自己在这么短的时间里能进入中层感到兴奋；他们完全同意这些目标，将自己融入这些目标，做实现这些目标所需要的任何事。

他们理解这些目标；他们理解评判标准。他们有一个完整的单子，列出他们实现这些目标所能使用的所有资源，其中包括读材料、约见部门经理，并接触银行以外的教育机构。他们意识到，只要他们在这40个方面表现出足够的能力，他们就会被派到中层管理的职位上。

这一点对他们的激励很大，这样，他们平均用了三周半的时间就实现了所有目标。

这一表现使高层管理层完全惊呆了。一些人还很难相信。他们仔细地对这些目标和标准进行反复检查，并核对结果，以确信确实达到了标准。他们中的许多人说，三个半星期的时间还不够这些受训者培养起具备成熟判断力的考验和经历。

我们说："当然够。写下一些更难达到的目标，要包括一些需要成熟判断力才能解决的问题和挑战。"另外6个目标又被制定出来了，每个人都同意，如果受训者能够实现这6个目标，加上前40个目标，他们就比曾经经历6个月培训的所有人更胜任工作。

接着，我们同受训者分享了这些目标。这一次，他们可以监督自己。我们看到人类能量和天赋的巨大释放。在一个星期内，几乎所有受训者都实现了这六个目标。

换句话说，我们发现，通过同这些年轻的管理者建立双赢协定，6个月的计划可以压缩到五个星期，甚至还能得到更好的结果。

这一点在管理的许多领域，不仅是培训，都有深远的意义。这个银行中一些明智的管理者也开始意识到这一点。其他人对整个过程感到吃惊，认为人们要取得大的胜利必须花一段时间。但是，谁也不否认结果。

双赢协定的全部意义就是实现预期的结果。

管理者的信

管理咨询家彼得·德鲁克多年前就提出来管理者信件的概念。这种做法是，下属准备一份概括期望结果、指导方针、资源、责任感和后续奖励的书面提纲，寄给他的上司。

多年来，我在许多情况下都使用这个概念：在我的咨询和培训训练中，在建立和管理我自己的公司中，在同杨伯翰大学的本科生和研究生一起工作时；在我的家庭生活中。我百分之百地确信，如果我们想得到高的产出和高的生产能力，我们必须要创造有效性的这六个条件。

我知道这不容易。这需要时间和耐心——我们不能将花拔起，看它的根。双赢协定不可能在一夜之间订立。你要进行大量的清晰思考和大量诚实的交流。它还需要你足够成熟，能够进行相互影响的交流。它需要很多约束和坚持，跟踪和巩固。不论何时，如果我在这些领域犹豫，我就会对环境和结果产生负面影响。

在我们对整体概念的信心提升和发展之前，我们要从小的方面出发，取得小的胜利。如果你的部下不愿写这么一份包括双赢协定的要素的信，也许，你可以自己写，然后问他们是否准确反映了这个协议。如果白纸黑字的东西让所有人都感到不自在，那就不要写。但是，一定要确信你们之间存在着清楚、良好、相互的和口头上的理解。并且要保证，如果不断变化的环境和理解确定，就要灵活开放地进行改变。

态度很重要。管理者的基本态度要么是“我们去哪儿？”，要么是“你的目标是什么，我怎样才能帮你？”随着工作的进行，你的态度应该是“进展得怎么样，我怎样才能帮你？”

多年前，一位态度和行为完全是“你要实现什么目标，我怎样才能帮你？”的管理人，在一个组织中让我认识了这种思考的方法。他对我的能力所表现出来的真诚和肯定赋予我力量，释放了一个人为实现目标所感到的巨大责任感和行动力，其中包括将他作为极有价值的一种资源。

我还认识到，我们最想要的就是自我实现；也就是说，我们将创造支持我们观点的证据。如果我们放大了对人性和人的能力的理解，我们会逐渐发现支持我们观点的证据，最后我们会发现自己内心感到踏实。

第十九章

满足预期

MANAGING EXPECTATION

我们每个人开始接手工作、与人交往、身临新境的时候，心里总是隐隐怀有某种预期。家庭和团体中产生“人际问题”的一个重要原因就是，对于别人的期待不清楚、不明确或者无法满足。关乎角色和目标的期待发生冲突，造成很多人不快和为难，使关系越发紧张。

预期之间的冲突

预期之间的冲突的实例在以下的情形中可以见到：

• **公司合并**。看看通用汽车公司的罗斯·佩罗和电子数据系统公司的罗格·史密斯之间发生的事情就明白了。当两种公司文化汇聚一处时，管理人员在试图解决难题和融会两种社会意愿时，就发生了冲突。一方面，我们看见罗斯·佩罗主张维护普通工作人员的权利——试图废除管理等级以及高层特权，他似乎不清楚，通用公司的企业文化盘根错节，决不可能在一夜之间就废除掉。咨询人员无法进行这样的变革，这需要大量的沟通和交流。但是大部分进行收购和并购的人没能进行有效的双向交流。他们不是太激进就是太保守，不是损人利己就是损己利人。

- **婚姻关系。**如今，很多婚姻中一度隐藏的问题和期待已经公开出来。但是对于男女的角色仍然存在争论。譬如，如果一个即将步入婚姻殿堂的年轻男子来自比较传统的家庭，他心中肯定有这样的预期："我负责挣钱养家，你负责相夫教子。"残酷的现实会使他从迷梦中清醒。显然，只要是夫妇，不管年轻年老，处理起角色渴望的冲突时都相当费力。很多女性的期待无法实现，原因就在于不能出去从事工作，之所以出现这种现象，是由于社会对女性承担养家的责任并不怎么提倡和支持，也不承认其合理。

- **教育。**各个特殊利益团体都以自己的眼光来看待教育，都表达了不同的问题，也都提出了不同的解决方案。一个日益明显的问题就是，学校里出现了提供个性教育的趋势，随着传统的双亲家庭逐渐失去主流地位，这种教育的需求在不断增加。

- **父母与子女的关系。**父母经常与子女发生预期上的冲突，尤其是孩子进入青春期的时候就更是如此了。父母和子女对于自己的角色都有不同的看法，随着小孩经历不同的成长和发展阶段，这些看法也会发生改变。

- **政府关系。**政府的作用是行善，还是防止人们作恶？如果我与一个认为政府应该行善的人在一起工作，我们就可能有着完全不同的预期，冲突、失望、甚至相互嘲讽就会接踵而至。

- **聘用和提升。**新人对工作和单位的预期，通常与其雇主大相径庭。在"蜜月"期内，这些预期都还不太强烈，尚有商量解决的余地，说清这些问题，就要趁大家都开诚布公，并且愿意直言不讳的时候。

如果体制有失公平，当有人得到聘用和提升的时候，就显示出来了。譬如说，如果新雇员得到更高的薪金，一般人就会说："怎么能给他们这么多，我在这里干了这么久，拿的却这么少？"当经理们的所作所为与这样的预期背道而驰时，就必须承担相应的后果：大家对他们的信任会减退，有人开始去干兼职；原定行动计划老是要更改；他们会疑惑到底发生了什么事情；什么事情都胡思乱想，老往最坏处考虑。

· **部门间和企业内的计划**。只要你与部门不同或者行事原则相异的人进行接触，就有可能遭遇与你相冲突的预期。实际上，任何跨部门或企业内的计划从一开始，就都有可能出现预期与事实相反的例子。

· **客户关系**。出售产品和服务的公司的管理人员，如果经验老到的话，就知道如果公司不能满足顾客的预期将是多么危险。因此，他们总是通过设身处地地为顾客着想以及建立顾客信息系统，来对顾客的预期进行及时的了解和满足。

这些管理人员都会设法了解人们的感觉和预期："他们在想些什么？""他们希望我们做些什么？""他们希望什么样的售后服务？""他们预期一种什么样的社会关系？"如果不搞清楚这些预期的话，顾客将会感到沮丧和失望，然后就会另投他门。

· **投资人的冲突**。一个组织的成功，会使几个群体获利：雇员、供应商、股东，以及社团等等。但是，这些群体都各有各的行为计划，这些冲突的行为计划通常会导致后果不堪设想的争议和浪费。

问题：预期不明

预期是人的希望，反映的是一个人的渴求，即他或她面对婚姻、家庭或者生意往来这样的情境时，想从中得到些什么。我们每个人开始面对某种情境时，都隐隐怀着一定的预期。它们来自我们先前的经历，来自此前自己的身份，来自其他的一些交往接触。这些预期当中的一部分，可能会非常浪漫，也就是说有些不切实际，它们是受到媒体和一些幻想的影响而产生的。

预期和现实之间总有区别。预期是一幅幻想之图，是反映“应该”怎么样的蓝图，而不是“其实”怎么样的蓝图。但是一大批人都认为他们的蓝图是准确属实的，他们总想：“就是这个样子，你的蓝图才是错的。”

内心中隐约的预期（人们需要、希望、渴求的东西）是我们开始与人交往、进入新公司或者作为客户开展某项业务的时候，所携带的“行李”。例如，如果我们去购物，我们可能会在心里预期热情周到的服务。如果某家商场没有达到这样的预期，我们通常会立刻换一家更为顾客着想，能够满足我们心理需求的商场。

明智的管理人员把一切搞得非常明晰，他们会清楚地解释“我们要做什么，我们不做什么”，因此顾客一般都会说：“就这样吧，我们明白，感觉不错”或者“我们在这个方面感到满意，但是对于其他方面，我们想建议换一种方式来满足我们的需求”。这些管理人员明确地表达出了自己的职责是什么、他们享有什么样的资源，以及他们准备利用这些资源做什么或者不做什么。

解决途径：行为协定

行为协定是预期冲突的解决途径，是满足预期的工具，它能使所有的预期都明晰起来。

行为协定是一个清楚的相互理解和承诺，针对的是围绕角色和目标产生的预期。如果管理层能够使人和人以及团队和团队之间达成行为协定，很多问题就迎刃而解了。

这是因为行为协定体现了相关各方的所有预期。如果方方面面都互相信任，并且乐于以真诚的态度倾听和诉说，通力协作，互相都从对方表达的意见中汲取益处，这样，他们通常都能创造双赢的行为协定。他们能够建立这样的环境：其中的每一分子对于预期都有同样的理解。

行为协定包含三个部分：两个先决条件（信任和沟通）；五个要点；以及组织体制和结构的强化。

- **信任**。进入新环境时，人们都怀有很多旁人不甚明了的预期以及埋藏在内心深处的行为计划。大家对自己真实的行为计划和心灵感受通常都隐而不言，因为信任的程度还不足以分享这些内容。信任就是好的行为协定的先决条件之一，信任的基础是值得信赖的品质，也就是他人认为你将实现承诺的感觉。

如果信任遭到侵蚀，尊重便不复存在，那就很难形成双赢的行为协定，因为基础已经消失了。但是，公司内部的团队和部门还是能够通过从小处着手，通过建立和保持一致的程序逐渐培养和重建信任，从而达成行为协定。只有在这样的环境中，最佳的行为协定才能够建立——甚至就算它是互谅互让的结果，然后才能向着下次协作增效的双赢而努力。

行为协定无论何时都应该对大家开放，可以协商讨论——任何时候，双方都要开诚布公。如果环境有所改变，双方都要能够主动与对方沟通，以便变更行为协定。尽管可能会有一些不能触犯的原则，而这些部分是没有磋商余地的，但是行为协定的大部分是允许商榷讨论的。

- **沟通**。第二个先决条件就是沟通，一个揣测实际情况的方法:“哦,我不知道你是那样想的,你的意思是希望我迈出第一步?明白了，那现在我就告诉你我的想法吧。”

这是平等的交流，是人与人之间真诚的交换意见，就像杂志社的几个独立撰稿人那样彼此平等，就像两人同级、而不是上下级那样进行沟通:“我期望你更积极主动点,我一直在等你那么做,现在我明白了你的预期，接下来我就要认真想想再提出建议。”

这就是试图弄清楚对工作关系所抱的预期时，人们的对话内容。当企业文化有利于这么做时，这样的沟通就容易得多了。不幸的是，在很多公司里，正式地讨论预期似乎多少有点不合适，然而办公室里进行的私下对话有很多都是这样的内容：“你的行为计划是什么？你真正关注的是什么？”

我向大家鼎力推荐罗格·费舍尔和威廉·厄赖在他们的著作《说服对方》中所勾画的沟通方法。如果想阐明彼此的预期，达成互利协定，这是个明智的办法。再看看书中的四条基本准则：

- 把人与事分开。
- 关注利益，而不是立场。
- 找到互利的选择。
- 坚持客观的标准。

双赢协商方式需要推己及人的技巧，首先寻求的是理解。大家都有很多自己优先考虑的事情，首先希望的是别人的理解。

“首先谋求他人的利益”意味着找到对方利益所在，找到对其本身及其发展和幸福的有利之处。你不能自以为知道什么对这个人来说是最好的。必须通过推己及人找到答案，然后将其融会进协定当中。

弄清楚对于角色和目的的预期是团队建设不可或缺的内容。这样做的目标就是把不同的群体凝聚到一起——譬如说销售人员与制造人员或者顾客，在不会激起情绪上强烈反应的气氛中，彼此了解对方关于角色和目的预期。

一旦人们进行了这样的互动，使埋藏在心里的预期变得明朗，接下来发生的一切会令人吃惊。大家都开始说：“我原本不知道，还以为你另有所指。怪不得你会那样想！这下我明白了，在接下来的那个星期，你大概就是这样理解我的所作所为的。”

“对了，我正是那样想的。”

这样做的效果出奇地好。人们的关系缓和了。“老天！最终能在桌面上说清楚，真是太好了。”通过把行为方式公布于众，我们知道了彼此的立场。我们这样就能着手进行磋商了。

双赢行为的原则

要达成双赢行为协定，必须牢记以下几个原则：

· 详细阐述自己渴求的结果，但对实现其的方式方法就不要指手画脚了——否则，你将会淹没在管理的鸡毛蒜皮的琐事当中，控制范围将会严重受限。

· 紧抓纲领，放松条目，这样就算局势有所变化，人们也能灵活应变，积极主动地解决问题。

· 不管是组织系统以内还是以外，所有的可利用资源都要敲打到。

· 邀请别人参与制订标准和规范，这些标准规范都是规定适宜行为以及例外行为的。

· 保持信任，明察秋毫，而不仅仅是靠所谓的客观或量化标准来评估成果。

· 无论渴求的目标达到与否，都要对可能导致的积极和消极后果做到心中有数。

· 确定行为协定可以得到组织结构和体制的强化，能够经受时间的考验。

从控制式管理到宽松式管理

双赢行为协定的内涵远远超越了工作说明。大多数公司都已经制定了工作说明，对工作性质和岗位责任进行了解释。这些说明大部分都是清楚明了的。但是行为协定胜过工作说明之处在于，由于这种双赢协定是通过一种行之有效的沟通方式建立的，大家心底的预期也成为了双赢协定的构成部分。

很多工作说明对员工“赢”的构成因素鲜有认识，唯一提到的“赢”就是，员工干好工作就能挣到钱。工作说明没有照顾到其他的需求——心理、精神和社会需求。这些需求在工作说明中都没有得到表达。

此外，工作说明通常还把重点集中到方法手段上，其根本是他律。行为协定让我们舍弃他律，采取自律，摒弃周围某个人或某种东西控制约束他人的环境，形成这样一种环境——其中的人会说：“我理解，我要全力以赴，因为那样也能让我赢。”

行为协定把整个管理方式从控制式变成宽松式。大多数公司不肯采取宽松式管理的原因是，他们不会用双赢行为协定来管理员工。

如果某家公司现在还没有做到通过行为协定来满足预期，个别的管理人员也还是可以先行一步，自己单干。但是他们应该清楚，自己所处理的是交往时的意愿，因此最好不要天真地认为他们能够通过推敲讨论就得出一些心理行为协定，因为行为协定与所有的社会契约，以及组织内部埋藏在大家心里的文化习惯是交织在一起的。

一个聪明的管理人员会说："我们必须清楚这种文化习惯，清楚局面到底如何，清楚交往时的意愿。"社会契约比心理契约要有力得多，文化仅仅是社会契约的一个组成部分。我们所谓的"共同价值观"仅仅是使不明晰的规范变得明晰而已。"这正是我们现在行事的方法。"

通过行为协定来满足预期正是"现在应该做"的事情之一。

第二十章
组织管理与自我监管
ORGANIZATIONAL CONTROL VERSUS SHELF-SUPERVISION

鲍勃是一家大型制造公司的副总裁，公司决定大量裁减中层管理人员，以此拓宽管理幅度，并且更多授权到基层管理人员手中，他对此感到高兴，尤其欣喜的是，这个举措能够节省时间和金钱，公司内部也不用进行那么多针对人力资源的“授权”了。

作为基层管理人员，弗莱德对这个决定也感到满心欢喜。他以后就不必再应付数量惊人的繁文缛节、冗长的劝说过程以及基本上无须召开的会议，而可以直接放手开展工作了。

趋势是令人振奋的，每个人都预言公司内部的健康转变和发展即将到来。

做出该决定不到一个星期，弗莱德就有了一个机会处理他的新角色带来的主要问题。一个顾客来电话说，自己的保险细目出了问题，这使得他在接收弗莱德的公司发出的大批货物时，闹得非常为难。弗莱德仔细考虑了一番后，做出了他认为可能的最好决定。

“你是个好主顾，我们很重视与你的生意。把那批货物退回来，你保险上的问题解决以后，我们再重新商量。”弗莱德认为自己这样做符合公司强调顾客满意的原则，对自己做出这个决定感到欣慰。

可当鲍勃知道以后，简直暴跳如雷。

他勃然大怒："你怎么能告诉他把货再发回来呢？我们前一阵子就总是退货、退货，刚刚到头，根本就没有地方——没有地方——来存放，也没有多余的钱来支付如此一大笔退货的运费。"

"但是公司顾客满意的政策又算什么？"弗莱德诘问道："我们说话到底还算数不算？"

"当然算，我们是要让顾客满意。但这并不是说，他们的错误我们都要全部替他们顶下来。你本不应该这样处理。"

弗莱德出来时，一肚子都是火，心想以后再也不出头担这个责任了。鲍勃坐在椅子上，双手紧紧地抱着头，怎么也不明白为什么世界上的基层管理人员都如此无能，他决心以后再也不让弗莱德担要紧的责任了。

很明显，有效授权的需要与组织监控的需要产生了尖锐的冲突。

旷日持久的冲突

这样的情景每天都在发生，包括商业、政治、服务、甚至家庭在内的各种组织团体都在不同层面存在着这个问题。这被很多人视为是管理的统一性与更大程度上自我监管之间的冲突。

组织监控—冲突—自我监管

这种情景一次又一次地重现，就成为了“旷日持久的冲突”，这样的话对双方都没有好处，它会使彼此越来越不信任对方，会导致各自为政、“窥探揭短”、严酷管理以及长期紧张。

组织内部需要完全统一、方向一致和延续不断的管理，这是显而易见的。但是，给个人下放更多权力和自由的需要也同样明显——这既是为个人有效工作也是为组织有效运作，同样也是为了让即将做出的决定尽可能地符合其后的行动。问题的核心不是冲突，而是认为冲突存在这种想法，这是一种二元对立思维方式的模式和心理框架，“非此即彼”的想法即由此而来。

要想达到高效运转，并不是要么进行组织监控，要么进行自我监管才能实现。这两种价值观都是正确合理的。对组织的有效运作来说，两种因素都至关重要。组织监控和自我监管绝对不是“此或彼”的逻辑，而是“此与彼”的逻辑。

在“接受授权”的组织中，每个人有知识、有技巧、有渴求、有机会，在通向组织团队的集体成功的道路上，达到个人的成功。上述旷日持久的冲突当中的两个因素，如何才能转化为良性授权的条件，要对此进行理解，就必须审查我们基本的组织模式。

机械原理模式和农业原理模式

很多人都以一种机械原理的模式或心理来考虑组织团体，认为组织就是一台机器，如果出了毛病，就需要修理。如果能够发现问题所在，找到完好的部件，装配好，再开启，它就能恢复运转了。

但是组织团体遵循的不是机械原理，而是生物有机体的原理。用农业模式来看待组织团体就是把它看作活生生的东西，构成它的都是活生生的人。有生命的东西不是更换掉坏零件就马上能够修好的，它们要经过长时间的滋养才能够产生预期的结果。

能够培育组织团体内部预期成果的不是“机械师”，而是“农艺师”。农艺师知道生命孕育在种子当中。尽管农艺师本身不可能促使种子生长，但是他能够选择最好的种子，利用“此与彼”逻辑，创造条件——适当的土壤温度，足够的阳光、水量、肥料、锄草、栽培和时间，以此在最大程度上促进生长。

组织团体的农艺师用6个关键条件来促进组织内部的授权（亦即第十八章介绍的6个条件）。

条件之一就是通过双赢协定来直接解决授权个人和组织监控之间存在的旷日持久的冲突，双赢协定就是要同时兼顾个人的“赢”以及组织团体的“赢”。这样的协定建立在“此与彼”逻辑的基础上，寻求互惠互利，努力促使组织团体的关注内容和组织团体内部个人的关注内容之间产生更大的重合。

组织 组织监控	——————	个人 自我监控

双赢协定本质上是个人之间的契约，代表的是在五个方面提前进行的清楚的理解和承诺。

预期的成果——而不是方法——明确指出需要做到的内容（目的和目标）以及时限。

行动纲领。详细说明各种限定因素（原则和政策），对实现目标的限定。

资源。明确说明为了帮助实现目标，能够提供的人力、资金、技术或者组织的支持。

责任制度。设定行为的标准、评估的时间以及衡量进度的办法。

结果。详细说明完成评估后责任方会得到什么——好的与坏的，自然的和逻辑的。它们将阐明“为什么做的原因”。

这样的协定提供了必要的授权结构，但是双赢并不仅仅是个契约，它还是组织内部思考和互动的方式，能够给包括顾客，股东和雇员在内的所有利益关联人员带来巨大的利益。它是这样一个模式：

永远谋求最大程度上的互利，富有创造性，并且选择不是非此即彼的第三条解决方案。

当个体的日常行动以双赢框架为依据时，组织监管和自我监督就不再被视为互相冲突的价值观了。实际上，它们成为了授权的两个附加条件。

“监管”并不是意味着一些人监管其他人，而是意味着整个组织处于“监管”之下——各方互相信赖，通力合作，实现企盼的目标。这个条件在更广泛的意义上能够被称作“责任制度”。

对于所有的业绩，组织对组织内部的成员负责；对于工作行为，个人对组织负责。对于组织的整体协作，组织的各个组成部分之间都互相负责。

在责任制度的框架内，工作努力与组织需要的方向是一致的，组织有能力监管和支持个人和群体的行为。要完成一件任务，大家都会感觉到责任的存在，彼此的信任程度很高。

这样，自我监督就成为了实践程序，个人据此来计划、实施和监管自己的行为。双赢格局促进了有效的授权，于是个人能够掌握获得权力的基本因素——知识、技巧、渴望和机会。浪费在互相揭短上的时间和金钱就能够解放出来，投资到高层的领导和管理行动当中去。

双赢协定	
组织监控	自我监控

正如每个农艺师都知道的那样，你必须对你想培育的东西进行浇灌。如果个人渴求的成果就是在高度信任的双赢企业文化中有效地合作，促进这些成果的有利的体制和结构就必须创立起来。激励雇员进行竞争的补偿体制无法促进合作。对直接线形责任制度起妨碍作用的沟通体制也会限制工作的效率。体制和结构（组织框架和岗位说明）必须促进，而不是阻碍实现预期的成果。

双赢协定	
组织监控	自我监控
有益的体制和结构	

授权的核心因素

双赢协定、责任制度、自我监督以及有益的体制和结构这四个条件提供了一个框架，在这个框架中授权成为可能。它是否能够成为现实取决于两个关键条件是否有力，而正是这两个关键条件将生命力赋予了上述四个条件。

在互相怀疑和缺乏信任的氛围当中是不可能做到真正的双赢的。由于有关各方的尔虞我诈，缺乏责任或者自私自利所带来的问题，多少冗长的磋商都解决不了。信任的先决条件是值得信赖，因此，授权的核心因素理所应当地是人的本性。

能够达成双赢的高度信任的文化氛围，是诚信、成熟和心智健全的人们创造的。于己于人，诚信的人都会一诺千金；成熟的人勇敢而又思虑周全，他们能够在大胆地表达自己的观点和感受的同时，又顾及到他人的观点和感受。心智健全的人认为，大家完全能够各取所需，他们高度重视他人，承认第三种解决方案有着无穷的潜力。有着这样本性的人才能够以真正的协作精神和创造能力，毫无羁绊地互相配合，信任度低的文化氛围中常见的猜忌和疑心根本不会制约到他们。

与本性紧密相连的，就是授权核心因素的其他条件——基本的技能，它包括：沟通技能，即高度理解他人，同时也得到他人高度理解的能力；组织技能，即计划行动的能力；以及协作解决问题的技能，即达成第三种解决方案的技能。知道双赢协定是什么并不等于知道如何去建立它。

这六个条件能够促进成功的授权。尽管一个人无法通过“维修”他人的残损性格或者“更换”效果不佳的技能，来创造积极的转变，然而还是存在一些特定的要点，领导人员如果能在他们的影响范围内做到这几点，就可以在任何生机勃勃的组织当中进行授权了。

1. 在所有的六个领域当中，制订详细目录，以评估个人和组织的效率。

2. 重点强调促使人的性格和技能发生转变，然后拓展到互相

双赢协定
本性

组织监控　　自我监控

技能
有益的体制和结构

依靠的影响范围之内。

3. 开始执行与上级或下级创建双赢协定的程序。

4. 努力建立和加强组织内部的支持系统和结构。

5. 教化，说明和强化。

这些行动的步骤不是“速效维修”的技术，它们的发展和变化原理是全面且经过时间检验的。领导人员如果选择经久不衰的原则作为他们领导模式核心的基础，就会知道统摄人的自然法则与统摄物的自然法则是同样地千真万确。他们了解，个人的发展和组织的发展遵循的程序，与园林里植物的生长遵循的程序是相同的。

以原则为核心的领导人员还清楚，发展的动力来自内部，因此他们关注的重点首先是改变他们自己，然后才是把这样的转变扩展到组织内的其他影响范围中去。如果他们能提高自身的能力，努力以农艺师一般的适当方法引入正确的原则，对这个有效运作的组织以及组织中的工作人员来说，授权就可以必要地实现了。

第二十一章

邀请别人讨论问题

INVOLVING PEOPLE IN THE PROBLEM

参与是贯彻变革和增强决心的关键。我们通常对自己的观点产生的兴趣，要比对他人的意见浓厚得多。如果我们置身事外，就很可能抵制变革。但是在你开始邀请别人参与讨论你的组织团体的问题之前，可能愿意学习一点新技巧。我先从头说起：

有一次，我和一个上了年纪、体重超标的内科医生打壁球，他告诉我说，自己年轻的时候经常打。尽管如此，由于他的体形实在是臃肿，我料想他不会是我的对手，因此，我根本没怎么练习。

可是我错了。尽管我的体形比他标准很多，求胜的欲望也很强烈，但他的主动攻击的得分比我还多，他高超的技巧弥补了体形的不足。第一盘我险胜，但是在接下来的两盘里，他把我打了个落花流水。

我不住地对自己说："如果我想赢，就必须改变打法。"我也试图去做了，但是由于某种原因我无法做到。他完全在牵着我的鼻子走。我努力去争取掌握主动，发起攻击，试图更加凶狠，但就是缺少主动攻击的能力和技巧。我尝试着客观地估量形势，做出一些调整，但是却无济于事。

管理人员的两难境地

企业管理人员有时发现自己处于类似上文提到的两难境地之中。他们感觉应该在竞争激烈的市场中做得更好，但是却似乎无力进行必要的变革。推动人和组织的变革不是件简单的事。我们要寻求推动力量、观察大家的态度、培养技巧水平、争取他人的理解、动摇根深蒂固的模式。人们容易坚持旧的观点，旧的方法，旧的习惯。而旧的作风和习惯是很难改变的。

形成或者打破一个习惯都需要广泛的拥护，拥护的源泉就是参与，它就像变革过程当中的催化剂。

当然，参与的不利方面就是有风险。如果邀请别人参与讨论问题，就会冒失去控制的风险。不让别人参与问题的讨论，而仅仅是告诉他们、指导他们、建议他们，这样做要容易得多、简单得多、安全得多，而且似乎还有效得多。

ITT公司前总裁哈罗德·吉尼在他的《管理》一书中写道："大部分首席执行官陷入了独裁的角色当中，而没有意识到一些事情已经起了变化。他们的转变很细微，因为做一个独揽大权的人要容易一些，而且耗费的时间也会更少。"

很多独揽大权的管理人员和行政人员并不是独裁者。他们当中很多人其实很和善。他们通过把"人际关系"原则利用到极致来对行动进行指导，以获得预期的结果。

而依据"人本资源"来进行管理就像离开了安全地带。邀请别人参与是冒险之舟的船票。管理人员在一开始的确不知道，什么事情将会发生以及结局会是什么。冒这个险值得吗？

吉尼回答道："美国式的管理有一个根本问题，就是多年以来已经失去了探险的热情，从而不愿冒险，不愿做别人没有做过的事情。造成这种局面的原因，是错误地相信大家都认定职业管理人员对自己的所作所为抱有坚定的信念，从来不会犯错误。"

因此，管理人员便被困在这样的两种管理立场之间——发布命令、大权独揽式的人际关系方案比较安全，效率也较高；人力资源式的参与原则风险远远大于前者，但是它的效率要比前者高无数倍。

质量和拥护

一个高效的决议包含两个方面：决议本身的质量和大伙的拥护程度。我们可以对这两个方面加以衡量，并且把二者相乘，来判定效率的高下。

例如，假设我们做出了一个质量很高的决议，能够得到10分制的满分，但是由于种种原因，大伙对该决议的拥护程度很低，只能给10分制的2分，自然，10乘以2等于20，其效率指数是20；这说明尽管这是个高质量的决议，但其决议效率却是相对较低的。

那么我们再假设，如果邀请他人参与，造成的折中妥协影响了决议的质量，使之从10降低到了7，但是拥护程度却能从2升高到8。

在这种情况下，我们的效率指数就成了56（7乘以8得56）。这意味着决议本身的质量可能不是很高，但是所创造的效率却几乎增加了两倍！

尽管如此，很多年轻的或者是新入行的管理人员对邀请他人参与决议还是心存疑虑，生怕这样做会造成其他的选择，影响到自己的思考，或者令自己的立场产生动摇妥协。

最终，大多数管理人员都是从经验中领会到，决议的效率取决于质量和拥护两个方面，拥护的前提是大家都有所参与。这样他们才乐意承担风险，培养邀请他人适当参与的技能。

推动和限制力量

科尔特·莱温是个伟大的社会科学家，他为我们对变革过程的认识做出了巨大贡献。他40多年前提出的力量场分析理论对变革过程中发挥作用的动力进行了描绘。

下方的线代表目前的行动或行为水平，上方的虚线代表变革活动所预期要达到的水平，也可能被称作“目标”的水平。指向第一条线的向下箭头是“限制力量”，向上的箭头代表“推动力量”。有些时候限制力量也可以称作“抗拒力量”，或者“阻碍力量”，推动力量的箭头通常也叫作“促进力量”。目前的行为或行动水平就等于推动力量和限制力量之间的平衡。

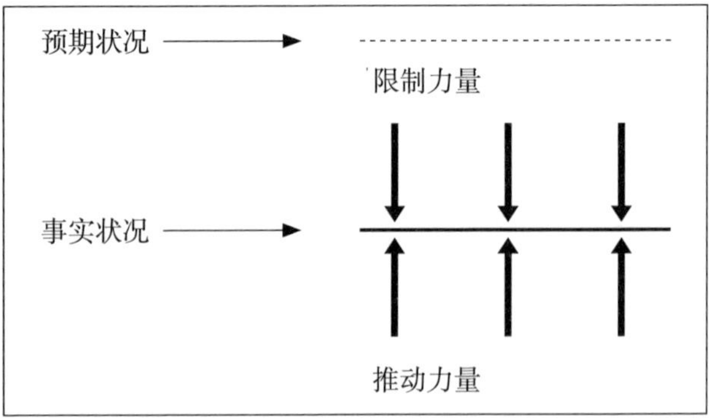

二战期间，莱温接受了一项美国政府赋予的使命，去尝试怎样才能改变美国家庭主妇的购买、烹饪和饮食习惯，这成为他最早、也是最有意义的研究之一。为了配合战争，政府机构鼓励妇女多购买和烹用牛的下水内脏，少购买牛肉。

为了鼓励和促使主妇们购买牛的内脏来为家人做饭，他们摆事实讲道理，简直把所有的推动力量都展现了出来——称这能体现爱国主义、内脏很容易买到，而且经济实惠，营养价值也不低。但是，他们低估了限制力量的作用。人们完全不习惯食用舌头、心脏和腰子。主妇们对这些东西的购买和烹饪等相关知识也一无所知。她们还担心家里人不愿意吃。

主妇们始终抗拒转变，一直到她们开始在一起碰头，对问题的实质有所了解以后，情况才开始变化。当主妇们实际参与到问题的本质中来之后（与政府面临的问题相同），她们的态度就逐渐松动了，这些人随之开始“解冻”自己的观念、开阔自己的眼界而且认真地考虑各种选择方案。当这些主妇逐渐明白，她们食谱上的转变能够有助于战争的胜利，而且当她们能够不怕遭遇责难、尴尬、或者嘲笑和怀疑，毫无保留地表达自己的观点以后，很多人确实改变了购买和饮食习惯。

莱温和政府得到了一个重要的教训：

人们亲身参与到问题当中以后，他们就会以极大的热情，全心全意地提出问题的解决方案。

问题的解决方案

我个人就能够证明邀请他人参与讨论问题的巨大力量，甚至在家庭问题当中也可以做到。

一天晚上，我和大女儿一起闲聊，说到了她的一些感受和担忧。在我听了一阵以后，她问我是否想说点什么。我决心让她参与到时常令我和妻子感到恼火的难题当中来。这个难题就是，在晚上如何才能早点让小孩都上床睡觉，以此保证他们有足够的睡眠，同时让我们也有一点属于自己的时间。

令我惊诧不已的是，她的确提出了一些真知灼见。一旦参与到问题当中来以后，她就感觉到了自己的责任，而具有高度责任感的参与对问题的解决大有促进。

还有一次，我既不想花费大量的时间和金钱来维护我的车，又想让它保持良好的行驶状态。于是，我找了一家当地汽车维修站的经理，并且使他参与到问题当中来。我表达了对他和他的判断能力的信任。他感觉到自己参与到了问题当中以后，就立刻变得对结果非常负责了。他对待我的汽车非常仔细，就好像那是他自己的一样，亲自对我的几辆汽车进行了维护，做了预防性检测，最后给了我一个最公道的价格。

在全世界范围内，聪明的领导人员和企业管理人员以不同的方式，运用这个简单的原则已经很多年了。他们知道，当人们真正参与进来的时候，就会心甘情愿，竭尽所能地做到最好。除此之外，当人们把自己的个人目标和组织目标等同起来之后，他们就会释放出巨大的能量，显示出惊人的创造能力，同时对事业无限忠诚。

哈罗德·吉尼的书中还有这样的话：

面临决策的时候，管理人员的心理状态是最重要的。我要求ITT的行政管理人员要有丰富的想象力和创造力，同时还要以客观的态度对待即将出现的形势。公司的氛围怎么样，完全取决于首席执行官。对我来说，要建立快乐与繁荣的气氛，最重要的因素就是始终坚持让管理层的上上下下进行开诚布公、无拘无束和诚实互信的沟通。

增强推动力量还是削弱限制力量

在学习力量场分析理论的时候，管理人员经常提出的问题就是："最佳解决方法是什么？是增强推动力量还是削弱限制力量？"

当然，最容易、最简单的方法就是增强推动力量，因为我们能够对其进行控制。长期以来，使用得最多的就是这种方法，尽管它的效果稍有逊色。事实上，人们经常施加巨大的推动力。利用力量场分析图来说，就是增加两到三个箭头的力量以使公司的运作和个人的行动上升到预期的水平。但是这却没有改变限制力量的本质要素。它们不过是再在较高的水平上制造新的紧张形势而已，一旦压力有所放松，行为水平马上就弹回到原有的标准或水平去了。

每当一个组织团体内部新的管理原则层出不穷，前仆后继之时，就会发生这样的现象。譬如说，在一段时间之内，公司对于成本意识进行突出地强调和推动，一直到每个人都对成本极度敏感，而销售都已经被大家忘却；可以预见的是，这时市场与销售又会重新得到着重强调和推动，每个人都越来越遵从以顾客和服务为主的导向，一直到一点一点地恢复销售水平，但是这时却再次失去了对成本的控制。当工作人员逐渐变得悲观自私以后，管理人员又会举办大量的社交活动和聚会，或者组织保龄球赛来增强凝聚力，他们在郊外俱乐部的气氛当中歌舞升平，又把销售和成本都抛在了脑后。

一个组织团体如果总是在这样的周期当中打转，老是不停地应付危局的话，很快就会悲观自私的。信任指数也会降到极低的程度。当整个氛围演变成“我们和他们”（管理者和被管理者）的两极分化之后，沟通程序也就随之失去作用了。在这种局面下，再利用新的推动力量，或者是借助新的技巧，如果不是无济于事的话，也将会收效甚微——就算包装得再冠冕堂皇，再有外面的专家摇旗呐喊，也改变不了这样的结局。由于悲观自私的思想已经非常浓厚，信任程度也已经很低，再进行任何新的举措都会被视为管理层为达到自己的目的所施的花招。

增强推动力量还是削弱限制力量的问题其实与这样的问题相差无几：“如果我正在驾驶汽车时，发现手动刹车没有完全放开，这时我应该松开刹车还是踩油门？”踩油门的确可能增加速度，但是引擎会因此烧坏。相反，松开刹车将令加速更加容易。

据此，我建议应该把主要精力，通常是三分之二的精力花费到减少限制力量上去，然后把剩下三分之一的精力用于增强推动力量。但是，具体情况变化多端，我们首先应该对限制力量进行根本研究之后，再着手行动。这样的话，很多限制力量都能够转化为推动力量。

通过邀请他人参与讨论问题，我们将释放他们已经拥有的很多自然推动力量。当外部推动力量同时与内部的推动力量和动机一起作用时，我们就形成了一个通力协作解决问题的团队。

第二十二章

利用相关人员信息系统

USING STAKEHOLDER INFORMATION SYSTEMS

有一次，一家大型银行机构请我帮忙，原因是他们的中层管理人员大量地流失，高层不明就里。

他们所掌握的唯一的人力资源信息就是传闻轶事，主要的渠道是非正式谈话，这样的信息资源很不全面，也不完整，因为其中夹杂着太多的感情因素，抽样也欠科学。从这样的谈话渠道所获得的信息出发，管理层认为问题出在薪金制度上。于是他们修订了薪金制度，然而却发现这根本无济于事。

我们用自己的人力资源调查统计系统搜集了可靠的信息，发现问题其实是这样的:他们吸引了大量有着开拓进取精神的人才，却让他们屈居中层岗位，终日与枯燥乏味的数字打交道，这些人没有挑战，难以兴奋起来，内在的价值也就得不到满足。

他们得到我们的反馈后，立刻就依据现实情况进行了修正，以激励开拓进取人才以及奖励开拓进取精神为核心，对组织结构进行了重组。此后，这家银行便很少流失人才了，只有确实不适合企业文化的人才会离开。在整个组织团体内，这个变革释放了巨大的能量，解开了对人才的羁绊，因为大家再也不受陈旧的制度、规定、程序和政策的束缚了。

对人进行分析说明

如果我们的信息系统对人的分析说明不能够做到像对物那样清楚准确，我们的组织管理永远都只能在黑暗中进行。当然，一些人并不介意黑暗，尤其是信奉“蘑菇管理”的那些人，他们的主要管理信条就像“把人圈在黑暗中，然后大量施肥，等到完全成熟时，把头砍下来装在罐子里。”

坚持原则的领导信奉的准则在以下的辩护中得到了很好的阐述：

> 怯懦者畏惧新知，懒惰者安于半解，骄傲者自诩全知，啊，愿真知之神拯救我等。

组织是一个生态体系，它的信息系统必须对整个环境加以研究分析，才能帮助行政管理人员了解局势变化。只有行政管理人员了解了局势变化，其判断和决策才不会出现缺陷、歪曲、片面、和失准。人们只相信自己愿意相信的东西，也就容易相信自己强烈期望的东西。

正因为组织是生态体系，它才需要信息系统对所有的工作人员进行分析。大多数公司的主要信息系统就是财会系统，但是财会系统只能分析可测量的东西，对于人员的问题和挑战是无能为力的。东西是程序，而人是制订程序的。

要分析诊断人的问题、监督工作人员、了解问题久远的根源和原因，财会系统并不是适宜的工具。它几乎只关注重大问题和表面现象，譬如收益，成本等等。仅仅依靠财会信息系统的管理人员对局势的认识完全是歪曲的。

弄清组织内部形势图

我们开发了一套精妙的诊察系统，用来帮助行政管理人员搜集和整理资料，从而弄清组织内外到底发生了什么事。我们把这个系统称为“人力资源调查统计系统”或者“利益关联人员信息系统”。它能够借助一些个人和组织的素描调查以及他们自己的诊察和识别技巧，从根本上协助行政管理人员跟踪了解所有利益关联人员的情况。

譬如说，一家连锁大酒店的最高管理层几年之前发现酒店出了问题：利润在下滑，生产率也在下降，员工情绪不振。他们能够觉察到一股不满的暗流在汹涌，但是却无法确定原因。这家酒店的高层没有准确的信息系统来协助决策，于是请我作为顾问，希望我能够尽快找到原因。

然而组织评估显示，问题其实出在人员缺乏培训上。他们无法肯定管理层希望他们做什么，也不知道怎么去做。该调查指出了几个员工认为需要改善的领域：体制效率，工作环境，以及部门关系。该酒店的行政管理人员发现了这些信息的可贵，于是他们决定此后每年都进行一次这样的调查。

另外一个例子是，一家公司的首席执行官以为自己和公司都是以人为本的，但是进行了调查之后，我们发现整个公司的人都没有事业发展的观念，他们不清楚如何干事业，也不知道表现优异对自己意味着什么。因此，公司的大部分管理人员都在纷纷准备跳槽，或者是在考虑跳槽。这位首席执行官了解了他们的感受之后，就能够对局面进行补救，从而避免了这样的形势造成关键人员的流失。对他来说，这个调查展示了一个危险的“盲点”。

为了搞清楚组织内部所有员工的情况，你需要跟踪了解：① 人员状况（他们的想法、价值观、习惯、能力和天赋）；② 有形组织状况（物质环境、技术、战略、机构、政策和程序）；③ 无形组织状况或者文化氛围（人和组织的互动中体现出来的价值观和规范）。

尽管搜集这些资料会花费一定时间，但是如果以正确的方法完成的话，它将为你提供一幅组织内部形势的精准图像。

- **人员系统**　人员系统包括自我系统。人们的想法和感觉会左右自己的行为。在考察人的强项和弱点时，应该搜集尽可能多的资料。个人档案能够显示员工的一些事实，但是管理人员还应该补充进自己的认识，可以通过一对一的观察，团体会议，公开介绍以及建议体制来做到这一点，还可以利用一些科学仪器，它们能够使我们更加客观地了解员工情况。与传统的物质和财务资源统计分析相比，人力资源调查统计可能会被视为主观和不确切，但是，我们必须承认，“不确切”的人力资源信息其实是能够“确切”的。一个组织如果利用了有效的利益关联人员信息系统，那将会获得巨大的竞争优势。

- **有形组织**　当我们开始分析调查有形组织的强项和弱点时，其实也就是回到人本身这个问题上来了，因为所有的背景因素最终都会归于人的价值观，动机和认识。有形组织实际上是抽象的，它之所以有可能显得具体有形，是因为我们能够以图表来说明它，也能够对其进行计量，还能够解释阐明它的销售和成本。但是，组织图、工作说明、链式命令结构、线形管辖分布、沟通渠道实际上都不过是对一些东西的抽象描绘而已。外部背景因素包括经济、社会、政治、文化趋势，而这些趋势是人们的观念，动机和价值取向形成的，它们能使我们知道什么事情发生了，大家内心的想法是什么，以及在未来的日子里，他们可能做什么、想什么。在各个特定行业里，研究这些趋势，使我们特有的优点和能力适应行业的趋势，具有非常重要的意义。

内部背景因素基本上体现的都是构成我们组织基础的传统习惯，以及企业创立者、所有者和领导者的价值观念。我们一旦审查了这些外部和内部背景因素，就能够观察到发展战略和组织结构是如何形成的，以及象征着组织肌体，神经和动脉的多种多样的体制，政策和程序又是怎样建立的。

• **无形组织**　现在，当我们利用物质环境、科学技术、发展战略、结构框架和体制系统，把人员（包括我们自己）融入到有形组织内的时候，我们就是在建立企业文化，也就是无形组织，它也有一套价值取向，规范模式，道德观念，以及不成文的期望和想法。

当无形组织的规范与有形组织的标准产生冲突的时候，管理层与劳工之间（“我们”和“他们”之间）的敌对情绪就产生了。在敌对的气氛中，管理层的思考方式会不可避免地倾向于控制和指挥员工的行为，而较少以释放人的潜力作为考虑问题的原则。释放人的潜力的目的是双赢目标，人的需要和兴趣与组织的需要和兴趣在双赢目标中是重合的。

文化是很不容易界定的，而衡量起来甚至还要更难，但是，你可以感觉它。我们通常不能直接改变文化，但是却可以改变自我系统，也就是我们的本性和技能。对于有形组织，我们可以做很多事情，以此来改变我们组织人员，划分工作和确定职责的方式。

如果我们处理这些事情的方法明智的话，就能逐渐促进一种双赢文化的形成。但是如果我们缺乏真挚和诚实，而只是做一些事情来取悦和安抚员工的话，那么最终形成的文化氛围完全可能比以前更加悲观自私，人人自保和互相提防的现象会更加严重。肌体创造的免疫机制能够护卫它的健康，文化也可能起到相同的作用。我们尽管无法立刻而又直接地改善自身的健康状况，但是却可以通过遵循一些自然的健康法则，使其在一段时间之后得到改进。同样，如果遵循正确的原则——公正原则，人际关系原则和目的原则，并且把这些原则融入组织结构和体制当中，我们就能够对文化氛围产生巨大的影响。

在我们搜集和分析组织内部形势的资料时，方法越科学，步伐越稳健，我们就越会三思而后行，仔细考虑草率地颐指气使、压服别人和勉强行事是否明智。与此相反，我们从此会不惜代价地通过培养来促进个人的成熟，锤炼性格的力量，同时使自己逐渐具备对改善文化起到催化作用的必要技能。我们明白，如果想让大家对后果负责的话，就再也不能把工作方法强加于人，也不能死死盯住他人的工作方式了。我们开始与员工建立双赢协定，促使他们培养一些预期的技能和性格品质，允许他们依据协定的条款自己监督自己。我们会设立有效的结构和体制，要求员工按期述职。

这都需要时间，耐心和自律。而与他人组成团队，以及明确对所有相关人员都有意义的目标都需要互动。这个过程可能艰苦卓绝，但是从长远看来，这个过程再艰苦、再充满风险、再耗费时间，也远远好过在黑暗中进行管理，因为在黑暗中管理缺少的是最重要的资源——人的准确资料。

你的体制效率如何

评估人力资源和建立利益关联人员信息系统的主要原因，是为了更加有效地处理人的问题，这里面包括雇员和其他利益关联人员：供货商、客户、投资人等等。决策人需要观察一幅不偏不倚的画面，以容易利用的方式接收信息。

很多评估程序都失败了，因为行政人员在计划行动和解决问题时，没有让提供反馈的人参与，而他们进行上述活动时，却是以这些人的反馈为基础的。当你从人们那里得到良好的反馈时，你需要采取相应的行动。通常你需要一个外部的机构或者内部的顾问——一些给问题解决程序带来能量、技术和训练方法的催化因素。

解决问题的典型程序包括以下8个步骤：

· 搜集资料
· 分析资料
· 选择及按重要程度排列目标
· 提出和分析可选方案
· 选择（决策）
· 计划行动步骤以贯彻决议
· 执行计划
· 对照目标研究结果

现在回头说第一步。

相比较而言，人力资源调查统计系统的开头和结尾通常都是搜集资料。我们平常很可能只做一点点分析，也不借助任何培训和工具。这样，我们依据自己的调查分析制订目标、通盘考虑各种选择方案、制定和贯彻决策时，就会有得也有失。

当我们进行评估和调查时，就在大家心中造成了期望，他们会认为，搜集到的资料会被用于制定决策。可如果解决问题的时候没有围绕这些反馈来进行，大家就会感到失望，因为他们的期望没能满足。此外，如果管理人员以及组织机构、体制和作风侧重的仍然还是财会统计数据的话，企业的文化气氛就会发生变化，变得对民意调查不屑一顾。

制定决策的人很可能观察到这些负面影响，从而也会误入歧途。这样，他们就返回到老路子上去了，描绘结果的数据由于没有风险，因此尽管相当片面和残缺，他们也愿意相信，而反映原因和完整画面的信息反而得不到他们的青睐。

这样，财会分析系统就会取代人力资源调查统计系统，因为前者显得确切、精准、科学、条理分明、客观明确，而后者似乎非常模糊、主观、欠精确、弹性大、含混、乱七八糟，简直就是潘多拉魔盒里的魔鬼。我们的评估工具其实也能够做到与财会分析一样精准，确切和客观的，但是说到底，所有的说明和信息系统都是主观的，因为它们都建立在假设的基础之上。这就是为什么我们在选美大赛和颁奖典礼上使用电脑数据的原因：赋予其以客观的外表，而实际上这些评判都是主观的。

客观仅仅意味着更多的观点。有一次，我受雇于一所知名大学的行政委员会时曾说："我们必须在接收学生的时候考察领导才能。"得到的回答是："不行，我们怎么能告诉家长，'我们不能接收您的儿子，因为他不具备领导潜质'呢？"就这样，考试成绩成了我们考核的唯一尺度，因为用这套"客观"的标准能够得出更加容易预测的结果。

商业和工业有着同样的问题，那就是从一开始如何能做到以预测结果的方式去评估人。如果我们长于管理而拙于领导，那么该怎样去纠正这种不平衡？我们有处理选拔和聘用的评估手段，但是这些手段大部分都只能起到示警作用，它们不能对动机进行测试，而动机是行为的关键因素。

我最近读了一本书后得知，目前能够度量的智力因素有7种，而用于判定智商的只有言语数学逻辑指数这一种因素。不管怎么说，现在能够衡量的还有其他6种因素：肌肉运动知觉、空间感觉、人际能力、内心素质、创造能力和审美能力。研究显示，在这7项当中，每个人其实至少都有一项得分非常高。

使用评估手段（就像我们的“7种行为图示”）来测评人的能力或表现有一个优点，就是能够得到测试前和测试后的数据。对接受我们培训的人来说，都从外力监管变成了自我监督。这样的培训也创造了一个光环效应，这也就是说，如果你进行了测评和记录，人们就倾向于做得更好。事实上，所有的测评内容都会有所提高。

要说短期效应，我们的培训和评估可能有一个缺点，那就是让人们变得越发活跃起来，过一段时间之后会形成人心思动的亚文化氛围。因为他们开始发现，生活中存在着多种选择。不过，好在净效应一般都还是造成人和工作、人的需求和组织需求之间更加合拍。一些人说：“你知道，如果开始提问题搞评估的话，我们可能会流失一些人。”虽说如此，如果人和组织不合拍，不管怎么样都会在工作岗位上产生阻碍效应的。然而，如果把短期和确切的数据与长期和模糊的数据放在一起进行比较，人们一般还是会选择短期和确切的数据。当人们围着金蛋转的时候，鹅的健康和福利就置之度外了。

开始评估客户

建立人力资源调查制度应该从客户信息系统开始，但是也不能忽略了其他的利益关联人员，包括股东。现在这个世界上，举债筹资控股成为时尚，股权转手一般都不怀好意，如果你不评估这些股东的话，就是给自己招惹祸端。除非你定期调查分析你所有的利益关联人员，否则你的组织团体可能无法在竞争中立足。

人们很不容易听进这样的话。我曾经同一些工程师进行过交谈，他们一定是用左脑思考技术和科技问题已经成了习惯。我告诉他们说："你们主要的问题是人的问题，人的问题是不能用物的思维模式来解决的。"听到话被我用那样的方式说出来，他们很震惊，但是却都表示同意。

如果你强调的是短期产出，那么就只需要财务信息系统来为你的人服务，尽管这些系统主要是为公司老板和管理人员服务的，他们需要别人回答的是这些问题的答案："销量怎么样？""纯利润怎么样？""投资回报如何？""我的红利如何？""我怎么才能负担我的生活方式？""我怎么能达到想要的收入或发展？"他们一般都不清楚，如果所有利益关联人员之间能够和谐相处的话，长期的回报将会更高。

公司所有者推行财务会计系统，管理人员便投其所好，雇员成了达成目的的手段，从而得不到尊重。这种局面一直持续到我们与很多日本公司竞争，它们的管理人员学会了如何去调动，激励和尊重各层人员。现在我们倾听雇员的意见，是因为他们在最前沿阵地。他们是与客户打交道的人。人力资源调查统计的目的是持续不断地进行质量的改进，团队的建设以及个人的进步。当然，甚至得到一些反馈的人也可能陷入困境，停滞不前。原因之

—其实是他们得到的反馈不正确。然而他们从此就重新开始贪图安逸，变得傲慢，懒惰，胆小怕事。他们不愿意面对一些现实情况。反映情况的镜子太清楚了，他们不愿意直面赤条条的自己。

只有素质非凡的首席执行官才肯主动把自己暴露出来经受外部的审查，才会建立信息系统，让自己对其他利益关联人员负责。

托罗公司的肯·梅尔罗斯就是这样的首席执行官。他在办公室外面放了一张图表，因为他想让人们知道自己是如何对照一定的目标行事的。通过对自己的行动进行衡量和图示，他使自己成为一个负责任的人，同时也驱使自己进行改进。

如果对自己进行衡量，再贴出来公示，你就会不断加以改进。医生现在都使用生理反馈来评估危重病人的情况。我听说有一位医生在天花板上，病人的头顶处装了一台反馈监测器，用一根指针指示“生或者死”。病人所需要做的，就是盯着它看就行了，但是他们身体内部情况的信息就这么传递给了医生。医生利用这种反馈，就能够对似乎偶然的身体变化进行控制了。

很多美国公司发生的事情基本上就是这样。它们从市场得到反馈，说“你正在生死关头”或者“你命悬一线，最好对此有所行动”。

被人用言语贬低，总好过为环境所迫，境况江河日下。但是，如果自己不是评估程序或者团体中的一员，几乎没有人会进行这样的评估程序。只有一些经常进行内省、自我激励程度特别高的人，才可能以非正式的手段，寻求反馈来估量自己的效率。

具有讽刺意味的是，一个人越关心别人怎么想，他就越不能承受这样做的后果，因为他对此太过于敏感了。因此它就会避免知道这样的信息。要搞清楚你对他的看法，这样的风险他怎么能冒呢？如果你瞧不起他，那该怎么办呢？

相反的情况也是这样的。一个人越不需要关心别人怎么想，他反而越关心别人怎么想。因为我们的安全感并非得自他人，而是得自我们自己，得自对自己的价值系统的恪守。如果我们看重与他人相处时对他们的影响，我们就会相应地调整自己的风格、技巧和观点。我们会从自身得到安全感，从他人那里得到实效。

团体和个人如果寻求和利用别人对其行为的客观反馈，通常就会具有内心的安全感，就会更加谦恭，更加开放，更加愿意学习和适应。一些人也许会说他们太天真，因为他们软弱，不够坚定。但是如果不变的内心源泉能给他们带来安全感，他们就能够承受表面上软弱和善变的后果。

改进的四个层次

一个管理人员投资利益关联人员信息系统时，必须引进整套模式，在四个层面上进行持续不断的改进：个人，人际，管理，组织。这四个层面都是必要的。任何一个层面被忽视都会对其他层面造成负面的多米诺效应，使整座用卡片砌成的房屋坍塌。

如果我们不值得信任，我们又怎么获得他人的信任（人际层面上的信任）呢？如果我们得不到他人的信任，我们又怎么赋予他人工作的意识，以达到预定的目标呢？我们国家之所以有现在的管理监控作风，是因为信任程度太低，存在太多的口是心非、虚伪不诚和反复无常。人们探讨解决问题的方法时总是当局者迷。自我交谈，直观想象和肯定断言这些常用的战略都很重要，但是仅有这些还不够。需要的是在四个层面上进行不懈的努力。

你可能还需要利用各种各样的人力资源调查统计手段，这个调查既包括正式，科学和系统化的调查，还包括非正式的一对一有目的交谈，断续相间的调查，设身处地的倾听和情感银行账户的投资。正式和非正式的方法我们都需要使用，包括建议系统、坦言系统、开放系统、民意调查和定期的科学剪影分析。应该制定政策规定：如果不能在所有的测评程序中获得好成绩，任何人都不能得到晋升，测评范围不光要包括上司和同级，还要包括下属。

你的本能感觉可能告诉你，一个调查领域的反馈无法做到完全准确。但是应该注意的是，不能把孩子跟洗澡水一起倒掉了。不能因为你不喜欢就否认得到的信息。说一句“那些白痴根本就不知道自己在想什么”，然后还是继续做自己道听途说的调查，这实在是一般人都乐意做的。

在开放、信任的文化氛围当中，使用断续相间的调查，一个下午就可以得到足够准确的信息。问题就是，这样的非正式调查不具备同样的合法地位，效力，或者精密程度，因此人们可能不会给予其同等的注意。信息不但要准确，而且还要人重视，方才能够起作用。

准确的反馈应该得到人的高度重视。与公司日常运作完全疏离的人，或者终日埋头于公司运作的人，都很难了解真正的形势。所以，准确真实的反馈是很需要的，否则你就会得到虚假的情报，把你与真实情况完全隔绝起来，从而根本不知道形势的变化。人们只会告诉你你爱听的，你也乐此不疲，一切问题都不愿意处理。你甚至可能培植自己私人的信息调查系统，这种调查通常都是通过道听途说来进行的。最安全的事情就是只听一小撮人的话。

在一些公司当中，参与评估都会得到奖励，就算他们带来的是坏消息。在工作中建立“正确的程序”，在法规当中引入正确的原则，才是正常的现象。除非你有全面的信息系统和有力的强化系统，否则你的责任声明只能沦为老生常谈，因为结构和体制最终还是要靠管理作风来推行。

利益关联人员信息系统为责任声明的执行提供了有力的手段，它将其转化为章程，成为必须遵守的律令，因为你搜集信息，定期监测，解决问题和计划行动都是围绕着它，以它为基础来进行的。

柏拉图在他的“洞穴类比”中谈到人们时而面对阳光，时而背对阳光，总是生活在黑暗和光明、真理与谬误都各占一定比例的世界里。人们不愿意面对真理或光明，除非他们实在已经别无选择，只能寻求反馈，定期采取行动。他们更愿意生活和工作在相对的黑暗之中，喜欢的是一个舒适安乐的区域，或者市场中的避风港——在那里他们即使有30%的错误率也可以生存。但是在世界级的竞争中，那样是不行的。他们可能在行业内，或者自己独占的市场内幸存一时，但是如果想获得长期的竞争优势的话，他们就必须进行改进。

一旦获得信息，你就会对其加以利用。如果身边有足够的掌握信息的人，你的头脑就会更加清醒，能量就会释放出来。头脑越清醒，激发出的社会、国家和政治意愿就越多。对于注重原则的领导人员，信息就会变成力量，集体的力量将完成组织的使命。

第二十三章

人尽其才

COMPLETED STAFF WORK

有些组织团体终日陷于会议和委员会的事务，当我与他们合作时，我建议其管理人员采用一个屡试不爽的原则，这个原则被称作人尽其才原则。

有效的人力资源管理始于有效的委派，也就是尽可能有效地利用时间和人力。我们委派别人完成任务的原因通常都是出于不得不如此，因为工作光靠自己是绝对无法完成的。

看看摩西和杰思罗的经典事例。

摩西企图为以色列的孩子们包办一切，想对大大小小的所有事情都做出评判，这几乎要了他的命。她的岳父杰思罗知道了这一切以后建议说：“你们这样做不对，肯定会被累坏的，你和跟从你的这个民族都会不堪重负：这些事情对你来说太繁重了，你的能力无法独自完成。

于是杰思罗建议摩西做两件事情：首先，他让摩西教导人民掌握体现他意旨的原则，这样他们就不必每件事都来请他评判了，完全可以借助这些原则，自己思考问题。这是一个很有力的委派方式——教会原则，相信大家有运用原则解决问题的能力。第二，杰思罗让摩西选择忠实的追随者，把所有的琐事全都交托给他们，自己只把握重大问题。杰思罗的两条建议都要求摩西首先花费更多的时间为事情制定原则，然后要准备冒一点风险。

委派在一开始的确要多花费一点时间，很多感觉现在已经忙不过来的人，不会把这段时间花来解释、培训和委托。以某个管理人员为例，他总是在思考一个问题：为什么本该是雇员做的事情，却要自己来做。他说："有解释这些事情的时间，我早就把它们干完了，而且我还干得更好。"但是，他很快就堆积了一大堆要干的事情，致使他感觉连分派工作或者给别人进行解释培训的时间都不够了。

很多行政管理人员都是这样理论的。"我每次把工作委派出去，他们总是完成不了，或者完成是完成了，做的却很糟糕，我还是得返工。这样说来，为什么还要委派呢？只是浪费时间而已。"但是他们这样做的结果却是生活日益烦乱，每天要工作14个小时，忘记了关心家庭和身体健康，削弱了整个组织的活力。我们绝对必须把工作委派出去，以增加自己的机动时间来应对重大事项。从长远的角度看，花在委派任务上的时间会使我们节约无比多的时间。

当然，通过他人来完成工作会冒一定的风险，事情会做得走样，有时还会做错。摩西无法直接下达评判，他就必须仔细地挑选和训练人，赋予他们自己的信念，他知道，他们可能不会按自己的方式来行事，也可能会犯错误。一些行政管理人员不愿意委派例行公事以外的事务，他们通常首先相信的是自己的判断和行事方法，这些人考虑的是："这一套东西已经使自己有了现在的地位，为什么要改变呢？为什么要跟既有的成就过不去呢？”

事实上，一些人有着出众的能力，无需委派他人肩负重大使命，自己也能够取得惊人的成就。但是，不将任务委派给他人，不能人尽其才，员工和组织就不会有所发展，因为上级的能力对他们造成了局限，如此一来，他们既反映了个人的优点，又反映了个人的缺陷。

在委派任务的过程当中，工作效率高的管理人员会与每个员工签订双赢行为协定。一个重要的指导方针就是人尽其才。

永不放弃的原则

要摆脱专断集权的管理模式，人尽其才是个最好的办法。这个原则意味着大家会认真考虑问题的所有方面，深入地进行分析，找出几个选择方案，思考这些方案的种种后果，最后再推荐出其中的一个。

这个技巧使大家彻底挖掘自己的潜力，然后综合推荐出一个明确的最终选择，这个推荐代表了他们最成熟的考虑。接下来，管理者唯一所需要做的，就是批准或者否决它就行了。如果他决定批准这个方案，接下来的事情就只剩下贯彻这个决议或者推荐执行方案了。除了节省管理者的时间之外，人尽其才还能使大家不再以合作或集体思维为名，或者以“让我们聚在一起谈谈这事”为借口，而放弃自己的责任。

集体做出的决议也可能无法挖掘出最佳的资源，因为有时人们开会时会采取随大溜的态度，表述的仅仅是没有经过深思熟虑的观点。

高效的行政管理人员要求大家彻底全面地考虑问题以后再做

出最后的提议。他不会在他人商讨问题的过程当中横插一杠，给别人提供一些轻率容易的答案，就算大家恳请他也不会这么做。他会等到大家的工作完结以后再说。如果不是这样的话，他就会剥夺大家取得进步的机会，大家也会占用他的时间。此外，如果在大家调查事实和制定决策的过程中让他们“脱离苦海”，那他们也就无法对结果负有任何责任了。

在此，行政人员必须运用高超的智慧。人尽其才并非万应良药，也不可能放之四海皆准。进行前期的集体自由讨论也是很必要的，尤其是在计划的酝酿阶段。协同一致的意见也是必须取得的。

但是，让大家在上桌讨论之前做好各自的准备工作，这个原则在大部分情况下都是正确的。它能够防止人们不花心思考虑问题本身及其隐含因素，就把半生不熟的观点呈上来。它也能防止一个惯常的做法，即还不等大家准备好深思熟虑的“白皮书”，就过早地把他们召集在一起讨论问题。

现在我来看看

据报道，亨利·基辛格任国务卿的时候，他通常都要求手下提出尽可能完善的建议，接着把这些建议收集起来，提请大家进行48小时的讨论，再回过来问他们：“这确实是你能提出的最好方案吗？”

然后这些人会说：“哦，不是。我们本可以再多考虑一下，本可以拿出更翔实的材料，本可以提出其他的选择，并且指出如果不采纳我们的建议会出现的后果。”

他会说：“是这样啊，那么继续在这上面下功夫吧。”

此后他的手下会再次提出自己的建议。基辛格再度如法炮制，问道："这确实是你能提出的最好方案吗"？

到了这个时候，大部分人就都知道了自己提议中的瑕疵。因此人尽其才原则使他们产生责任感，能够找出自己方案的缺陷，并且加以改正，或者至少能够找到缺陷，然后提出建议以弥补这些缺陷。

照旧，基辛格的手下会找到一些细微的瑕疵，他接着又一次让他们回去继续下功夫，对其加以改进和强化，他们再次遵命行事。

他们第三次拿来自己的方案的时候，他还会说第三次："这确实是你能提出的最好方案吗？这是你的最终建议吗？有没有可以做点改进的地方呢？"

他的手下会说："我们的确感觉很好了，但是也许我们能够再精炼一下语言，也许我们能够把它做得再好一点点。"

这些人又会继续努力。再一次拿出方案的时候，他们会说："这是我们所能达到的最好水平了，我们已经彻彻底底地对其进行过深思熟虑，已经清楚地找到了各种选择方案，认识到了它们可能造成的后果，然后做出了建议。我们也勾画出了完成每个细节的行动计划。整个方案已经最终成形，现在我们相信，你可以以十足的信心进行呈报了。"

基辛格这时才说："好的，现在我来看看！"

这个故事说明，手下人经常想节省的是自己的时间和工夫，而不是上级的时间和工夫。然而，上级的时间远远比手下人的时间珍贵，这更加充分地证明，管理者应该从手下那里得到最为成熟凝练的想法。

索尼的 CD 随身听

在CD随身听领域，索尼下手很慢，但是却在竞争中占得上风，研制出了第一批成功占领市场的产品。对索尼在该领域取得成功起到最直接作用的一个人就是大曾根，他是个顾客导向型的管理人员，曾对卡带随身听的发展进行了长期的跟踪分析。

一天，大曾根去实验室做了一个5平方英寸大小的木块——这正好是一张CD的大小，然后把它摆在手下的工程管理人员面前。为了避免来自上层的不合时宜的建议产生干扰，大曾根没有把这件事告诉实验室以外的任何人。接下来，他找来一些生产工程人员协助设计，因为随身听的体积将会很小，所以设计工作每进行一步，研究人员都必须搞清楚，在进行大批量生产时，机器人是否能够处理这样紧紧包裹在一起的线路。

大曾根告诉下属说，他不会回答任何问题，譬如说“为什么选择这个尺寸？”“那就是我们产品的尺寸，就是这个尺寸。”他的设计和生产工程师牢骚不断，但是却必须奉命行事，按要求完成设计方案。当索尼的微型CD随身听打入市场的时候，大小是市场原有产品的1/20，价格却只有后者的1/3，对消费者的吸引力自然是后者望尘莫及的。

如何做到人尽其才

采取以下5个步骤，就可以做到人尽其才。

第一，把企盼的结果给大家详细解释清楚，以建立心理上的协约，使彼此互相信任。这是基辛格和大曾根的拿手好戏。一个人一旦有了心理协约作保证，就能够放手独立工作，或者能够与他人一起合作，在最后期限前，提出最终决策建议及其理由，如果管理者想执行第二或第三种计划，还能够提出其他选择方案。但是具体的行动计划应该制定出来。每一个细节都应该彻底地了解，然后最终定案。

第二，让大家清楚他们有多大的积极主动权。他们是否要静候指示，还是应该主动询问，或者是提出建议，工作时是随做随报，还是定期汇报。

第三，说清自认为理所当然之事。如果人们想尽早从管理者那里得到一些反馈，以确保不会走错方向，他们应该明确表达出，自己对于管理者所认为的理所当然之事是如何认识的，这些事都是在他们干完工作之前，在管理者心中形成的。如果他们无法把这些理所当然之事搞得清楚公开，他们将会走上一个完全不同的方向，等到提出最终建议时，反而会让管理者说：“我做事有一些前提和视为理所应当之事，你连这些都不清楚。”

第四，让受命工作的员工人尽其才，尽可能地赋予他们时间，资源和权利。对手下来说，没有什么比期望放手工作却没有必要的信息和资源更令人沮丧了。但是如果你面临重大危机，完全没有时间回应，那么就与手下把这些情况清楚地交流一下。

第五，规定时间和地点，做有助于人尽其才的工作呈报和回顾。让员工有机会清楚明了地呈报自己的工作。

再提醒一次，这个原则并不是万应良药，它只是个激励员工的有效手段，有助于他们的独立思考，能够使他们在提交最后建议之前尽可能地以完善的工作充实它。长远地看，如果操作得好，人尽其才法则可以节省每个人的时间，极大地提高工作质量。这是因为这样的工作程序能够挖掘员工的个人才智和天分。

人尽其才原则的具体运用形式

这个原则有很多具体运用形式，以下是其中的一小部分。

- **发言和呈报**　花费必要的时间碰头讨论初步行动，以使即将放手干工作的人对能够利用的资源和预期的目标做到心中有数。管理者可能还必须做一些预备工作，让行动开始。尤其是如果要借助发言和呈报的话，管理者就必须讲清楚一些事情。

- **展开问题**　管理者可以对自己信赖的手下说："请你把这个问题彻彻底底地考虑一下，给我一个明确的建议，告诉我你认为合同应该怎么定，以及你应该做些什么。"换句话说就是："你替我把问题展开，再拟出你自己的合同。"

有一次，我在一家公司采取了这样的方法。我坐在那里听取员工的报告，他们干得出色极了。该公司的首席执行官自己坐在后面，惊讶不已。后来他对我说："我以前从没发现他们思考问题能如此之深邃。"

- **会议的召开**　人尽其才不光能够发掘好员工的天分和才智，还能够有助于使会议更加有效率。当大家深刻地分析了一个问题，仔细地思考了相关问题和可选方案，再负责地提出他们的建议之后，他们对会议的助益会比以前大很多。

- **合作解决问题**　一旦找出关键问题所在，分清主次，你就能组织起一个小型的特别委员会让他们应对人尽其才的挑战。

例如，你有可能发现沟通或者事业发展或者待遇方面出了重要问题。从组织团体内部各层找三到四个人，让他们组成一个可以运转的工作委员会，要求他们深入研究其中的一个问题，然后提出明确的建议，拿回来交给管理层："我们做这样的建议，是因为这些原因。这是可选方案，这是它们的结果。这是我们逐渐理解到的问题，以及问题的原因。”如果他们在自己的团队中能够通力合作，你就能获得作用很大的建议，这个建议还融会了不同的观点。我发现最高层管理者很少否决这样的建议。

这样的工作方法还能让喜欢走极端的人变得温和一点，这些人一般跟大家的想法都不相同，总是喜欢唱反调，有可能一条道走到黑。他们一有自由发表意见的机会——假如可能的话，就像在法庭上，他们就会逐渐失去反对的动力。这样的工作方法卸下了他们的兵器，使他们变得温和。

最后需要一提的就是谨慎。如果这个原则不和其他方面的工作相配合，就会使员工产生这样的想法：“头儿以为他是谁呀？我们把他的工作都干完了，他所需做的就是签个字盖个章。”或者也有人会说：“他一点都不操心，根本就不想沾上这事。”

但是如果操作得好的话，人尽其才原则可以锻炼大家的能力，节省管理者的时间。它还能赋予员工更大的责任感，提高他们的反应能力，也就是面对不同的局面时采取明智反应的能力。

第二十四章

左脑管理，右脑领导

MANAGE FROM THE LEFT, LEAD FROM THE RIGHT

在组织团体内部，人们通常都要扮演三种角色当中的一种：生产者、管理者、领导者。每一种角色对组织的成功都是至关重要的。

譬如说，如果没有生产者，再绝妙的点子或再高明的决议都无法得到执行。没有管理者，大家就会产生角色冲突和角色不明，无法各行其是，因为每个人都想成为一个生产者，能够独立地工作，几乎不受既有体制或程序的约束。如果没有领导者，组织就没有远见和方向，大家就会认识不到自己的使命。

尽管每一种角色对组织都很重要，但是领导者的角色是最为重要的。没有战略上的领导，人们虽然可能尽职尽责地攀登“成功之梯”，但是会在爬到最高处时发现，梯子本身架在一面不该架的墙壁上。

思考一下这些历史上的教训：

• **汽车工业**　几年前，尽管一些富有真知灼见的预言家进行了告诫，可是美国的汽车制造商仍然要坚持生产耗油量巨大的汽车。他们的短见造成了汽车业众所周知的巨大损失，直到现在他们还在奋力摆脱它的影响。

• **钢铁工业** 大钢铁制造商观念陈腐，他们的矿厂运营模式早已过时，可仍然不愿意改弦更张，而试图以此与外国公司和国内的小型公司竞争，而外国公司技术先进，国内的小型公司能够生产高质量的钢铁，造价却低廉得多。

• **半导体业** 19世纪70年代中期，美国公司几乎占据了整个世界半导体市场。在后来的几年里，由于经济衰退，他们削减了后备生产。等到了1979年，美国供应商发现他们面对16K内存的市场需求完全不知所措。这时，日本已经杀入市场，并且在当年底占领了几乎一半的市场份额。

• **银行业** 美国很多大银行都发现，第三世界国家的欠款使他们的收支严重失衡。传统的看法把给发展中国家发放大额贷款看作金融业务的金钥匙。可是银行管理者们没能发现，这些国家大都出现了社会动荡不已，失业率居高不下，通货膨胀迅速的状况，这使得回收贷款几乎变得不可能。

• **交通业** 在铁路运输业内，管理者没能认识到，他们的根本任务应该是提供运输服务。相反，他们把自己看作担当铁路建筑的人。结果，正当他们花费大量精力修建更好的铁路之时，大部分生意都被管道，航空和公路运输抢走了。

• **会计业** 一直以来，会计业管理者几乎只对金融和物质资源进行调查统计，却忽视了所有资源中最为重要的一种：人。

直到道路的终点，才发现最初选错了方向，这种情形在人们劳动工作的每一个领域，都可以发现数不胜数的实例。彼得·德鲁克教导说，很多组织在刚开始建立的几年之内都没有看清自己的使命和基本作用，关注的都是方法、效率或者如何正确地行事，而不关心效能或者如何行正确之事。人们似乎都喜欢把过去的成功总结成行事规则指导以后的行动，甚至在这些规则已经不再适用以后，还要花费精力来维护和执行这些规则。实际上，传统的程序和实践早已作古！

管理和领导的关系

这就是领导为什么对于保证持续成功起着关键作用的原因。领导就是指引方向，确保梯子架在该架的墙上，而管理是保证速度。但是，若在选错方向时还要加速，那就是愚蠢的行为了。领导的关键是要有眼光，保证认清使命，还要着手效能和成果的问题。管理的工作就是建立结构和体制，以达成这样的成果。它关注的是效率、成本—利润分析、后勤保障、方法、程序和政策。

领导瞩目的是纲目大事，管理关注的是具体要点。领导力量的源泉是价值观和正确的原则。管理对资源进行组织安排，以此为选定的目标服务，制订出具体要点。

当然，管理和领导并不是互相排斥的。实际上，有人可能会说，领导是管理的最高层次。领导本身可以分为两个部分：一部分着手的是长远打算和方向，以及价值和目标；另一部分着手的是激励大家朝着一致的长远打算和目标共同努力。一些领导者有远见，但是却缺乏团队建设才能，还有些领导者会激励员工，建设团队，可是却目光短浅。

作为团队建设者，领导者会力图减少运转不良造成的冲突，同时还会承认，在一个组织成员互相取长补短的团队中，其力量在于大家的不同之处。这样，他就不必试图克隆别人，或者把大家都变成自己那个样子。只要人们有着同样的目标，他们扮演的角色是否相同就不重要了。当团队成员以互敬互重的原则来看待对方时，不同点就派上了用场，就会被看作强项，而不是弱点。

领导者基本的任务是促进互敬互重，建立一个互相取长补短的团队，确保在这个团队当中，每个人的优点都能够得到发挥，每个人的缺点都不会产生影响。管理者的根本任务是利用各种机制，使生产者的工作和任务增殖。生产者就是要卷起袖子，采取一切必要的手段来解决问题，取得成果。

以这三种角色为标尺来研究人们的工作在多大程度上符合他们的个人风格或喜好，是一件极其有趣和有益的事。例如，一些人从事的工作可能需要极少的生产，但是却需要大量的管理和少量的领导，然而，他们的个人风格或喜好却更适合做一个生产者，而不是管理者或领导者。毋庸赘言，工作要求和个人喜好之间的不相称，是挫折的根源，会招致别人的批评。如果某人对自己的工作岗位当中这三种角色孰轻孰重，与上司和同侪看法不同的话，他的问题就严重了。

左脑和右脑

对于大脑的理论研究有助于我们理解为什么一些人对于生产很在行，但是对于管理却一窍不通，或者管理才能很出色，但是领导才能却很低下。有关的研究基本上显示了大脑分为左右两个半球，各自专门负责不同的机能，加工不同种类的信息，处理不同种类的问题。

尽管两个半球都与逻辑和创造过程密不可分，但是有以下不同：左半球偏重于逻辑，右半球偏重于情感；左半球处理的是语言，右半球处理的是图像；左半球管理部分和个别，右半球管理整体以及各个部分之间的关系；左半球以分析为主，也就是化整体为部分，右半球以综合为主，也就是从部分中归纳出整体；左半球主管连续思维，右半球主管同步和整体思维；左半球与时间息息相关，思考的是时间和目标，以及某人距离目标的位置，右半球则不太关注时间，可能完全没有时间概念；左半球控制的是身体的右半边，右半球控制的是身体的左半边。

利用这些术语，我们也许会说，我们生活在大脑左半球支配的世界里，语言、测评和逻辑备受推崇，而创造能力、直觉和艺术天分却经常处于次要地位，甚至被打入冷宫。对于男性来说，这一点表现得尤为明显，由于男子气概这种“大丈夫”文化定型的存在，再加上学术界对左脑的过分重视，更偏重于创造、审美和直觉的能力经常会被否认，甚至遭到排斥，大家认为这样的能力属于女性特有的。

东方文化把人的本性分为两个部分：阴和阳。阴主女阳主男。所有的东方典籍著作都是在这个基础上撰写出来的，包括研究组织管理的书籍。很多组织拥有很完善严格的管理体制和监管方法，但是唯独缺少情感。其他组织可能注重情感，却又缺乏理智，完善的体制或者监管方法。

古希腊哲学家说到影响和劝说别人的过程时，使用了三个术语，分别是普遍特质，感情和逻辑。从根本上说，普遍特质影响的是人的可信程度，或者我们称作情感银行账户的东西；感情体现的是情感和动机，在此，我们称之为右脑；逻辑就是逻辑思维过程，也就是左脑。

我们如果把大脑支配理论用于三种基本角色或系统，就可以发现管理者的角色主要是左脑负责，领导者的角色主要是由右脑来负责，而生产者的角色则取决于工作的特性，如果是言语、逻辑和分析能力要求很高的工作，那就基本上是左脑的事，如果是需要直觉、情感和创造能力的工作，右脑就担起了责任。

精于管理但拙于领导的人可能事事都安排得井然有序，严格遵守上层的体制程序和详细的工作说明。但是，除非他们内心有由衷的动力，否则这些人不会有多少成就，因为没有感动，没有激情的话，一切都会变得极端机械化和形式化，什么地方都有很严格的限制和防备。松散的团体却有可能工作得更好，尽管说它对外人来说显得组织松散，混乱不堪。真正有意义的成就之所以能够产生，可能就是因为人们有着共同的观点，目标或使命感。

依此类推，我的建议就是：左脑管理，右脑领导。

当然，理想的状态就是培养沟通大脑左右半球的能力。这样，一个人才能够洞悉局势，再采用适当的方法进行处理。如果某人就一盘棋局向我提问："最好走哪一步？"那么我首先必须问他："形势怎么样？"然后才能够决定最好走哪一步。如果某人问："打高尔夫球的时候使用什么样的球杆最合适？"我还是必须先问场地的情况，球的位置，以及标杆的位置等等。正确判断形势的能力是第一位的，而这本身需要把左脑和右脑的能力很好地结合起来。

为了获得大脑机能的平衡，我们需要锻炼大脑较弱的那一半。例如，左脑发达的人应该有意识地锻炼右脑的能力，可以经常学习运用感觉，触觉和视觉影像来进行交流，或者多用眼睛来获取本来要用耳朵取得的信息，也可以从事一些艺术活动，还可以通过在解决问题的时候注重创造性等等方法来做到这一点。右脑发达的人也应该锻炼左脑的机能，方法可以是解决问题时采用分析的思维方法，或以言语和逻辑进行交流，也可以阅读教科书，以及研习科技读物，包括计算机科学，法律，商业统计，或者任何一种应用科学。

一个组织，如果全力关注的是短期效应、具体要点和以切实数据制订的方向，那么它通常会忽视培养这样的领导能力，结果，组织内会出现“半脑”型管理人员。举个例子来说，他们这些人很少找时间沟通彼此的长远想法和方向，或者建设团队、培养人才，或者安排会议，除非是在某些危急的方面。

就算领导问题提上议事日程，它们也通常处在最底端，被“其他事务”湮没。管理人员很少谈到领导问题，因为四处灭火和处理议事日程顶端的生产和管理问题已经令他们疲惫不堪。

毫不奇怪的是，很多个人和机构受困于方向性的错误，踏入了不该踏入的丛林，靠在了不该靠的墙壁上。战略领导可以消除这样的误导，使事情回到正确的轨道上来。

一个富有战略眼光的领导者，如果他的头脑更关注的是效能，而不是效率，他考虑得更多的是方向和成果，而不是方法、体制和程序的话，就能够为大家指明方向和远期目标，利用爱心来激励手下，以互信为基础，建立互相取长补短的团队。尽管说，所有的生产者都在披荆斩棘，在丛林中开辟道路，他们的管理者也都在为他们制造开路的工具，建立合理利用工具的工作程序，为使用工具的人举行培训，但是，一个觉悟了的勇敢领导者有时必须高声呐喊：“走错地方了！”尽管他能够预料到这样的回答：“安静，我们正在取得进步。”

PART6

第六部分

在全面质量管理中应用领导原则

PRINCIPLE-CENTRED LEADERSHIP

第二十五章

全面质量的原则

PRINCIPLES OF TOTAL QUALITY

为了使服务和产品具备全面质量，一些普世公认的行为准则和意向是必须遵循的。

如果全面质量成为我们的一条支配性行为准则，我们就不光要关注产品和服务的质量，而且还要关注生活和人际关系的质量。

全面质量的典型模式就是精益求精。无论个人还是公司都不应该安于现状，不管已经取得的成就有多大。如果能够定期从利益关联人员那里得到评价自己行为的反馈的话，就很少有公司或者个人会满足于现有的状况。质量始于对利益关联人员的需求和企盼有所认识，但是最终它意味着达到或者超越这些需求和企盼。

全面质量就表示在以下四个领域内的精益求精。

1. 个人和职业发展

2. 人际关系

3. 管理成效

4. 组织生产力

以原则为核心的领导的四个层次——以关键原则为依据

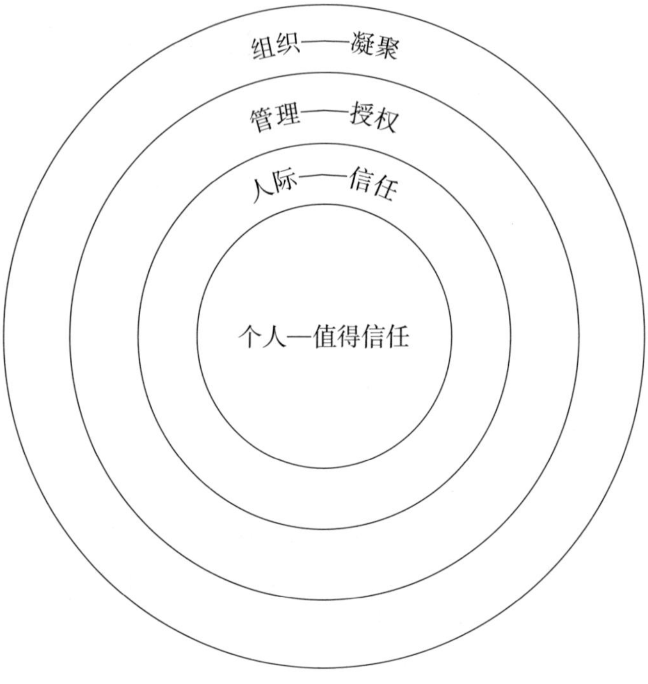

• **个人和职业发展**。我一直以来都很欣赏这样的话语："一切要有所发展，从我做起。"在现实当中，个体是保障全面质量的关键，也就是被我称之为由内向外获取高质量的方法。由内向外的意思是，首先从我自己开始，从我的行为模式，个性和动机开始。这个方法通常需要个人进行改变，而不是人事上发生改变。

当代经济预测学家爱德华兹·戴明曾经说过：

组织团体内90%的问题都是常规上的问题（体制出了问题），

只有10%的问题才是人为的问题。

很多管理人员对这个数字的解释发生了偏差，他们认定，如果他们以此为依据进行结构和体制的变革（行动大纲），人（大纲制订者）的问题也就随之烟消云散。可是真实情况恰好与此相反：如果先改正这10%的问题，其他的问题就会迎刃而解。为什么？因为人是大纲制订者，他们把体制和结构当作自己性格和能力的外在体现。如果你想改进行动大纲，那就应该先对大纲制订者下功夫。是人在为组织制定战略方向，创立结构和体制，培养一定的作风。所有这些战略、体制和作风都是具体实现人的思维和心理的手段。

创立具备全面质量的组织，其关键首先在于培养具备全面质量的人，这样的人利用的是一个准确稳定的"罗盘"，它是客观外在的，反映了自然的法则和原则，与此相对的是价值观念，它是主观内在的。例如，有这样一种人，他们以赢得竞争中的胜利或与他人相攀比来作为自己内心安全的特色，那么你想想他们制订出的工资分配制度会是什么样？其特征就是迫不得已的等级制度和内部竞争。如果你奖励的仅有竞争，又怎么可能实现达到全面质量所必需的通力协作呢？

有一次，美国一家大公司的协作培训经理告诉我说："我们从你的行动计划中得到的最为重要的益处，就是人的效能得到了增加——通过改善协同合作，交流沟通，以及对员工的授权状况，我们第一年的海外业务利润就增加了90%！"另一个行政管理人员说，以原则为核心的领导为培养全面质量"提供了土壤"。他的评论表明，各个行政管理人员首先都要在思想和心理上为更高层次的思维做好准备，在头脑和技巧上为新的工作方式做好准备，此后才能解决全面质量的问题。人们如何思考他们的工作比他们实际上采用什么工作方法的影响要大得多。

有效的行为准则都是经得起时间考验的，采用这些原则将把你的思维提高到一个全新的层次,能使你有一个平衡不变的核心。从人力资源这方面入手达到高质量可以使程序与体制协调一致，还可以释放潜在的创造能力和能量，也可以创造直接成为关键因素的其他益处。

个性和技巧发展是一个持续不断地提高和进步的进程，是个连续向上的螺旋。从个人这个方面讲，全面质量意味着围绕着你的价值体系体现出的整体上的全面，而这样的价值体系有一部分意味着在个人和职业方面都不断取得进步。

全面质量管理的原则就是要有恒久不变的目标，它意味着我们首先具备一个目标或使命——就是我们为什么而工作，一个关于我们未来的远期规划。凡是成功，一般都有一个条件，就是坚定不移的目标。如果你在心里为自己设定了明确的目标，如果你在一开始心中就有这个目标，那么它就会指导你处理一切事情。它将释放你的创造能力。因为有了这个目标，你就能深入到你的潜意识中去，把潜意识中的记忆和内容都清理出去。然后，你就会以想象力，而不是记忆，为出发点开始工作。这样，你就不会被过去所限制和约束，对于未来的可能性，你就可以进行无拘无束地思考了。你的思想模式是预言型的，而不仅仅是回顾型的。

精益求精从根本上意味着你对不完美的东西永远不会满足。你的客户也肯定不会满足。如果你能够从他们那里得到准确的反馈，你就会感受到自己必须进步的激励和挑战——不进步，就灭亡。

很多商业管理人员的心里都认为，从利益关联人员那里寻求和获取反馈会不安全，因为这对他们产生了威胁。然而，反馈对于优胜者来说极为重要。优胜者不断地获取反馈，认真听取，然后从中汲取经验教训，这样，他们就会日复一日地改进自己的行为。

个人和组织的改进计划是依据准确的反馈建立起来的，而不是根据模糊的社会资料制订的。具有讽刺意味的是，你越关注其他人对你的看法，你就越受这些反馈的威胁，因为你的自我形象是在社会的镜子当中体现出来的，你的安全感也是在社会的镜子中构成的。表面上装作不在乎他人看法的人其实内心非常在乎。

- **人际关系。**人际层面的全面质量意味着在他人情感银行账户里不断存储。也就是持续不断地建立良好意愿，以彼此的良好信任，而不是互相戒备，来磋商问题。如果你使别人产生了产品或服务会精益求精的企盼，但是却没能实现，你就会发现，对你不利的预言越来越多。

公司文化氛围和人的身体一样，是以相互依存的各种关系构成的生态系统，要达到高质量，就必须使这些关系保持协调的平衡，而信任是必然的基础。如果我们追求质量的时候，不是在所有四个层面上运用以原则为核心的方法，我们的努力也将是徒劳的。

在类似公司经营或婚姻生活这类需要尽心尽力的内部事务中，如果没有不断地往搭档或伴侣的情感银行账户里存入新的资本，既往的存储将会消亡。老朋友那里，我们就无需再存储太多了，因为人家对我们也没有多少企盼，不管什么时候，许久不见都可以亲密如初。此外，跟老朋友在一起，我们很少在重大问题上互相依靠，只有甜蜜幸福的记忆。但是在婚姻，家庭或企业运营中，我们日复一日地在处理重大问题，这需要不断地在情感银行账户中进行储蓄。如果我们不频繁地给一些人拥抱，很快就会把储蓄用光，因为我们的储蓄从本质上说是很容易消散的。

拥有人际质量意味着经常拥抱他人以示友好——在身体上，情感上，以及言语上拥抱身边的人，这样就是在不断进行储蓄。

- **管理成效。**具备管理质量就是在根本上促成双赢行为和伙伴协定，确保这样的协定与相关的人或事的发展变化“步调一致”。这样的双赢协定随时可以根据再次磋商的结果进行更改，最好不要各执己见讨价还价，而是在协作增效的基础上进行，而且还要能够根据市场上的一切变化进行调整。因此，这里有个双向开放的问题。

双赢思维模式会产生协同一致的团队工作。非赢即输的思维模式会产生你争我夺。在目前盛行的体制当中，争夺屡见不鲜，各个部门都会形成一套自己的生活方式和幸存机制。当人们资源有限的时候，彼此争夺就非常正常，他们认为，自己的职业领域资源相当有限，因此就逐渐形成了非赢即输的行事方法。他们坐在那里谈论“那边的那些人”，以及他们将采取什么手段得到更多的内部资源，以培植自己的势力。这样，我们最可怕的竞争者就是本部门的内部成员。那么，如果我们在外面的市场当中应有尽有的话，谁又需要内部的争斗呢？

我们内部必须团结无间，这样才能达成双赢合作，做到对使命的忠诚和对目标的坚定不移。非赢即输的争斗是背后数落他人挑起的。如果你与某人之间有个问题无法解决，就应该直接找到他，与他谈论这个问题，彻底地进行讨论，然后，大家就能协同一致地工作了。存在争斗会造成企业文化的松散离心。

大部分人都在工艺、实践和过程当中去寻求质量。他们不知道，质量需要对管理的角色进行完全不同的解释。所有的重大突破都是对陈腐思维模式的摧毁抛弃。要想有突破思维，我们就绝对不能继续透过思维定势来看待工作。

管理和领导之间的区别是什么？管理就是透过既有的规则进行观察，从事工作，但是领导就要检查规则，然后问："这是正确的参照标准吗？"管理是在体制内入手，维持体制正常运行。领导是对体制下手。领导处理的是方针、远期计划、目标、原则、大纲、人力建设、文化建设以及情感银行账户建设，是增强大家的能力。管理更多处理的是监控，后勤和效率。领导应付的是总体大纲；管理应付的是具体要点。手不能对脚说："我不需要你们。"领导和管理，效能和效率，都是必不可少的。

对于爱德华兹·戴明所说的人力管理方面，几乎没有人像强调技术方面那样着重强调人力管理。但是，你怎样才能形成这样一种观念——领导就像教练，或者就像提供帮助者？你怎么才能消除对你的担心和阻碍，建立功能多种多样的团队以及实现个人的自我价值？问题的核心还在人这个方面，因为人是制订程序者，任何东西都是人创造出来的。

人们必须知道，是原则在管理他们，他们可以遵循应有的程序来解决问题。如果你想任意操纵他人的生活，把他们的饭碗当儿戏，而又没有大额提取在他们情感银行账户里存储的积蓄，那简直是不可能的。如果必须降低成本才能保持经济上的活力和竞争力，那么你必须确定做这一切都有程序上的依据。否则你就会迅速透支。一旦整个企业文化中充斥着担忧的气氛，每个人都会猜度自己头上会发生什么事情。

有一次，一家大公司的行政副总裁告诉我："在我这一生中，被吓住有两次，第一次是我在一个海滩，海浪刚刚开始掀起一大半，就在我面前卷走一个人。”

我问道：“那么第二次呢？”

“那是早上来工作的时候。”

“怎么会这样？”

他说：“你永远不知道那个老板要干什么，有两次我都看见他莫名其妙地挑出几个人，砸了人家的饭碗，那让我很是害怕，那种感觉永远都忘不了，也无法克服。因为我永远也不知道什么时候自己也会被解雇。”

甚至就算你只有一次违反某个关键原则，你都可能深深地伤害到一个人，这个事件会影响你人际关系的质量，因为大家不知道你什么时候会再来一次。

管理的工作就是授人以权，授权的根本意义是：

授人以鱼，供人一食之需；授人以渔，供人终身之食。

当你教给别人原则时，你就赋予了他们自己管理自己的能力，这样他们就知道了如何做一个好“管家”。这是教给他们工作时依据的准则、遵循的纲领、可取的资源、评估时以资参照的双赢协定标准以及工作时追求的目的和回报。当你完全地授权给一个人时，你自身的模式就发生了改变。你就成为了一个服务者，不再控制他人，而是由他们自己控制自己。你成了帮助他们的人。

如果你想影响他人，给他人授权，那么首先应该承认他们有潜力可挖、有大量没有发掘的能力和潜能。你要了解他们的目标、观点、表达方式、担忧、习惯以及能够影响他们的人。对他们要忠实，不要做其他有损感情的事情。应该始终让自己值得信赖。

通过给别人授权，你可以增加自己的控制范围，减少管理投入，去除不必要的繁冗机构。

授权需要的是充足思维，这种态度认为每个人都有充足的东西可以分享，你分予别人的越多，自己收到的也就越多。感觉他人的成功对自己是威胁的人把每个人都视为竞争对手。他们这是短缺思维。从情感方面，他们发现自己很难与他人分享权利，利益和认识。

- **组织生产力**。积极进取的领导方式来自这样的意识：我们不是环境造就的产品，环境中的东西只能有力地影响我们，但是对它们的反应却是我们能够选择的。积极进取是真正的领导的基本素质。任何一个伟大领导者，都具备高度的积极进取能力和眼光，它是这样一种认识："我不是我周围的文化、我受到的制约和我生活的环境的产物；相反，我是我的价值体系、态度、行为以及我控制的那些东西的产物。"

戴明不断地强调说，质量始于最高层，组织团体的领导必须亲身参与此事的进程，确认质量思维模式能够植根于组织内部每个人的大脑和心灵中。他提到说，质量所起的关键作用比起技术更加根本，解决问题需要新的思维模式，以新的方式来看待我们的角色，改变我们的管理运作。质量不总是改善，而是变革。

组织团体的精益求精，其核心在于围绕利益关联人员的信息来解决问题。大多数组织解决问题时围绕的是财务数据和分析。但是日本和美国最好的组织团体都在不断地搜集所有利益关联人员（所有与企业有利益瓜葛的人）的信息，用心地倾听全部结果，然后根据这些分析调查考虑解决问题的方法。这就是为什么他们一直在进步的原因。如果我们的模式只是一时的、时松时紧的或者非制度化的改进，我们就不是朝着全面质量的方向努力。

在财务统计分析中，每个人的训练内容都是那8个步骤：搜集资料、分析资料、建立目标、识别，选择和评估可选方案、制定决策、执行决策、对照目标研究结果、然后再回过头搜集资料。在人力资源调查统计系统中，我们通常到搜集资料就终结了——只有这一步。极少有人知道调查分析数据的方法，更不用说把围绕这个分析所制定的目标和所产生的问题按重要程度进行排列，然后再制定行动计划，设立评估目标的标准了。

当管理层开始围绕着利益关联人员信息来解决问题的时候，真正的质量改进就拉开了帷幕。很多组织团体甚至不具备获得这种信息的手段。他们解决问题时不会使用人力资源的方法，只会使用人际关系的方法——“与人为善”，这从根本上说是一种仁慈的强权作风。因此，他们无法深得人心。就这样，全面质量成了公司的工作计划，而不是公司内每个人的哲学和价值观。

宝洁公司获得全面质量的方法就是了解他们的顾客——了解他们的需要，他们的要求以及他们的愿望。这是首要条件，其他任何事都是被这个条件推动的。接下来就是让他们获得意外之喜，想到人所未想，提供的周到服务和优质产品要能够赢得顾客的心，从而获得竞争优势。

我建议每个组织团体都设立利益关联人员信息系统。这是一个反馈系统或者数据库，内容涉及股东、客户、雇员、社团、供货商、分销商以及其他相关人群的愿望和企盼。如果操作得当——也就是说系统、科学地以不记名的形式在所有人中随机抽样，这个信息将达到与财务统计不相上下的准确和客观程度。我们应该一眼就能够发现，与供货商和顾客等人的关系正在取得进步。我觉得，如果没有系统、科学地进行人力资源调查统计，然后围绕着该信息处理问题的话，五年之内，任何企业都将无法在竞争中立足。

我还建议，每个组织团体都要与客户和供货商发展协作关系。竞争的确是需要的，但是却不是在需要合作的领域。如果你所处的环境需要彼此依靠的协同工作，那你就要竭尽可能地消除竞争，达成协作。对通力协作、奉献出最佳想法的人，应该进行奖励。不单单是性别和种族上的多样化，而且观点上的异彩纷呈也蕴含着相当大的力量。尤其是当人们尊重和重视想法、感觉、观点及背景的不同时就更是如此。

人们之所以不大愿意通力协作，原因就是他们在生活中没有好的榜样。他们认为通力协作就是某种被动的合作或妥协。他们从来没有与具有合作精神的人有过交往，也从未经历过通力协作的环境氛围——这种环境能够使每个人都出现改观。他们与供求双方都没有产生过通力协作的关系和伙伴般的融洽。因此，尽管他们初衷美好，而且也曾付诸不懈的努力，但是他们却从未达到过全面质量。

全面哲学

全面质量是一种全面哲学，也就是说在四个方面做到精益求精的全面行为模式。这种行为模式是有先有后的，如果个人做不到，组织也不可能做到。如果组织中的个人不能改进，那么组织本身也无法改进。你也许可以改进体制，但是改进体制所需的敬业精神怎样才能在企业文化中培育出来呢？人们必须成长成熟到可以通过沟通解决问题的程度，改进体制才能够进行。

全面质量原则是一种以原则为核心的管理模式，世界上最成功的事业都离不开这种管理模式。在我们的培训中，我们对人这个方面的强调，胜过对技术方面的重视，因为我们相信，全面质量的源头和根本是设身处地地为客户着想，为他们的购买动机和购买习惯着想。

无论内外事务，一切都应该以客户及其他利益关联人员的反馈为指导。全面质量的关键是倾听这些人的想法，首先要努力了解别人，然后才能被别人了解。

为什么精益求精的原则没有被个人和组织更加彻底地贯彻在行为中呢？

首先，我们并没有经历过足够的苦难洗礼。给我们带来震撼的经济珍珠港（黑色星期一）只是一时的阵痛，但是从总体上说，我们就像一只青蛙，呆在每次只升温一度的水中，对周围的危险浑然不觉。如果目前的趋势继续下去的话，以后我们将无法控制自己的经济——我们的经济会被他人占有。我们一边不断地堕落和衰败，一边指望自己能够被推销到更先进发达的社会中去。日本人的生产率现在是我们的两倍，在基础研究领域，因为他们采用了全面质量方法，领先得还要多得多。

其次，我们不想改变自己的生活方式。我们可能也知道，全面质量最终需要生活方式的改变，但是我们却想让质量成为生产线尽头处的计划或管理，却不是想把质量在生产线中与人融会在一起。我们不愿意面对一些难以回答的问题，譬如说：怎样培训员工？怎样招募新人？怎样形成文化？

最后，就连最好的美国公司也都想把质量看作一个计划，或者一个工作的范围。质量还没有融入他们的文化和体制这一系列的东西当中去。

全面质量扎根于这样一些恒久不变的原则当中：

- 信仰，希望和谦恭
- 工作、勤奋、研究和试验
- 坚定不移，前后一致，行事规律而有原则
- 精益求精，勇往直前
- 以测评和观察获取反馈
- 与人交往时恪守道德，保持真诚

没有根就不可能有果实。没有全面质量的指导原则，仅仅靠方法和技巧很少能产出高质量的产品，服务和关系。

质量将赋予任何个人和组织长期的竞争优势。如果它存在于个人的性格和组织的文化中，那么任何人都无法照搬复制。

第二十六章

全面质量领导

TOTAL QUALITY LEADERSHIP

把全面质量作为经营模式来追求已经成为一种潮流，在制造业和服务业的大小企业中，这种趋势都在以几何速度增强。质量被广泛地看作美国经济存续和成功的关键因素。

不管我们采用哪一种变化形式，全面质量的原则和程序所代表的，都远远不止是一阵风似的热潮或应对艰难处境时赶时髦的权宜之计。全面质量反映了管理理论和实践本世纪所发生的深刻而广泛的变革。尽管有一些显著的例外，在改进质量的努力上，很多国内公司都失败了，至少没有完全成功。在美国企业界通往全面质量的道路上，行政、监督和蓝领工作阶层中都越来越普遍地弥漫着沮丧不振和悲观自私的情绪，这已经成为到目前为止的所有里程碑上最显著的特点。

问题出在什么地方？对很多公司来说，问题就是毫无根基。那么解决方法又是什么呢？多年以来，我们的客户都发现，以原则为核心的领导方式（PCL）为成功贯彻全面质量原则铺设了基础。他们有时把以原则为核心的领导方式看作“稀缺的因素”，或者“领导和员工的构成因素”，或者“黏合全面质量的胶水”，或者“建立全面质量的基础设施”，或者甚至将其喻为“构成全面质量工作其余部分的催化剂”。

为什么以原则为核心的领导方式和“7种行为”会使组织团体能够达到以前无法实现的成功全面质量。对此，没有魔术般的方法，达到全面质量需要的就是爱德华兹·戴明始终提到的发现：基本原则和实践的贯彻施行。任何组织都可以做到。

全面质量：领导和员工模式

具有讽刺意味的是，全面质量的主要因素——领导和员工——正如戴明自己所倡导的那样，在某种程度上已经在质量的丛林中失落了。公司行政管理人员纷纷舍本逐末，关注的都是质量和统计方法管理，却偏偏忽视了领导和员工。

从以下因素中汇总出来的全面质量原则，有多少公司能够遵循呢？

自动化	新机构
勤奋	竭尽全力
各负其责	目标管理
表彰体制	物质刺激
工作标准	及时的详目
零缺陷	会议详释
质量管理圈	统计程序

然而戴明说，上述各项中，没有一个是体现全面质量的！但是，如果零缺陷、质量管理圈、目标管理、统计程序以及及时的

详目都不是全面质量，那什么才是？

尽管这些因素中，有些对全面质量能起到促进作用（还有一些还有削弱作用），它们却无法确保全面质量的获得。是全面质量，以及如何通过以原则为核心的领导方式达到它，这两个问题的基本理解即在于此。戴明知道，全面质量实际上存在于观察者的双眼中——追求质量的人相信它是什么，它就是什么。这样，对于生产线上的工人来说，质量可能就是工艺的精湛；对于老板来说，就是利润的增加；对于客户来说，就是公道的价格和优异的质量。

但是，对质量的评价最终是由客户决定的。企业的其他利益关联人员——老板、管理者、工人、供货商——如果忽视了顾客这个质量评判者的需要，就没有人能够长期幸存。因此，所有追求质量的行动必须以顾客为核心。质量这东西，客户相信它是什么，它就是什么，他们手中的钞票就是评价质量的选票。

然而，如何达到高质量的客户评价呢？戴明博士认为，作为结果质量，是作为过程的质量的一种功能。以原则为核心的领导提供了原则和必要的应用工具，有助于激活对这个质量程序非常基本的两个因素：领导和人。

管理的转型

因为全面质量主要是关于领导和员工的一个模式（一种观察世界的方法），所以对达到全面质量来说，以原则为核心的领导是必须的。戴明的作品中经常展现的是他的核心前提：要止住西方工业的没落，使美国重新获得世界范围内的竞争优势，唯一的、最重要的要求就是“从根本上转变西方式的管理风格”。必须进行的基本转变是什么呢？戴明说：“管理的工作，不是监督，而是领导，西方式的管理风格进行必要的转型需要管理者都成为领导者。”

在他的著作《走出危机》中，戴明评论道：“这本书大部分内容都是写管理方式的。几乎每一页都是在陈述正确领导方式的原则，或者是展现一个正确或错误领导方式的实例。”他所有的“14点”都是以这种或那种形式说领导方式的，目的正是提供“美国工业转型的基础”，以及评估其成功与否的标准。

全面质量的目的是把大家合意、精益求精、价值不断增加的商品或服务带给消费者市场，接受购买者的评判，这样就能为企业的利益关联人员提供工作和利润。以原则为核心的领导方式，其目的是使员工和组织获得相应的权力，以达成他们值得奋斗的目标，其本质是为了提高一切事务的效率。因此，它比全面质量包括的内容更加广泛，蕴含更加丰富。如果在全面质量的理论和方法中运用以原则为核心的领导方式，将使组织团体能够达到它们的全面质量目标。如果这种领导方式在整个组织中与全面质量原则相融合，它就会成为该组织成功的基点。

当然，以原则为核心的领导方式也适用于个人和家庭这样的团体，适用于任何一种人际关系。它能够使这些团体达到值得其奋斗的目标——更富有爱心、和平、和谐、一致、理解、奉献和创造力，以及在所有人际和管理关系中提高效率，这些并非不像一定的全面质量目标。

全面质量领导

戴明所称止住西方工业没落所必需的基本转型是什么？那就是：管理层必须从根本上进行转变，转变他们的态度，思维方式和基本模式，然后全面质量才能变成现实。他始终谈到的，是美国管理层看待一些因素的方式，这些因素包括：自身，自身的角色，同雇员和所有其他利益关联人员的关系，尤其是客户和供货商。

目前，我们北美的管理和领导模式把员工看作东西，即“商品”。给他们一天应得的工资，他们就会回报一天应干的劳动。人际关系和人力资源哲学对这种理论的补益甚少：如果我们善待员工，时时关心他们的想法，他们就会更加全心全意地回应，这样就能改善他们的劳动生产率。

美国公司的管理层总是开空头支票，说要挖掘他们最重要的资源——人的潜力。戴明痛心地说道：“在美国，最大的浪费就是没能充分利用人的能力。”美国的管理方式所需进行的基本思维转型中，首先是要改变根本态度，重新看待人固有的尊严和价值，以及他们的“内在动机”所固有的尊严和价值，以此来最大程度地发挥他们的能力。

管理层必须在最深刻的意义上赋予员工权力，消除自己制造的障碍和阻滞，它们会摧毁和挫败员工本来准备奉献的内心承诺、创造和质量服务。在工作中收获喜悦和骄傲是所有人的权利，而正是目前的管理方式剥夺了它。要达到全面质量，管理人员必须成为领导人员，最大限度地挖掘出员工的潜力，使他们能够为工作贡献出自己的观点、创造力、革新思想、对细节的注意，以及对程序和产品的分析。换句话说，管理者必须成为把权力充分下放的领导者。

转型的基础

戴明全面质量理论的主体解释了“做什么”，对于“为什么”

这些事情应该做，也给出了部分解答，但是对于“怎么”进行实践才能做到这些事情却鲜有提及。以原则为核心的领导方式补充了缺失的这个全面质量组成部分：如何改变人和组织的行为模式，从而从被动的、以监管为方针的管理方式变成主动积极的、以授权为方针的管理方式？

戴明的“14个要点”不仅仅是一个单纯的核对清单，上面列着达到全面质量所需做的事情。这些要点互相之间整体协调、相辅相成、完整无缺。他们必须被当作互相联系的模式、方法和程序系统来看待和采用，也就是说，它们是一个完整的管理和领导框架，利用这个框架是为了使企业员工产出的产品和服务达到最大限度的效能和质量。

“七个习惯”是以原则为核心的领导方式的关键因素，它们反映了有效的人际互动中恒久不变的基本原则。对个人和人际问题来说，它们不是轻易就能做到的速效方案。相反，它们是基础的原则，这条原则如果长期不懈地用于不计其数的特定实践的话，就会成为一种行为方式，从而使人、关系和组织的基本转变成为可能。

就像有了戴明的“14个要点”那样，“七个习惯”也是整体协调、相辅相成、完整无缺、先后有序的。它们互为基础，为成功的人际关系和组织效能提供了实用性和凝聚力都很强的基础。

以原则为核心的领导方式包含“七个习惯”和相关的基础原则。因为这种领导方式关注基本的原则和可行的程序，所以真实而深刻的思维和个性转型是能够产生的。只有组织内部的个人首先达成从内到外的转变后，深邃而持久的文化转轨才会在组织内发生（例如承诺全面质量）。不但个人转变必须先于组织转变，而且个人质量也必须先于组织质量。

譬如说，当技能训练仅仅聚焦于方法和技巧时，个人的基础设想和模式就很少发生改变。因此，如果监管人员坚持认为，必须对手下不断进行检查和监控，否则他们就会生产出质量不过硬的产品，或者认为，雇员过多地掌握行动的权力，会威胁到监管人员的饭碗，那么，为增进团队建设而开设的沟通技巧课程估计不会产生持久的效益。

但是，假设监管人员形成了一种新的行为模式，认为雇员都很能干且渴望做出质量上的奉献，而且授权会提高监管人员的总体效能。利用行为准则为核心的授权方式，监管人员就能够帮助雇员发挥出他们的潜力。只有在鼓励高度信任的一致体制和结构中运用这些基本的模式，有效沟通技能的培训才能够产生长期持久的效用。

和谐地纳入“七个习惯”及相关原则能够使人和组织实现转型。成功达到全面质量的关键因素正是这样的转型，而很多人和组织缺少的也正是这个关键因素。

第二十七章

七个习惯和戴明的14个要点

SEVEN HABITS AND DEMING' S 14 POINTS

许多经理人员忽视了全面质量的一个重要原则：如果不循序渐进地完善相互依存的人际关系就不可能不断改善相互依存的体系和程序。

实践与七个习惯相关的原则和方法能提高人们在相互依存状态下的工作效率——这是实现最大限度的交流、合作、协力、创造、改进、革新以及全面质量的必要条件。人际效率是全面质量宗旨的根本，比如打破部门之间的壁垒、与供货商建立伙伴关系、让所有人都参与质量改革、设立领导班子、不断改善与革新、预先考虑到并设法满足客户的需求等等。

W. 爱德华兹・戴明说：

如果没有一套对原始数据进行解释并做出必要预测的理论，原始数据就毫无意义。统计分析的目的就是帮助管理层形成这样一种理论来了解、预测、最终控制质量的最大敌人：变化。

管理层的主要宗旨是保障所有体系的稳定和准确预测各种程

序的结果。一旦具备了稳定性和可预见性，程序就可以得到控制和改善，变数就会减少。统计分析是了解、预测从而减少体系及其组成部分的变数的基本工具。在组成一切企业体系或程序的成分当中，哪一样是最重要也最善变、最不稳定、最难以预料的呢？当然是人！

戴明说，百分之九十以上的问题或缺陷是体系而非个人造成的。但一切体系中的其他所有成分都是由人来设计、开发和控制的。人越不稳定或容易受变数的影响，其业绩越难以预料，他们设计和实施的体系也就越不稳定和容易变化。管理层设法稳定大家的表现、使他们更加始终如一、更具有可预见性是一举两得。产品的质量会更加始终如一，而体系和程序也会更加稳定、更具有可预见性。戴明说，我们必须了解大家，了解他们的交往，了解他们工作和学习的方式——他们的内在和外在动力。

在运用于全面质量时，以原则为核心的领导作风能使人更有内在动力、个人表现更为始终如一从而更乐于精益求精。它有助于人们按照全面质量的目标和本组织的方针路线来设计、实施和监督执行更加稳定的程序和体系。通过积极处世和实践七个习惯及相关方法，人们的表现和他们与别人的交往不再受情绪波动或他人的言行支配，转而受稳定、恒久的原则制约。

用七个习惯来实施戴明的14个要点

我们来简要分析一下怎样把七个习惯运用于戴明的14个要点及全面质量的其他相关原则。戴明提出的要点用括号标注。

习惯一：积极处世——自我意识、个人构想和责任感原则

积极处世不仅仅是指积极进取或坚决果断。它是指既要主动出击，又要根据自己的原则（而不是自己的心情和情绪或别人的行为）对外界的刺激做出反应。积极处世就要摒弃这样一种观点：人和组织受遗传、历史和环境因素的控制。积极处世的人和组织有自我意识；愿意对自己的行为负责；出现问题时不怪罪和指责别人；在自己的管辖范围内兢兢业业；在希望对别人产生更大的影响力时首先改变和锻炼自我。他们相信自己有能力突破过去的行为模式和决定自己的命运、最终成为自己理想中的样子。他们愿意帮助别人也做到这一点。

戴明指出了当前管理方式的症结："当今时代的大多数管理方式是条件反射。手碰到滚烫的火炉上会马上缩回来。这事儿猫也会干。"积极处世是把戴明的几乎全部14个要点融会贯通的基础，因为这是一种按照原则和准则进行决策和采取行动的习惯。保持目标坚定（1）、在整个组织内部推行新的理念（2）、决定更改检查手续（3）、与供货商建立崭新的关系（4）、不断改进（5）等等都需要有积极处世的领导作风和追随作风。

想象一下，如果所有员工，无论是管理人员还是体力劳动者，都愿意对自己的行为负责、不怪罪和指责别人、遵循全面质量原则和以原则为核心的领导作风，那会给设法打破部门之间的壁垒（9）、消除恐惧感（8）和让所有人都为变革出力（14）带来多少机遇、产生多大的作用。进取心、创造性、改良建议和把建议付诸行动将蔚然成风，还有其他许许多多好处。

习惯二：先定目标后有行动——领导权和使命感原则

运用这个原则的一个重要手段是拟订一份个人和组织的使命

宣言，阐明如何通过特定程序来实现最大效率。

戴明最近把他的第1点——“培养坚持不懈地改善产品和服务的作风”——换了一种说法，即“拟订并向所有员工公布一份目标说明书来阐明公司的目标和宗旨。管理层必须经常表明他们是坚决遵守这份文件的。”

在帮助几百个组织和几千名个人拟订使命宣言的过程中，我们意识到他们拥有增强献身精神、工作热情和发表意见与看法的巨大能力，但前提是对他们的培养和任用要遵守某些原则和程序。否则使命宣言将沦为可笑的一纸空文，而它本应是公司的一部宪法，是战略方向和日常行动的基石。许多个人发现，认清个人使命对他们的生活产生了深远影响。这股强大的力量不仅仅来源于文件本身，它还来源于拟订文件的过程。

推行新的理念（2）、实行和建立领导班子（7）、消除恐惧感（8）、消灭空洞的口号和说教（10）、消灭目标和定额（11）和让所有人都为改革出力（14）都需要坚持领导权原则和致力于共同的使命。如果组织和员工相互阐述和交流各自的原则、价值观、需求、任务和观点达到不分公司界限的程度，那么，献身精神、创造力、新方法、能力的提高和质量就会随之而来。

习惯三：要事第一——围绕职责和目标来管理时间和区分主次轻重原则

一旦个人和组织积极处世地按照自己的准则和原则采取行动（习惯一），然后确定并阐明他们的准则和原则是什么（习惯二），就开始运用习惯三来实施或实践这些准则和原则。大多数人和组织是按日常工作的主次轻重来管理时间的。与主要职责和目标相联系并通过确定个人和组织的任务来分辨主次轻重要有效得多。

习惯三运用照计划行动的原则去实现值得追求的目标。

随着人们学会确定和安排主次轻重，学会先做重要的事情，他们在个人和企业追求中都会变得更加富有成效。随着最重要的活动得到更多的关注和更加及时与积极的完成，组织会有更大的能力去实现产品和服务的全面质量。

戴明说，营造坚持不懈的气氛（1）解决的是今天和明天的难题——如何协调短期内的工作重点与长远的工作重点。他说：“人们很容易陷入今天纠缠不清的难题而不得脱身。”推行新的理念（2）和让所有人都为改革出力（14）需要变化，这正是习惯三可以帮助实施的行动规划。不断改善生产和服务体系（5）也需要以重要的事情先作为基础的管理原则和行动计划。运用这个习惯能使“统计过程控制”和变量分析原则与全面质量和以原则为核心的领导作风的其他原则有效地结合起来。

习惯四：具备双赢思维——谋求互惠原则

这个原则体现了戴明14个要点及其全面质量理论中许多内容。他在《毁灭力量》中表示，人们在学校、体育、家庭、政治、企业和教育中逐渐接受了非赢即输的思想，致使我们的整个社会充斥着竞争而非合作。

在任何一种相互依存的关系中，双赢思维都对长远效率至关重要。它需要一种富有心态，需要摆出一种“人人都可以有份儿”的态度。它使人发自内心地希望对方也赢，坚信任何一种关系都应当设法让有关各方都受益。戴明认为，美国管理中的问题基本上全是由我国社会的竞争性非赢即输模式造成的。他主张所有利益共享者、哪怕是竞争对手之间也形成双赢关系。

这些原则可以通过在个人或组织之间签订双赢协议来贯彻实

施。一个企业中的任何利益共享者集团都可以通过交流与信任签订双赢协议。

提高质量从而取消检查（3）、逐渐认准一个供货商（4）、不断改善体系（5）、开展就业培训（6）、消除恐惧感（8）、打破部门之间的壁垒（9）、消灭目标、定额和目标管理法（MBO）（11）及废除有损员工尊严的壁垒（12）都需要习惯四——具备双赢思维——的原则、程序和运用手段。利益共享者比如供货商、监管人员和部门负责人之间的协议是让戴明的原则发挥效用的明确有力的实施工具。

习惯五：先理解别人再争取别人理解你——认真交流原则

这大概是人与人交往的最重要原则：在得到别人的理解之前先要真诚地理解别人。一切人际关系难题的根源在于没有全面地相互理解。我们未能从对方的角度看待世界，也未能透过他或她的心灵来看待世界，于是，在实质问题上的分歧显得格外突出和严重。我们彼此误解，因此相互怀疑对方的动机和观点——我们一心要推销自己的想法、捍卫自己的立场、抨击不同意见、判断、评价、探究和质疑，通常情况下，我们仔细倾听不是为了去理解，而是为了去反驳。

通过认真的交流，我们不仅会清楚地了解对方的需要、想法和基本态度，而且对方也肯定会准确地了解我们。认真的交流不仅是指诚心诚意地交流想法和信息，而且还要诚心诚意地交流感情。从小到大受到的教导使我们认定，花时间和精力去深入理解别人——不予评判，不辩解或抨击——就是表示赞同和支持。事实并非如此，但这种习惯难以打破。先设法理解别人这一新思维对于提高全面质量至关重要。

习惯五所实施的程序叫做利益共享者信息体系（SIS）。通过SIS，管理层可以收集和诠释传统财务报表制度所不能提供的数据。戴明说，“未知和不可知”的数字是经营一家企业时最需要了解的，通过SIS，这种数字会变得更加明确、更容易管理。

戴明14个要点的每一点都有赖于清楚地了解并准确地理解人与人和人与他们所处的体系之间的互动。劳方与资方、公司与供货商、客户与组织之间的有效交流对于全面质量至关重要。

假如各级员工当中的畅通交流时断时续，那公司怎么可能做到坚持不懈地改善产品和服务（1）？假如企业不先设法了解市场，那它怎么可能革新产品和服务（1）？假如交流不畅导致员工不了解新理念或不信任拟议中的改革，那我们怎么去激励他们推行新理念（2）或让所有人都为改革出力（14）？

我们怎样去废除有损工作尊严的壁垒（12）、成功地消灭包括MBO在内的目标和定额（11）、消灭空洞的口号和说教（10——戴明说，这需要畅通的交流）？又怎样去打破多年来形成的部门之间的壁垒（9）？只有通过真诚、坦率和准确的双向对话，有关各方才能全面地了解所发生的事情以及为什么发生这种事情、他们有何受益、这给他们带来哪些责任和机遇等。实行和建立领导班子（7）、实现不断的改善（5）、开展培训（6,13），这一切都需要在各个级别进行最大限度的相互理解和有效的交流。

领导班子与人——全面质量的两大柱石和基本要素——需要各个级别的交流。然而，光有交流技巧还不够！因此，第五个习惯就是要注重交流。只有在管理层通过积极处世而变得以原则为核心、根据准则而非外部刺激行事（习惯一）之后，只有在人与人之间和人与组织之间明确了共同的使命并相互做出承诺（习惯二）之后，只有在管理层不仅说干就干而且实践其准则、因而更值得员工信赖（习惯三）之后，只有在始终如一地奉行互利互惠精神和双赢思维（习惯四）之后，只有在所有这些条件得到满足之后，人与人、人与组织之间的交流才能达到最佳效果、全面质量的目标才能实现。

习惯六：协作增效——创造性合作原则

整体的力量比零零碎碎的力量合到一起要大，而它要通过协作来获得，通过形成管理风格和辅助体制与体系来完善（这一切都需要运用以原则为核心的领导作风）。在一种充满信任与开放气氛的环境中，工作中相互依存的人们能够迸发出比他们各自能力之和更大的创造性和革新思想。

随着员工和经理人员实践双赢精神、进行认真的交流、表现得值得信赖和建立起相互信任的关系，增效作用就会发生——伴随着增效作用而来的是全面质量这一最高成就：持续不断的改善和锲而不舍的革新。

相互依存的协作能比单独的行动更轻松、更有效地解决戴明14个要点中涉及的所有问题，并能战胜致命的疾病、克服障碍和抵挡毁灭力量。通过协作，今天和明天的棘手问题都会得到坚持不懈的解决（1）。协作能带来崭新的市场分析和设计以及生产程序，从此无需再以频繁的检查来保障质量（3）。与供货商成为伙伴从而建立崭新的关系，包括签订双赢协议，需要有效的协作（4）。

除了通过有创造性和协作精神的领导之外，企业还有什么办法能一劳永逸地改善生产和服务体系（5）？有效协作（6）的结果就是消灭一切不利于工作的因素和形成最佳培训计划来最大限度地发挥人的潜能。要消除恐惧感（8），就必须形成相互信任的氛围，而人与人之间的协作恰恰能增强相互信任。一旦业绩考核谈话的内容变成具有协作精神的指导与探讨，而不再是评判与指摘，信任与信心就会取代恐惧与怀疑，提高创造力和增效作用的可能性也就会更多（8,12）。要以合作和交流取代部门之间的各自为政和种种壁垒，就必须把增效作用当成催化剂来形成必要的协调和效率（9）。

习惯七：精益求精，不断更新（磨刀不误砍柴工）**——不断改善原则**

人和组织都有四个方面的需求，或者说特征：（一）物质或经济上的；（二）脑力或心理上的；（三）社会或情绪上的；（四）精神或宗教上的。培养人和组织锲而不舍地完善和扩大他们在这四个方面的能力是不断改善其他方面的关键。以原则为核心的领导班子重视怎样让个人和组织发展其能力并满足他们在这些方面的需求。通过学习、掌握和发展新的能力与扩大旧的能力，运用必要的原则和使用必要的工具就可以不断取得成功。运用习惯七能最大限度地实践其他所有习惯。

如果一个组织运用习惯七，就会成为麻省理工大学的彼得·森杰所说的“学习组织”。日文中的Kaizen（改善）是不断改善的总称，组织体系、程序以及产品和服务都是在它之下来实施的。通过执行这个程序和习惯七的原则，组织本身会得到改善，各方面的能力会得到提高。

戴明的第5点——“不断并永久性改善生产和服务体系”——显然就是精益求精的直接运用。习惯七的应用包含了实施这一改善程序的所有要素。增强员工业绩的一贯性不仅可以通过开展培训（6）和运用习惯七来实现，而且以原则为核心的领导作风的所有要素都能使人们的表现趋于稳定和连贯。运用以原则为核心的领导班子的习惯七——精益求精——所产生的程序和原则，就能像戴明要求的那样建立起生动活泼的教育和进修计划（13）。

在追求全面质量的过程中实践以原则为核心的领导作风益处多多。以原则为核心的领导作风能使全面质量产生效用。领导班子的任务就是设法从每一位员工身上得到最深沉的承诺、坚定不移的忠诚、最出色的创造力、始终如一出类拔萃的生产能力和为实现组织的使命——持续不断地改善程序、产品和服务——而竭尽全力的精神。这是全面质量的要求，是以原则为核心的领导作风的成果。

（本章由柯维领导才能研究中心的基思·A·格利奇撰写。）

附：戴明的14个要点

1. 培养坚持不懈地改善产品与服务的作风，其宗旨是保持竞争力、维持经营和创造就业机会。

· 拟订并向所有员工公布一份目标说明书来阐明公司或其他组织的目标与宗旨。管理层必须不断表明他们是坚决遵守这份文件的。

2. 推行新的理念——无论是最高管理层还是普通员工。西方管理层必须清醒地认识到崭新的经济时代带来的挑战，认清他们的责任并带头进行变革。

3. 别再依赖检查来实现质量。从一开始就保障产品的质量，这样就不会再需要进行频繁的检查。

· 要明白，检查的目的是改善程序和降低成本。

4. 不要再单纯按价格标签来选择企业，而要努力把总成本降到最低限度。任何物品都应根据长期以来的忠诚度和信任度来逐渐认准一个供货商。

5. 不断并永久性改善生产和服务体系以便提高质量和生产率，进而不断降低成本。

6. 开展就业培训，培养从事新工种的技能，帮助管理层了解本组织的所有程序。

7. 培养和建立领导班子。对管理层和工人的监督指导会有助于人和机器共同把工作做得更好。

8. 消除恐惧感，提高所有人的效率。营造相互信任。营造革新氛围。

9. 打破部门之间的壁垒。

· 为实现公司的目标和宗旨而尽可能优化团队和集体意识。

10. 消灭空洞的口号、说教以及生产目标。

11. 消灭量化目标和定额，而要学习和制订改善办法。

· 消灭目标管理法，而要学习各种程序的功能以及如何加以改善。

12. 消除有损计时工人和管理层之工作尊严的壁垒。取消年度考核或评分制度。

13. 制订一套人人都能参与的教育和进修计划。

14. 制订一项行动计划，并让公司里的所有人都为改革出力。

PART7

第七部分

适应和变革

PRINCIPLE-
CENTRED
LEADERSHIP

第二十八章

变“沼泽”为“绿洲”

TRANSFORMING A SWAMP INTO AN OASIS

在心里想象一下沼泽地的模样吧——肮脏，灰暗，潮湿，布满了泥土、水洼、杂草甚至陷阱。虫子在沼泽地里飞来飞去，鳄鱼、蟑螂、蜘蛛、毒蛇以及其他各种动物在这里悠闲自在。水是一潭死水，没有水流进来也没有水流出去。蘑菇和苔藓随处可见，熏天的臭气令人恶心。腐臭污浊的水洼里隐藏着各种各样的病菌。

现在，想象一下把这块肮脏的沼泽地渐渐变成一块美丽的绿洲。排干沼泽地里的污水，打开入口和出口让新鲜的水畅流不息，于是水洼渐渐变得清亮了。地面结实了，臭气没有了，草木再度呈现葳蕤景象，鲜花散发出怡人的香味，目光所及，到处是花草树木，还有专门用来处理污水的氧化塘。

沼泽地终于变成了真正的绿洲——一个绿树成荫、水清草美的地方。这里的水非常干净，喝下去都没有问题。现在，绿洲成了休息、工作和跟他人交流的理想场所。假如要你对它描绘一番，你肯定会说，它美丽、可爱、富有魅力、令人陶醉、宏伟壮观、赏心悦目。

改变你的处境

怎样把一块沼泽地——也就是你面临的恶劣处境或条件——变成可爱的绿洲呢？怎样做才能把沼泽变成绿洲？它是由若干细小的变化组成的。

首先，你所在的组织应当是农场，不是学校。它应当遵守自然规律和持久的原则，因为不管怎样，这些规律是肯定会起作用的。

只有按照原则建立起个人性格和人际关系的基本习惯，你才有可能把一个政治性沼泽地改造成一种全面品质文化。否则，质量及其他改革方案就无从谈起。

想象一下：假如把一种勾心斗角、墨守陈规、尔虞我诈和保护主义成风的沼泽式文化变成以自然规律和原则为基础的绿洲式文化，那么，你的收获将是不可估量的。通过扩大控制广度和充分利用人们的精力与才智，你可以节省一大笔钱。但怎样做到这一点呢？

从根本上讲，你必须营造一种内部安全感，让组织可以灵活地适应市场上的现实。人们越没有内部安全感，就越难以适应外部现实。他们必须有某种安全感，必须能够感到心里踏实、对未来有一定了解。他们也许会设法从体制和体系中寻求这种感觉，但那样只会造成官僚主义。它往往会造成组织僵化而无法迅速适应市场的变化。

只有在内心具有了安全感，人们才会心甘情愿、无怨无悔地做出改变。如果他们的安全有赖于外部环境，他们就会把变化看作威胁。我们必须具备一种永恒和安全感。我们不可能一直生活在变幻不定的状态。那样无异于每天遭遇一次地震。为了营造稳定性和可预见性，我们通常建立起体制和体系并拟订规章制度。但规章制度只会切断新鲜水（新思想）的流入，从而妨碍组织去适应变化。于是，沼泽式环境开始形成。积水浅浅的，而且从不流动，散发出刺鼻的恶臭（人们也都知道）。但假如在这种形势下存在竞争，那我们就会挺过去。一旦出现新的竞争——具有相互信任、团队协作、勤奋努力精神和重视质量与革新的竞争——我们就可以学习其方法并把它融入我们自己的文化，但假如不具备这样做的基础，那么，我们还是会深陷沼泽不能自拔。

一旦人们置身于一个政治性环境、觉得自己得到的报酬不公道，那会怎么样呢？他们会呼吁纠正错误。他们也许会组建联盟、谋求社会立法，或者进行集体抵制。这些措施体现着有所归属和得到承认的社会需求以及发挥才干和有所追求的精神需求。然而，组织往往变成一个弄权者当道、人们常常要察言观色的地方。

这种文化孕育了依赖性，而有依赖心理的人是不能寄予重托的。这就是许多放权方案不能产生预期效果的原因。人们也许会显得颇有主见和大权在握，但实际上往往是难以驾驭的危险人物——而一旦他们走错了方向，高级管理人员便收回权力、采用强制等多种手段进行控制——“你这样做的话我们也这样做。”但老的成功办法解决不了新的难题。当今时代，过去的成功毫无意义。

如果你是以原则为核心的人，就会拥有以原则为核心的领导班子，哪怕领导班子成员是有政治心态的人。跟一个以原则为核心的人长期相处就不会感觉不到那种刚正不阿的力量。喜欢要弄政治手腕的人要么会变得规矩一点，要么会主动退出。他们忍受不了那种廉正气氛，尤其不能忍受以原则为核心的人悄悄培养出这种气氛。而随着政客式的人物变得规矩一点或主动退出，你就会看到那种文化发生改变，从沼泽变成绿洲。

以原则为核心的领导班子能营造共识和一套原则并努力减少制约因素。业务经理主要着重于增强推动力。如果增强了推动力——一个组织的实力（其财务和人力），你会暂时取得一些改善。但这些改善会造成紧张，这种紧张会以新问题的面目爆发出来，进而要求新的推动力。业绩往往会减退，甚至有可能一路下滑，随着组织变得疲惫而悲观，情况会愈加恶化。推动力管理法必然导致危机管理法：在空中飞来飞去的球太多，需要解决的问题太多，它使人们把全部精力都用于应付日常需求和紧急任务。不过，“有希望就有永恒”，而新的方案总是会带来新的希望。

全面品质绿洲代表着理想状态。质量方案所依据的原则是持续不断地改善，不仅要改善产品和程序，而且要不断创新，要在征求客户的意见之前便预见到客户的愿望和需求。这样做不仅能让客户满意，还能赢得客户发自内心的忠诚。

W. 爱德华兹·戴明的思想在第二次世界大战结束后的日本找到了生根发芽的沃土。他给日本指出了一条改变文化之路。当时的日本千疮百孔，除了人之外几乎什么资源也没有。在那种令人气馁的形势下，他们很快便认识到，渡过难关并繁荣昌盛的唯一办法就是让人们勤奋工作、同心协力。在学校，在公司，他们大力开发人力资源。七个习惯的首要一条——相互依存——成为重要的社会准则。

依赖性文化中可以有经济交易活动，但不会有核心转变，也就是说，组织的管理方式不会发生根本性变化。大多数组织都要等到受了严重伤害才认真看待这一点。当然，受伤害的组织很多，几乎所有重要行业都在受伤害。而且，几乎所有大公司都在脱胎换骨。

变革型领导

过去这些年，孩子们当中比较流行的一种玩具是变形金刚。这种色彩鲜艳的东西其实是两种玩具合二为一，只需转动某些部件，它们就可以像变色龙一样变来变去——从机器人变成喷气式飞机。

在企业界，“变形金刚”也非常受欢迎。至少在管理杂志上，几乎每一页都有他们的踪迹——这是有充分理由的。《大趋势》一书的作者约翰·奈斯比特说：

> 我们都需要改造自己，这是生存大计。

毋庸置疑，世界正经历翻天覆地的变化。仔细观察就会注意到，几乎各行各业都在发生变化。在《宝瓶同谋》（Aquarian Conspiracy）一书中，作者玛里林·弗格森称之为惊人的震动、不可逆转的变化、崭新的思想，是“无数人觉悟上的转变，其威力足以给我们的文化带来巨变”。

这种变化迅速、深远而又彻底，连细心的观察者都有点应接不暇。有报道说，今后几年发生的变化将比过去几个世纪发生的变化还要多。但有的人对此毫无知觉。犹如最后一条发现水的鱼，他们对显而易见的事物竟然视若无睹。他们察觉不到过去与现在、今天与明天的差别。

在我看来，这些翻天覆地的变化将从此改变许多公司的运营方式。跟不上这些变化的人和产品很快就会被淘汰。

顺潮流而动

有些悲观主义者也许会认为淘汰是变化的必然结果，但是，积极处世的高级管理人员会不断革新并提高市场份额。这其中的秘诀在于，先认清潮流，然后根据潮流进行变革。

例如，PC杂志报道说，微型计算机将先于小型计算机和大型计算机“改变计算方法、计算机用户甚至我们这个社会的面貌和本世纪的生活”。

这一“大运算趋势”表明，到20世纪末，“几乎每张办公桌上都将摆上一台计算机，而家庭用计算机将跟电视机一样普及。个人计算机将使工作效率提高20%，高级管理人员将更加热衷于使用计算机，声音输入法将大显神通——把所有电话变成一台既能输入也能输出的功能齐全的终端机。”

精明的高级管理人员会注意到这个运算趋势并进行必要的变革。许多社会观察家都在论述这个“大趋势”，让我们了解到这些变化有多么巨大。为简洁起见，我将从三个方面——经济、技术和社会文化——来比较传统模式与新兴模式。

传统模式	**新兴模式**
经济	
工业时代的规则	信息时代的规则
稳定的经济	变幻莫测的经济
稳定的市场	供货商易变的市场与供货商
流水线生产	个性化服务
国内竞争	国际竞争
体力	脑力

技术	
机械技术	电子技术
可预见的技术革新（10年）	迅速而难以预见的技术革新（18个月）
社会文化	
认可独裁专制的等级体系	日益期望员工参与
稳定的男性工人	女性、少数民族、生育高峰时期出生的人
出生率呈现上升	出生率呈现下降
受外部环境驱动（物质准则）	受内心感受驱动（生活质量准则）
全体背离占主导地位的社会和经济准则	重振占主导地位的社会和经济准则

这些新兴趋势的深度和广度要求各个组织的领导人具有变革精神。

对业务经理和高级管理人员的意义

这些变化意味着管理理念和实践活动必须大大改变。许多公司及其经理人员并没有顺应潮流进行变革。例如，我们的社会重视民主，但许多公司实行的是独裁；我们的社会重视资本主义，但许多组织实行的是封建主义。我们的社会已走向多元化，而许多公司还在谋求同一性。或许，最根本的一点是要了解人的全部秉性。动机理论的体系已经从胃（物质的和经济的）转向心（良好的人际关系、优厚的待遇）再转向精神（超越目标或目的感）。

人性概念的扩大使经理人员的角色发生变化，从主角变为开发者，从指挥官变为顾问，从发号施令者变为导师，从决策者变为准则澄清者与执行楷模。新型经理人员从对抗性对话转向真诚坦率的对话，从大权独揽转向权力分享，从敌对关系（非赢即输）转向以互利互惠为基础的协作关系（双赢）。

我们可以把这种“模式变化”看成一个统一体，一面是外部控制，另一面是内部控制或承诺——从肤浅的人际关系到充分利用人力资源。

新型领导人逐渐学会“读懂”每一种形势并采取相应措施。这种新型领导作风的一个典范就是肯·布兰查德的“因材施教之情境领导”。正如他所说，这种领导方式是指领导人必须使自己的作风与下属的能力和完善程度（才干与承诺）相适应。这样的领导人必须具备出色的分析问题能力和多种多样的管理方法，并有勇气灵活使用最恰当的一种。

个人变化先于组织变化

个人变化必须先于或至少同步于管理层和组织的变化，这可以说是公认的道理。否则，表里不一和三心二意将造成玩世不恭和心神不定。生命的规律就是，不成长则消亡，不发展则停滞。

试图改变组织或管理方式之前不首先改变自身的习惯就好比有心提高网球赛成绩却不首先去锻炼身体增强力量以便打出好球。凡事必须有先后之分。我们必须先会爬然后才能走，先会走然后才能跑。不先改变个人习惯就不可能改变管理方式。

心理学家威廉·詹姆斯认为：

要改变个人习惯，首先，我们要在内心坚定不移地愿意为改变习惯付出一切必要代价；其次，我们要抓住运用新惯例或新技能的第一次机会；最后，我们不能容许有例外，直到新习惯牢牢地植根于我们的性格。

当然，变化——无论是个人的还是组织的——都带有一定程度的风险。正是由于这种风险和害怕失败，许多人抵制变化。能适应环境变化的人通常在内心拥有一套坚定不移的价值观并且在行动中与这些价值观保持一致。这种廉正诚实增强了他们的自尊心并为安全感奠定了基础，有了安全感，他们就能对不断变化的形势应付自如。

处于“前沿”的公司往往占据竞争优势。这些公司往往是引领潮流的年轻公司，这不足为奇。

虽然老牌公司——如美国钢铁公司和通用汽车公司的变革方式会有所不同，但正如约翰·奈斯比特所说，所有公司都必须“彻底改造”或改变自己。以惯性和回忆为动力的人恐怕会发现自己正迈向悬崖。

互动型领导

变革型领导与互动型领导是不一样的。从根本上讲，前者是指我们改变自己所处环境的现实使之符合我们的价值观和理想。后者着重与不断变化的现实进行有效的互动。变革型领导着重“大标题”、以原则为核心。互动型领导着重结果，以事件为核心。变革型领导和互动型领导还可以从其他方面进行对比，如下：

变革型领导

· 建立在人们对价值的追求之上

· 关注的是目标与准则、伦理与道德规范
· 超越日常事务
· 着眼于在不损害人的价值观和原则的情况下实现长远目标
· 分清因果、设法预防
· 视利润为增长的基础
· 积极处世、具有促进作用、有耐心
· 更多地强调使命和实现使命的策略
· 充分利用人力资源
· 识别和培养新的人才
· 承认并奖励重大贡献
· 设计和重新设计岗位职责使之富有意义和挑战性
· 释放人的潜能
· 爱心的典范
· 开辟新思路
· 调整内部结构与体制以便强化至关重要的准则和目标

互动型领导

· 建立在人们通过工作谋生的需求之上
· 关注的是权力与地位、手腕和特权
· 为日常事务所缠身
· 着眼于短期和硬数据
· 因果不分、更重视治疗而非预防
· 强调战术问题
· 依靠人际关系来促进人际交往
· 遵守和履行职责、努力在现行体制下干好本职工作
· 支持能强化结果、提高效率和保障短期利润的结构与体制

显然，这两种领导方式都是必要的。但变革型领导必须是母体，因为互动要在它所提供的参照标准和战略界限内进行。如果不知道需要什么样的变革，高级管理人员和他们的经理就会按照政治性工作日程和时间表办事。

变革型领导的目标是彻底地“改造”人和组织——改变他们的思想与灵魂；扩大视野、增长见识、加深了解；澄清目标；使行动与信仰、原则和准则保持一致；实行生命力持久的变革。

我个人坚信，在任何组织任何情况下，人都是变革的催化剂，是“改造者”。这样的个人犹如酵母能发酵一整块面包。做一个有变革精神的领导人需要有远见卓识、锐意进取、耐心细致、尊重他人、锲而不舍、不屈不挠、信念坚定。

第二十九章

公司宪法的意义

CORPORATE CONSTITUTIONS

无论对个人还是对组织来说，成文的公司宪法都会是一份宝贵的文件。正如托马斯·杰斐逊在谈到美国宪法时所说："我们的安全保障在于拥有一部成文宪法。"

使命宣言——不管是个人的还是公司的——能使人们掌握自己的命运从而增强内心的安全感。

撰写使命宣言就是勾画草图、提出标准、制订宪法。这项工程值得人们广泛参与。从我的经验来看，凡是有意识让员工参与拟订使命宣言的公司都制订出了优秀的宪法。这是我们社会的基本原则：顺应民意进行治理（管理）。人人都有是非感，一旦参与，他们就会谱写出辉煌的篇章。

例如，在皮尔斯伯里公司——这家经营项目丰富多彩的公司增长迅速，其规模在过去十年间扩大了近两倍——高级管理人员有一天突然"感到忐忑不安，因为我们一心追求财务目标，却没有去帮助员工适应公司的急剧增长。我们决定发表某种声明，公开宣布皮尔斯伯里所应当体现的理念。这份声明必须言简意赅，允许大家去幻想、去冒险、去发挥创造性思维，把我们的文化从保守、迟缓和官僚变成以人为本、注重革新、鼓励个人的首创精神”。

皮尔斯伯里花了一年时间，让两百名业务经理在全公司征求意见，最后出台了一份只有一页的宪法，也就是他们的任务和准则说明书。

这样做带来了什么变化呢？负责人力资源的副总裁弗吉妮娅·沃德说：“现在，公司上下所有人都对我们的任务和准则产生了主人翁的感觉。由于我们的任务和准则是有原则的，因此对人的管理更加有效。大家都对未来充满了乐观与激情。”

这就是公司宪法的力量。我们美国拥有一部卓越的宪法。约翰·亚当斯说，美国宪法是写给一个有道德观念的民族的。大多数公司使命宣言也假定员工具有基本的道德观念、诚实品质和社会责任感。

使命宣言能使你集中精力并具有明确的奋斗方向和目标。它能防止你分散注意力或偏离正轨。它还能让你集中精力与财力，而不必把时间、金钱和力气浪费在徒劳无益、与生命的意义无关的事情上。

用使命宣言来指导和贯穿你的生命吧。提高自主性能使你增强内心的安全感。假如你把自己的安全感建立在他人的软弱之上，你就会听任他们的软弱来摆布。假如你把它建立在竞争对手的软弱之上，那你其实是在助长他们的力量。另一方面，假如你以自己的任务和准则说明书为行动指南，你的生命就不会受到外部力量的太大伤害。事实上，你的关注焦点将逐渐开始影响你的生活道路。

使命宣言是进行思考和管理的框架。要对它定期检讨，要问问自己："我们尽全力遵守它了吗？我们制止住问题的发生了吗？"凡事采用权宜之计的管理法会导致疲于应付危机的管理法。危机会像波浪一样接二连三。由于麻烦不断，生命开始沦为一个巨大的难题。玩世不恭情绪和疲惫感随即产生。

例如，我们接触过一家想树立成本意识的企业。于是公司展开宣传运动，所有人都具备了成本意识，却忘记了新业务。于是新的宣传运动是开拓新的业务。所有人都出去寻找新的业务，却忽视了内部关系。接下来匆匆忙忙开展的运动是人际关系。一项运动接着一项运动。玩世不恭情绪弥漫开来，最后人们不再支持开展运动。他们转而把精力用于勾心斗角、拉帮结派和保护自己的地盘。

家庭中也会发生这种情况。许多家庭都靠权宜之计和眼前的满足感维系着，而没有合理的原则和充分的感情投入。然后，紧张和压力日积月累，人们开始大喊大叫、做出过火的举动，或者吹毛求疵、冷嘲热讽或保持沉默。孩子们看到这一切，以为这就是解决问题的办法——要么斗，要么逃。于是这种恶性循环一代一代地传递下去。制订一部家庭宪法才能从根本上解决问题。

要想在长远内有所作为，就应当确定核心准则和目标并使各项体制与这些准则和目标保持一致。奠定基础，保障基础的稳定。一个家庭的核心在于什么东西是永远不变、永远不会消失的。这一点可以在家庭的使命宣言中体现出来。问问你自己："我们珍惜的是什么？我们为什么要建立家庭？我们代表着什么？我们的基本任务、我们存在的理由是什么？"

假如你们明确了基本目标、形成了共同构想和价值观，那就能成功地应付今后生活中任何情况。任务能让人兴奋。它能让人们以一种成熟而恰当的方法处理问题和讨论问题。如果有梦想、使命和憧憬，它就会渗透整个组织并决定其行动。

原则是永恒的普遍规律，它能给人以力量。从原则的角度进行思考的人能想到原则的许多用途，因而能够在各种各样的条件和形势下解决难题。另一方面，从惯常做法的角度进行思考的人往往局限于这种做法在特定条件下的效用。

原则的用途无穷无尽，不亚于形势的多变。它们往往是能自我证实、不言自明的普遍真理。一旦我们开始认同某个正确的原则，就会对它烂熟于心，进而视之为“常识”。危险在于，我们也许会随随便便把它抛弃，而不去深刻领会这个具体的原则在当前形势下有什么价值。

在我们讨论制订个人和公司“宪法”应遵循的原则时很容易看出这一点。不管是个人还是组织，其生命中都要运用某些重要原则。原则孕育出方法，方法又给原则注入活力。

使命宣言有助于人们取得成功是因为它能回答一些关键问题，比如“我想干什么？”“我想成为什么样的人？”等等。所谓成功，其实就是成为你理想中的样子和做你想做的事情。

对于组织来说也是如此。一个组织必须具有某种特性、某种迫切的任务，它才会取得辉煌的成绩。为目标而奋斗还不够。要释放出一个组织的生产能力，就不仅要强调你想干什么，还要强调你想成为什么样的组织。因此公司宪法要回答为什么的问题。

例如，我们公司跟沃尔特—迪斯尼公司进行过一些合作。当然，最初沃尔特是整个迪斯尼的催化剂。二十多年前他去世以后，迪斯尼公司致力于完成他的宏伟计划——埃普科特中心。该中心建成以后，生产和设计班子从2 200名工程师、艺术家和技术人员减少到500人左右，士气一落千丈。

为创造新的增长点，一班人马为公司拟订了一份使命宣言，但大家都不愿接受，因为他们没有参与其中。后来，他们耗时数月广泛征求了公司各级员工的意见，重新撰写了一份使命宣言。如今他们有了新的任务，再次充满了干劲。迪斯尼的新方针所秉承的精神是“我们的目标不是模仿大师，而是追求他们所追求的东西”。显然，这就是前进的动力。

公司使命宣言能赋予企业以意义。意义是现代劳动者的重大需要。为了挣口饭吃而工作或者因为受到良好待遇而坚守岗位是不够的。有机会贡献自己的才干和发挥自己的一点潜力也是不够的。在当今时代，意义是一个组织取得成功不可或缺的要素。

如何制订自己的宪法

个人和公司制订宪法必须经过若干具体步骤：第一，扩大视角；第二，明确准则；第三，检验一下它是否适合你；第四，检验一下你是否适合它。

• **扩大视角**。无论是个人还是组织，我们日复一日地每天为生计奔波，通常都需要退后一步扩大视角，反省一下到底什么才是重要的。

这种“视角经历”也许是有计划的，也许是无计划的。无计划的经历也许包括亲人去世、罹患重病、收入减少或陷入极端逆境。在这些时候，我们会退后一步审视生活，对自己提出一些非常严肃的问题。我们认为真正重要的是什么？我们为什么要做自己正做着的事情？假如我们不必靠现在所做的事情来赚钱，那我们会去做什么？通过这种自我评价，我们往往能够扩大视角。

积极处世的人可以通过有计划的经历来扩大视角，比如听取同一组织或处境下的其他人的看法。他们思忖的问题是："对组织来说最重要的是什么？我们能做点什么贡献？我们所做的事情有何意义？我们为何而存在？我们想成为什么样？我们想干什么？"形形色色的观点有助于扩大视角。随着个人追求自我和组织的最佳状态，真正的协作就会产生。协作就是尊重分歧、探索最佳解决办法。

惠普公司常用的"闲逛管理法"也是扩大公司视角的一个好办法。人们常常不愿公开发表太多意见，因为他们觉得自己不是管理机构的一分子；他们怀疑是不是真的有人需要或重视他们的准则和观点；或者，他们觉得把自己的观点说出来会有风险。克服这种情绪的一个办法是提出若干问题进行小组讨论并提交讨论结果。对这些结果可以汇编，并予以答复。一旦人们看到自己的工作得到重视，就会心甘情愿做出更多贡献。

这一扩大视角、听取他人意见和设法在组织内获得最佳、最大效果的过程不应草率了事。它需要花费时间，就一家大型组织来说需要好几个月。

• **明确准则**。在扩大了视角、吸纳了许多新的观点之后，就必须由一些人来负责起草一份组织使命宣言，要把迄今为止收集、听取和征求到的意见都考虑在内。

然后，把这份草稿反馈给整个组织的全部成员，注明"我们也感到不太满意"。措词本身能透露出管理层对这份使命宣言的重视程度。没有经过仔细斟酌和润色的使命宣言也不会在决策中发挥重大作用。最优秀的使命宣言来自于人们本着相互尊重的精神聚集到一起、阐明各自的观点并齐心协力创造超出个人能力所及的成就。

• **检验它是否适合你**。进一步修改使命宣言或宪法，并提出一些问题来进行检验："这符合我的准则吗？它能鼓舞我的信心、给予我动力吗？它能抓住公司的灵魂吗？它能体现这个组织的精髓吗？"

不妨用两个相互重叠的圆圈来衡量这部宪法。一个圆圈代表着组织的价值体系，另一个圆圈代表着个人的价值体系。这两个圆圈的重叠部分越多，组织的效率往往就越高。要检验使命宣言是否恰当。

• **检验你是否适合它**。在对使命宣言经过这番检验之后，大多数人现在需要有机会实践一段时间，检验一下组织是否能适应它。由于这些共同准则是公司的灵魂，所有政策、计划、战略、制度和体系都应当与之协调。

随着时间的推移，撰写和润色使命宣言的过程成为一个组织改善自我的重要途径。不妨定期这样做来扩大视角、改变重点或方向、修改或补充过时的语句。

有了宪法就有了连贯性。这是依据一份大家共同参与拟订的使命宣言进行管理和领导的诸多好处之一。它能带来长期一贯性，有助于高级管理人员保持长远的竞争优势，因为他们拥有明确的方向和目标。而且，一旦个人的准则与组织的准则实现一致，大家就能齐心协力为共同的目标而奋斗。他们在团队中做出的成绩将超过他们独自工作时的成绩。生产能力不是稍有起色，而是大有改进。

不间断的过程

随着变化和成长，你的观点和准则也许会彻底改变。你必须使自己的使命宣言跟上步伐并同你的准则保持一致。下面这些问题会对你有帮助：

· 我的使命宣言是以我目前所奉行并已得到证明的原则为基础的吗？

· 我觉得这能体现我的精髓吗？

· 当我重新审视这份说明书时，我能感觉到方向、目标、挑战和动力吗？

· 我明白哪些策略和技巧有助于实现我所写下的东西吗？

· 我现在该干些什么才能抵达我明天想去的地方？

切记，人生的最大成就莫过于树立最崇高的目标。你的宪法会有助于你保持最佳状态并每天取得最佳成绩。

第三十章 通用使命宣言

UNIVERSAL MISSION STATEMENT

你也许希望按照一个12字通用说明书来拟订个人生活和事业上的任务。这一通用说明书体现的是中层（不是宏观也不是微观）领导。

中层。中层领导主要涉及眼光与管理，也就是作为一名领导和经理人员应有的职责。

宏观。宏观领导涉及战略目标以及如何编排制度和体系并建立程序来实现这些目标。

微观。微观领导涉及关系，涉及培养感情以便树立威信，这样人们就会心甘情愿服从你并同你的眼光与任务保持一致。

能力出众的高级管理人员把大多数时间和精力用于中层和微观领导。他们着重同共事最多的人保持和增进关系。

通用使命宣言旨在体现出领导人物的眼光与服务意识。它力图用简短的一句话阐明组织的核心准则，使一切具有意义、方向和凝聚力。

要发挥作用，使命宣言就应当言简意赅，以便人们将它记在心里并融为自我意识的一部分。但它又必须面面俱到。这似乎有点自相矛盾。怎样才能既言简意赅又面面俱到呢？办法就是简洁、笼统。比如我们都知道，在计算机领域，技术越先进，产品就越简单。使命宣言也是如此。假如使命宣言是你的“软件”，你就能用它来开展工作。

这并不意味着使命宣言将取代组织的目标，但它的确将引导那些目标并给其他一切创造环境和凝聚力。

通用使命宣言应当涉及一个人在长远和短期内应负责任的方方面面。它可以适用于所有组织，是领导人物在制订他们自己的使命宣言时可以参照的共同标准。它的大致内容是：

改善一切利益共享者的经济状况和生活质量。

三个关键部分

现在我来剖析一下这份使用宣言的三个关键词。

1. 经济状况。为什么我们要把经济因素摆在最前面呢？因为成立组织主要就是出于经济目的。就业是人们的谋生之路。它不同于家庭、教会或互助会。工作是为了创造财富、生产出人们在日常生活中可以使用和消费的物品——最好能换来足够的钱用于支付税收、学费等等。

我们有时会看不到这个简单的事实。这正是我以前在哈佛大学商学院的教授亚伯拉罕·扎莱兹尼克在《真正的工作》(见1989年1—2月的《哈佛商业评论》)一文中阐述的观点。汤姆·彼得斯和鲍勃·沃特曼也在《追求卓越》一书中写道：公司存在的目的就是制造和出售产品。《营销管理》一书的作者特德·莱维特说：公司存在的目的是赢得并留住客户。很简单的道理。

2. 生活质量。个人和组织有时会觉得，如果他们还不太富裕，生活质量的问题就无从谈起。从历史的角度来讲是这么回事，在所有人当中，大概90%的人没有考虑过生活质量的问题，他们考虑的只是生存问题。即便是在当今美国，大概也只有50%的人有时间并且愿意花时间关注生活质量。我们之所以有那么多旨在促进娱乐、继续教育、健身、休闲、旅游的立法和社会运动，原因之一就在这里。二战结束以来的四十四年间，这些跟生活质量有关的行业在美国蓬勃兴起。

企业的高级管理人员应当关心利益共享者的整体生活质量，但他们的首要职责是提高工作生活的质量，其他机构——学校、家庭、教会——则更多地关注私生活。

我认为生活质量有五个方面：

- **认可与关爱。**人人都需要有所归属并得到认可，需要同他人志同道合、建立双赢关系，需要付出和得到关爱。
- **挑战与成长。**人人都需要体验挑战和反抗，需要成长和发展，需要充分发挥潜力，需要见多识广和富有创造力。绝大多数劳动者所具备的能力、智慧、知识和进取心远远超出当前工作对他们的容许或要求限度。太浪费了！生活质量太差了！领导人物必须识别、培养、使用和承认人才，否则人们就会另谋高就。
- **目标与意义。**人们还需要有目标和意义，以便为有意义的东西贡献力量。人们可以挣大钱并拥有各种成长经历和良好的关系，但假如他们的工作不能真正令人满意，或者说，假如他们的工作成果不能对社会做出建设性的贡献，那么，他们就不会产生最大程度的动力。

经济因素是外在的。但工作不仅仅是为了挣钱。金钱是达到目的的手段。工作也是为了内心的满足感——工作的性质、工作中建立的关系以及为某种有意义的东西贡献力量的成就感本身就能令人身心愉悦。

- **公正与机遇**。就人类的动力而言，基本原则是经济上的公正和内在的机遇。研究人类动力的专家、犹他大学的教授弗雷德里克·赫茨伯格提出了“令人不满的因素”和“令人满意的因素”的概念，或称激发因素。令人不满的因素就是经济上的不平等感。一旦人们心怀不满，就会采取这样那样的方式与组织对抗，以便给他们的生命注入内聚力和意义。因此，一个人的“经济状况”和“生活质量”是息息相关的。

- **生活平衡**。假如人们在经济收入方面得到了公正、正义和平等，但他们在组织内缺乏挑战和意义，那他们会怎么做呢？他们会强烈要求更多的工资、补贴和休假，因为有了金钱和时间，他们就有机会去做自己感兴趣的事，从而在工作之外找到内心的满足感。因此，领导班子的真正挑战是认识到这些不仅仅是人们的需求，而且也是生产力。假如这其中的任何一项需求得不到满足，被忽视的生产力就会与组织作对。

例如，假如使命宣言一味强调经济方面而不重视社会、心理和精神方面，那它恐怕会促使人们从事第二职业，利用自己的才能与精力去赚外快，这样他们就能在工作之余拥有更多时间、找到更多的成就感。

3. 一切利益共享者。这份通用说明书涉及一切利益共享者。利益共享者是指谁呢？要回答这个问题，最好的办法是问一问“假如企业倒闭，谁会遭殃？”

谁会遭殃取决于具体情况。假如业主把毕生积蓄投入了企业，因而冒有极大的风险，那么，一旦企业倒闭，他们所受的损失就会最大。其他人可以另找工作，但业主恐怕会被扫地出门、不得不重新开始。他们也许不得不在相当长一段时间内偿还大笔债务。然而，假如业主腰缠万贯并拥有多处资产，那么，假如某一笔投资亏损或某一家企业倒闭，他们未必会受损失。但员工也许会损失惨重，尤其如果他们是专业人员而所处的城镇只有一种行业且培训和技术不当的话。此外，供货商也会遭受巨额损失。连锁反应可能会殃及同一领域的其他许多人。

要判断、识别并有意识服务于一切利益共享者——也就是与企业的兴衰沉浮有着利害关系的所有人——包括客户、供货商、分销商、中间商、业界人士以及所有公众。因为假如企业领导人变得唯利是图，就会逐渐造成一种玩世不恭的氛围，成为千夫所指，并伤害同一行业的其他许多公司。更有甚者，这种做法也许会导致制订专门的立法来避免“大企业”从事肮脏勾当。

公司领导人应当对某些社会问题具有高度责任感，参与并鼓励员工参与社会事务。例如，宝洁公司总裁约翰·佩珀曾请我向辛辛那提中小学校理事会转达他对某些问题的看法。其他许多组织倡导员工志愿参加社会和教育项目的工作，因为它们知道，这直接关系到某些利益共享者并间接关系到整个企业的风气。

利益共享者不仅仅是指股东。大多数使命宣言主要着眼于股东——具体地讲，就是着眼于短期分红。其中一个原因在于，许多组织的股东都是小股东，他们指望着这份收入；假如失去这份收入，他们的生活就会被打乱。但“杀鸡取卵”的弊端在于，假如我们只看眼前而杀掉鸡，就不会得到更多的蛋——那样一来，受害的不仅仅是股东，而且是一切利益共享者。

不妨想想这样一种景象：一位企业家把他的员工们带到一个风景优美的地方对他们说：“感谢你们这些年来付出的劳动，假如你们继续努力，我可以告诉你们，有朝一日这地方将全归我。”有些使命宣言的言外之意就是这样。某大型公司对其任务的阐述从根本上讲就是“壮大业主的资产”。

我问这家公司的总经理：“假如你把这样一份使命宣言贴在墙上，它能激发员工的奉献精神、得到客户的赞许吗？它能表明你真的关心他们吗？”

组织内的平等与公正体现在一种良心上。假如人们的付出高于回报，就会带来许多负面后果。反过来，假如回报高于付出，那也是社会生态中的一种不公正，最终会对其他事情产生负面影响。

正因为如此，中层领导需要一种全方位的服务意识并慎重地兼顾各方面的利益。中层领导不是互动。人力资源运动把人称作一种资产和资源；其实不止如此，他们本身具有内在的宝贵价值，而不仅仅是一种资产。如果看不到人的内在价值，你就会陷入利用主义。你会把他们当作重要资产来“呵护”，却无视他们的性情和内在价值感。归根结底，重视人力资源的领导风格是互动——不是改变，也不是协作。

以原则为核心的领导风格是变革，因为它使人们相信自己不仅仅是性情中人而且遵守着不受时间限制的正确原则，尤其是如果这些原则在使命宣言中得到阐述并融入管理作风、实践、程序、政策、战略方针、体制等等。于是人们就会认定“这个地方是按原则办事的”，所有人（包括高层人物）都要对这些原则负责、对彼此负责。

事实上，我可以绘制出一幅崭新的组织图：图中央是正确的原则，周围是各种管理人员。董事长和其他所有人都必须遵守这些原则。

我的意思是，不管是否付诸文字，这份通用使命宣言已经在起作用。它好比一条自然法则：你不可能违反它而不受惩罚。

五个重要益处

我认为这份通用使命宣言有五个基本优点。

- **生态平衡**。通用使命宣言有助于你从生态学的角度考虑一切利益共享者。你心里明白，坚持原则可以使一切利益共享者都享受到协作的好处。
- **短见与远见**。通用使命宣言表明，假如目光短浅，从长远来看就无异于杀鸡取卵。
- **职业挑战**。十二字通用使命宣言所包含的挑战足以让领导人在其整个职业生涯中去努力应对。
- **管理背景**。在通用使命宣言设定的范围内可以更好地制订政策和程序、战略、制度与体系。
- **个人的服务意识**。通用使命宣言能激发对人和其他资源的服务意识。

再说一遍，我认为这是一份适用于所有领导人物的使命宣言，而未必一定是针对组织企业的，不过，领导人物也许会希望把这些理念融入其组织的使命宣言。他们也许还会希望把这些理念融入其个人和家庭的使命宣言。有了通用使命宣言绝不意味着不再需要个人、家庭或公司的使命宣言。每个组织都应当有自己的使命宣言，但它完全可以是通用使命宣言的扩展：

改善一切利益共享者的经济状况和生活质量。

第三十一章

以原则为核心的学习环境

PRINCIPLE-CENTERED LEARNING ENVIRONMENT

当前的教育形势堪称一片布满地雷的旷野。总的来说，教育的未来发展方向还是未知数。要描述和预测教育成就，至多只能说是捉摸不定。这种难以预料的状况造就了争议地雷。

争议使教育工作者无法专心工作。他们衷心希望培养下一代，但人们的期望形形色色且相互矛盾。社会似乎想让教育工作根除它的一切顽疾，指望教育体系纠正和弥补家庭以及教会、政府等其他机构的不足之处。

之所以存在这些相互矛盾的期望，是因为信任度太低。信任度低则交流状况恶化。敌对性交流、人与人之间的冲突、部门之间的对立屡见不鲜。人们形成了一种受围心态。他们往往诉诸于立法，用立法来实现自己的愿望。他们向压力集团游说，极力推销他们的主张，而集团之间总是有冲突的，后果就是相互信任度呈螺旋形下降。人们越来越感到失意，逐渐产生沮丧感和无助感。许多教育工作者竭尽全力，但由于他们容易受到抨击，最终变得心灰意冷。

教育工作者常常形成一种生存心态。他们在心里想着“我们怎样挨过这一天？”他们敷衍塞责，有时躲进各自的教室，只有在教室里，他们的感情账户上才能得到一点储蓄。他们觉得不受重视、大材小用。许多行政管理人员也有这种感觉。人类最强烈的渴望之一就是得到重视和认可，这一切恰恰太缺乏。于是这个恶性循环越绕越大、越绕越快。

缺乏共同构想妨碍变革

经常出现的另外一种心态可称作匮乏心态。由于僧多粥少，匮乏感十分明显。人们想着“假如我不拿自己那份儿，别人就会拿走”或者“假如别人获得一大份资源甚至某种形式的认可，我就会受损失”。于是他们开始产生敌对情绪、非赢即输思维、保护主义和戒备心理。这种互不信任和彼此戒备的气氛已经成为我们社会的一个严重问题，带来了许多负面影响。

社会采取了许多办法来解决教育问题，制订了各种各样的计划。然而，这些计划往往导致混乱和各自为政的态度。为什么呢？因为没有共识。由于没有一套共同的标准、参比依据和总体看法，人们变得相互敌对，常常勾心斗角、拉帮结派。

由于缺乏共识，各种群体都极力制订符合自身特殊需要的法律。公众要求增强责任感。教师要求放宽对他们的约束、给予他们更多自由。家长要求有更多的衡量办法，也就是更多明确、量化的评判标准。这整个过程需要不断耗费大量精力，致使教师和行政管理人员都焦头烂额。它导致批评之声不绝于耳，各方动辄相互指责。

教师和教育工作者需要什么样的共识呢？教师可以学着帮助学生提高能力。扮演帮助者的角色可以使他们更好地满足不同学生的需要。一旦能力得到提高，学生们就会对自己的学习过程更有责任感。教师不再局限于自身知识，局面大为改观。

这一新的共识可以解放教师，使他们得以充分发挥其创造力。它使教师回归初学者态度而非以大师自居。一旦某个人自我感觉是某方面的大师，他就会停止学习。一旦停止了学习，人们就会开始设法维护现状，不愿和睦相处。一旦融洽关系受到限制，学习环境就会受到影响。

到头来，孩子们不得不处于一种气氛恶劣的环境中。在充满互不信任、敌对关系、高度压力和各种期望的现实中，他们成为受害者。事实上，这种环境不仅使他们受害，而且对他们的性格产生强大的影响。他们开始审视这个环境，无意中吸纳了它的行为方式与解决问题的方法。人们逐渐树立了非赢即输、非输即赢思维。因此，他们的对策就是放弃、战斗或逃避。

事实上，孩子们对教师职业的整个印象常常使他们自身不愿教书育人。假如教师职业在整个社会中丧失了信誉和影响力，年轻人将来就不会有能力对自己的学习和生活负责。

教师和教育界领导人应当从一开始就抱定目标，这一点非常重要。不妨在一开始便拟订一份个人使命宣言或展望书，其中必须包含两点：你的一生是为了什么？你打算怎样去做？换言之，就是目标与原则。这是一个非常艰难、有时十分痛苦的过程。但是，要改善一个人的生活——巩固一桩婚姻、一个家庭或一个组织——最有效的莫过于拟订一份使命宣言。

变化的自然规律

刚正不阿有助于培养毅力。“敢说敢做”——尤其是如果关系到你正设法维护的准则时——就是要不断提高能力，在个人生活和事业方面不断向前发展。有了毅力与能力，就必定能取得信任、也的确值得信任。而有了信任，身为行政管理人员或教师就能有办法培养学生的能力，并能产生更大范围的感化力，对教育体系的模式与结构产生影响。

我们越是尊重自然规律或原则、变得以原则为核心并在同他人的关系中遵守这些原则，相互信任感就越能得到加强和深化。这种信任能使我们一点一点地不断扩大影响力范围。

刚开始可以在大量平庸之辈当中发掘一批精英。假如你到全国各地走一走，观察一下形形色色的中小学校，你就会明白这一点。那里不乏积极处世的人——也就是在内心遵守自身价值体系的人——他们有内在准则并坚定不移地实践其价值体系。

"配平调整片"因素

巴克明斯特·富勒曾谈到"配平调整片"因素。在巨型轮船上，船舵上面还有一个微型船舵叫做配平调整片。轻轻移动配平调整片，船舵就会慢慢转动，最终改变巨轮的前进方向。

在你的个人使命宣言中，不妨把你自己当作一个配平调整片，把你自己当作变化的催化剂。如果你对自己的生态系统做出一些改变，并相信自己通过耐心和勤奋就能在其他生态系统中引起反响，那么，你就成为我们所说的"过渡人物"——阻止某些倾向代代相传的人。例如，你也许会发现子女身上有一些你不喜欢的倾向，但这些倾向已经渗透你的身心。你也许还会发现父母或祖父母身上也有这些相同的倾向。

过渡人物就是一个家庭内部的配平调整片，只要他们在内心有防患于未然意识、同情心、协作精神和提高自我修养的愿望，就能够阻止不良倾向继续传播。他们可以成为一股强大的影响力源泉，把小小的影响力范围不断扩大。

也许有人会说，这需要毕生的努力。然而，这种过渡人物、催化剂、配平调整片对整个文化产生影响的速度之快令人惊讶。有时变化会在短短几个月之内发生，有时需要一两年，有时只需几个星期。不妨在家里试行30天。你会看到整个生态系统都因为这一积极的力量源泉而逐渐改变。在教室里也是如此！

分担责任

我们称为营造“以原则为核心的学习环境”。从历史的角度来看，教育界的压力全都是针对师生关系的。教育体系的利益共享者把一切过错和责任都记在学生和教师的头上。在以原则为核心的学习环境中，我们转移目光，着重改善学习环境，从而培养学生的信任感和能力。

教育界的集体谈判严重削弱了相互信任，教师与行政管理人员之间的信任、家长与社区之间的信任以及人们对教育体系之成效的信任都不复存在。受害的是学生。大多数人以为学习环境就是指教师和学生，因此社会只着眼于一个教师在一个学生身上取得的教育成果。

在以原则为核心的学习环境中，我们确认出一切利益共享者。每个利益共享者都有责任为孩子们成长和提高能力提供一个最佳学习环境，他们应当平等分担这份责任。例如，教育大家庭包括中央管理处、学校理事会、基层管理处和教师。这些利益共享者

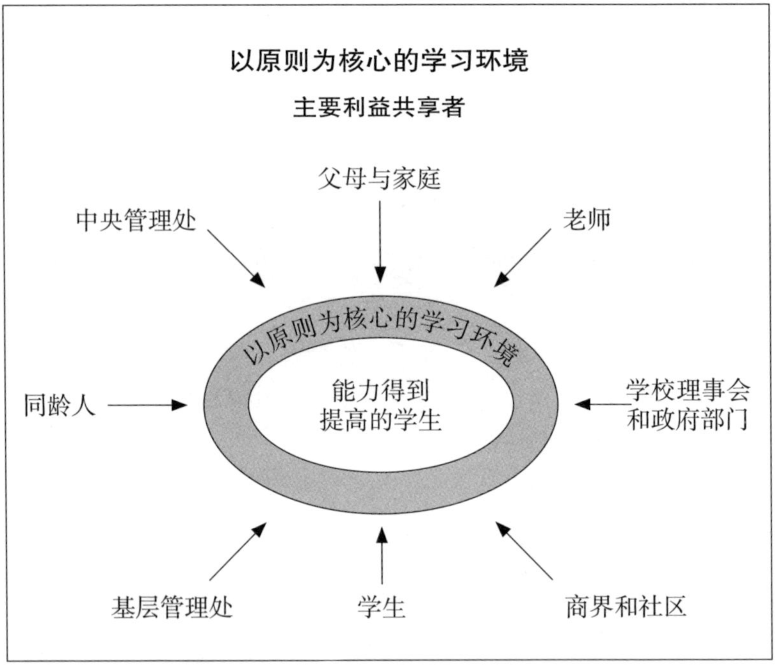

都对学习环境负有各自的责任，都有自己该做的事情，都能提供一定资源并确保这些资源充分发挥效用。私人空间的父母和公共空间的商界也都在学习环境中有既得利益。

在同家长和教育工作者合作时，我们谈到“准备就绪状态”。准备就绪是教育中常用的一个词。大多数州都在关注准备就绪计划：学生是否做好了上幼儿园或上一年级的准备。准备就绪计划通常在一年级和二年级之间实施。假如一个学生还没有为上二年级做好充分的准备，那么，他不会被留级，而是被安排到一个预备教室去为上二年级做准备。就家长方面而言，准备就绪就是为这种学生提供一个能激励他们每天努力学习的家庭环境。设想这是给孩子罩上一个移动的气泡，无论他走到哪儿都置身于一个多姿多彩的学习环境之中。这个“移动的气泡”是以原则为核心的学习方法所追求的理想。

学习的生态系统

孩子们会向同龄人和家里人学习。当然，他们会在学校学习知识和其他东西，既有积极的也有消极的。履行这些责任能最大限度地丰富经验，正因为如此，学生应当有自己的“个人胜利”，应当积极处世，从事一些能增强其自尊、自信和自觉并能使他们在学习环境中充分发挥潜力的活动。

我们把同龄人也包括在学习的生态系统之内。当孩子们变得能对自己负责之后，就会体验到个人胜利感。学生们会敢于负责任地发表不同意见、敢于相互协商、敢于坦诚面对朋友和同龄人。当孩子们有了自信和自尊之后，就会颇有主见地充分发挥自己的能力。在个人胜利感的鼓舞下，他们敢于对朋友说：“你真的能肯定自己做的对吗？”跟大家在一起的时候，他们敢于提出：“我们星期五晚上真的想干这事儿吗？这真的是最佳方案吗？”

我们关注学习环境是为了让学生在这个环境中提高能力、健康成长。在这样一种生态系统下，当学生在学会七个习惯之后回到受污染的环境中时，他们就能充当催化剂，开始对整个生态系统产生影响。虽然整个组织并没有层层参与其中，但个人胜利感开始增强自尊和提高自觉性，学生开始担负起学习的责任。这种情形自然而然的结果就是学生的学习热情高涨从而感染教师。假如学生与教师进行交往，那么，教师的能力其实也会得到提高。这是一个良性循环，不是恶性循环。因此，单独一个因子的作用就会影响到整个生态系统。

我们要对学校说的是：

如果你们建立以原则为核心的学习环境，那么，在新的结构中，家长跟教师一样不可或缺。学生如何看待自己的同龄人、他们对同龄人的感受、他们对同龄人的影响力以及他们如何对待环境都非常重要。所有这些因素都是相辅相成的。虽然它们的分量各不相同，但都关系到学生和环境的状况。

我们可以成为全国教育改革的先驱，而以原则为核心的学习环境是改革的关键。

推动力与制约力

这是由内及外方法的力量。教育工作者受制于外部推动力，比如课程。大多数州都要求把性格教育列入课程表作为一种介入教学，这是一种由外及内的方法。以原则为核心的学习方法是一种由内及外的性格教育方法。假如以我们希望学生具备的性格特点为样板来营造环境，那么，我们就根本无需宣讲正直或诚信。由于他们所处的体系正是以这些性格特点为样板的因而散发着其气息，学生们会自然而然地形成这些品质。学生们将在以原则为核心的体系中得到提高。

教育工作者会发现，这不再是他们不得不去讲授的一门课程，而是他们一心一意坚持三至五年时间就能改变风气的一种东西。然后还会有其他许多事情发生。芝加哥的一名教育工作者说：

通过七个习惯，我们不仅能够帮助孩子们培养性格，而且，假如我们营造一种坚持原则的环境，就会看到学习成绩直线上升。

我们曾在伊利诺伊州的芝加哥市开办了讲习班，内容是关于积极处世、影响力范围以及自我控制。听众当中有一位黑人女孩站起来对我们说：“在我上大学一年级以前，我是一个C—D—F学生，平均分只有D。在准备上大学二年级的时候，我至今记得自己浏览着可选修的课程，决定要努力学习而不是继续得过且过。做出这个决定之后，我每个学期都跻身优秀学生名单，并作为优等生毕业。”上高中的时候，她的目标是毕业后上西北法学院。她说，她记得自己是自觉地做出了要积极处世的决定。正是这一变化影响了她的行为。

教育工作者会发现，重视以原则为核心的学习环境会使制约力量更容易辨别。重点分明有助于他们实现目标，这样他们就可以制订自己的在职进修计划来消除那些制约力量。他们可以确定以原则为核心的学习环境对于自身的意义，然后围绕它来拟订使命宣言及安排其他一切。

从真正意义上讲，你知道什么是以原则为核心的学习环境吗？它给一个组织内部的所有人一个相同的罗盘。他们都知道哪边是北。那是一些自然规律和法则，基本上是不言自明、无可争议的。对行为准则的定义会引起激烈的争议，但这些是基本原则，是所有人都认可的。

我们接触过几十个组织，发现潜在的自然规律和原则是很容易辨别的。一旦人们内心有了一个罗盘，他们就能够应付旷野。那里的许多地雷将不复存在，因为所有利益共享者都参与了罗盘的研制过程。敌对情绪没有了，协作精神回来了。虽然有许多事情是难以预料的，但真正的北方是非常明确的。内心知道我们要走向何方以及我们遵循的原则是什么能使人们应付一切意想不到的障碍和看不见的地雷。如前所述，它需要相当大的勇气，需要兼顾方方面面。这是一个成熟的领导者必须具备的素质。它还需要有耐心，因为这是一个过程。它不是应急解决办法，但极为有效。

贯彻实施

在同全国各地学校接触的过程中，我们逐渐形成了一套非常明确的实施程序。这套程序有赖于以下五个前提：

· 必须充分理解七个习惯的原则以及从信赖到独立再到相互信赖的渐进过程。

· 利益共享者明白个人胜利感的重要性，明白“万丈高楼平地起”和“发现问题是问题的一部分”的概念。

· 实施以原则为核心的学习环境是一个漫长的过程，它需要指导、支持群体和进修计划。这不是一种应急解决办法。

· 确保成功的力量组合和必要条件跟了解内容一样重要。

· 这个程序所涉及的利益共享者必须说干就干。

最有效的模式似乎是从培训最高层入手。全国各地学校在采纳以原则为核心的学习环境时都是这样做的。

· 在印第安纳州的北蒙哥马利学校，培训是从教育理事会和校长开始的，然后是行政管理班子和教学人员。

· 在俄亥俄州，各教区、州教育部和一家大公司共同参加了七个习惯的培训。

· 在犹他州的许多地区，培训从一个个大楼开始，然后向四面八方散开。在犹他州，以原则为核心的学习环境是性格教育的载体。

· 在伊利诺伊州的朱利埃特，朱利埃特市立学校从培训一支由学生、家长和行政管理人员组成的骨干队伍着手，然后培训中央管理处和基层管理处工作人员以及各部门负责人。

这些例子有一个共同之处，那就是柯维领导问题中心与州和地区之间为实施改革而形成的关系。在上述所有个案中，柯维领导问题中心都提供了最初的讲习班、一份实施计划和从当地挑选的合格培训人员。该中心的目标是让各地区最终有能力自我培训，在这个过程中完善它自身内部的指导、支持群体和进修计划体系，从而把培训七个习惯的成果推向深入。

这项计划的实施有赖于工作人员的个人奉献，而这些工作人员必须明白，这些方法是：

· 由内及外
· 以原则为核心
· 旨在提高个人能力

据我们所知，对教育工作者来说，最激动人心的挑战莫过于为我们的孩子和后代塑造一个以原则为核心的学习环境，从而施加一种积极而有益的影响。

（本章由柯维领导问题中心的查克·法恩斯沃思撰写。）

后记

EPILOGUE

临溪而渔

多年来，我一直信奉以下理念：

“授人以鱼，供人一食之需；授人以渔，供人终身之食。”

这是一条古老的格言，却从不过时。事实上，我们目前正在培训中运用这一原则。我们的目标始终是教会高层管理人员如何自力更生“临溪而渔”。

小溪代表着你和你的组织所处的环境——不断变化的市场状况。你也许会从许多溪流——公司网络、母公司、市场、政府和社区——中钓鱼。有许多水流和小溪影响着你所在组织的成功。如果战略、体系和共同准则与溪流是协调一致的，那么，你的组织取得成功的可能性就会比较大。

规则一和规则二

表面上看，小溪是容易应付的，的确，基本原理一学就会。但是，跟钓鱼一样，掌握精细要点可能需要一生的时间。

在教高层管理人员临溪而渔时，我常常提到一个简单的经验法则，我称之为“规则一和规则二”。基本意思是，组织的共同准则或称管理原则应当是首要考虑——这是规则一。规则二是指其他一切——战略、

以原则为核心的领导作风格局图

四个层次与主要原则

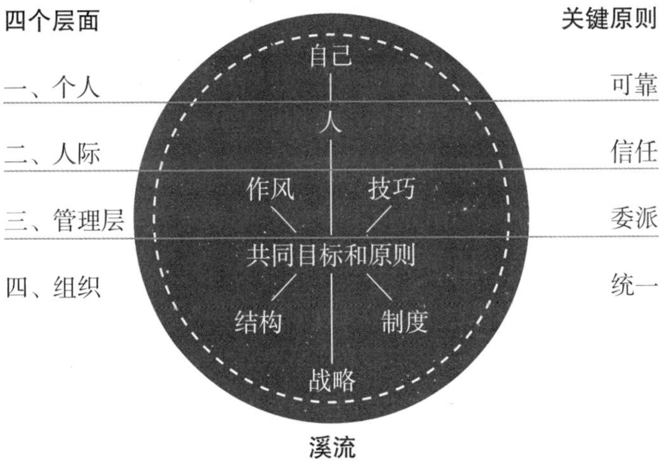

PCL格局图

结构、体制、技巧和作风——都是衍生物，换言之，它们应当追随核心准则和小溪的现实情况而不能与之抵触。

在上面的以原则为核心的领导作风（PCL）格局图上我们可以看到，共同准则处于核心位置，而且要视溪流而定。要理解衍生物，就不得不追根求源。事实上，对共同准则（使命、职责和目标）有着明确概念的高级管理人员更能敢于研究溪流，因为他们拥有一些从不更改的东西——他们的价值体系和原则。他们敢于研究溪流，因为他们的安全感不是来自规章制度，而是来自他们的价值体系。

但是，如果组织的核心价值体系不是以正确的原则为基础，那就无异于在沙地上建造高楼，这里的沙地是指他们的战略、结构和制度。他们会有安全感，但那是一种错误的安全感。他们也许墙上挂满了奖状，但假如他们跟溪流“不合拍”，那么，这一切都没什么意义。他们将只能吃老本，在这个过程中养成恶习。

某大型保险公司的高级管理人员在了解了PCL格局图和规则一、规则二之后说：“为了具备必要的自由和实力去得心应手地改变必须改变的东西，我们要建立基本的共同准则作为安全感的源泉。”

如今，我们已经帮助他们做到了这一点，办法就是让他们拟订了使命宣言。而一旦它深入人心，人们就不会再回到原来的行为方式。它也让某些高级管理人员感到不安和反感。一名高级管理人员对我说，他费尽力气，但意识到自己必须按原则进行管理。从长远来看，这是“临溪而渔”的唯一办法。

钓鱼与管理

长期以来，钓鱼与管理的诸多共同之处给我留下深刻印象。事实上，高层管理人员其实就是在从小溪中钓鱼。也就是说，他们从整个环境的角度审视企业，并设法“钓上来”理想的结果。

在我看来，钓鱼方式有两种，一种是反应性的，一种是预见性的。反应性方法是一种“伺机而动的策略”，吉恩·希尔是这样描述它的：

我喜欢钓鱼，这是打发时间的好办法——等待。跟纯粹无所事事地躺在吊床上晃悠或靠在沙发上打瞌睡相比，它显得比较体面。你至少看上去在认真而勤劳地干活儿——身上带着各种工具、胶鞋、渔网、也许还有一个小小的帆布鱼篓，钓鱼线滑过系线环时发出细微的咝咝声。

假如看到我像一只鹭那样站在小溪边，你肯定会说“那个人很认真”。根本不是那么回事。你看到的是一个故作姿态的懒汉，一个沉浸在回想中的人。不是回想大约一个小时之前跟别人打招呼的情景，而是想着过去五年乃至十年的事情。

他在考虑尚未完成的工作、他的未知的爱情，还有，仿佛就在昨天他还是一个孩子。

的确，有些高级管理人员正像这种渔夫——做作姿态的懒汉。而预见性高级管理人员比较符合下面的描述：

总是能满载而归的垂钓者不囿于固定模式，他们能随机应变，不断观察水面以便发现每次下饵的最佳位置。事实上，他们学着像鱼一样思考问题。他们常常会蹑手蹑脚地靠近水边，尽量弯着腰，甚至跪着撒线。

这是给所有垂钓者的合理建议：弯着腰，跪着撒线。钓鱼指导手册上还有更多的建议。

卓有成效的高级管理人员经常审视溪流。他们仔细观察业务趋势和文化“大趋势”，因为这些就像水流。他们就像学识渊博的预言家——奈斯比特和扬科洛维奇之流——监测着溪流并定期报告水流状况。他们凭直觉判断出基本趋势以及这些趋势可能会造成哪些后果。

观察环境中的趋势犹如预报天气，其目的是显而易见的，那就是更好地度过今天并为明天做好准备。

一旦你发现趋势开始转变，那就必须设法与之适应——要让你的内心活动与外部环境协调一致。需要关注的最重要趋势是机遇和威胁。假如溪流开始背离你的产品线，那是一种威胁。假如溪流转向新的产品线、新的技术或新的市场，那就是一种机遇。但是，假如你不去适应，机遇也会是一种威胁。

我发现，许多组织的一个主要问题是，它们不设法使其结构和体制与溪流保持协调一致。事实上，它们往往透过现行结构和体制去审视溪流。因此，它们不知道哪里会有陷阱。它们发现不了威胁和机遇，因为它们戴着错误的变色镜。

即便感觉到了某种变化，它们也可能会措手不及，支付不起高昂的费用或为官僚作风所累。不管由于什么原因，结果是一样的——它们无法前进。某种东西——或者是短视，或者是债务负担，或者是冗员——妨碍了它们随机应变、轻松自如地去适应新的溪流。

又要提到钓鱼指导手册了，它是这样说的：

要逐渐取得成功，垂钓者必须了解一点历史、生物、地理、溪流生态，当然，还有钓鱼的战略战术。此外，上一个昆虫学速成班会大有裨益，因为模拟自然界的食物是用假蝇钓到鲑鱼的关键。鲑鱼聪明、谨慎、难以蒙骗，它坚决不吃看上去像复活节帽子而非石蛾蛹的东西。

例如，当价格低、质量好的日本汽车开始蚕食市场份额时，通用汽车公司不可能没有注意到这一动向。底特律对这一动向了然于心，但主要问题在于，它们的所有体制、尤其是高层管理人员的补偿制度都是为销售大型小汽车而制订的。于是，它们继续生产大型小汽车来维持这一制度。

现在回想起来，通用汽车公司的高级管理人员感慨自己汲取了一些沉痛的经验教训，经过多年的班底建设，他们得以重振竞争力并夺回一部分世界市场。他们说，凡是真的想保持长远竞争力的人都必须经历这份艰难才能有所收获。的确如此。从钢铁制造到医疗保健，各行各业都必须学习怎样从溪流中钓鱼。

怎么学呢？首先，他们不应把规章制度看成如圣经般不可指摘。那些都是纸上的概念，是可以更改的，它们只是计划而已。

成功最易失败

我又想起了另外一条格言：成功最易失败。我们可以把全部历史浓缩为一个简单的模式：挑战—对策。成功的对策能战胜挑战。

一旦溪流改变，原有的挑战和与之相应的成功对策就不再起作用。它会失败。成功最易失败。这句话令人迷惑，却千真万确。历史学家阿诺德·托因比用它贯穿了整个历史。他指出，当新的挑战出现——正如溪流发生变化时，对策却保持不变，因为人们不想离开自己的安乐窝。他们有自己的特权和生活方式，他们不想改变。

我曾经在黄石河大堤看到有趣的一幕。河这边有一个年轻人，显然是游客，他正孜孜不倦地从岸上的一个旅游景点往河里撒各种各样的鱼饵。他一无所获，但“临溪而渔”的活动本身似乎已经令他心满意足——我是说，直到另一个人开始在河那边垂钓。

从他花哨的帽子和背心以及高统防水胶靴，我可以断定，这个人绝非头一回到这条河来钓鱼。此外，他钓到了鱼——事实上，他钓到的鱼太多了，不得不把其中一些放回河里，因为他已经够了。现在他正为了钓鱼而钓鱼。

与此同时，在我观看期间，那个运气不佳的游客连一条鱼也没钓到。然而，他是在同一条河流、同一地点、同一天钓鱼呀。时间一点点过去了，他沮丧至极，差点跳到水里去用手抓鱼。

问题的症结就在于，大多数新手不愿花好几年时间去学习用假蝇钓鱼的技巧——他们希望匆匆了解一下基本原理，到了水边就能一条接一条地钓上鱼来。有的学校居然投其所好，它们信心十足地对学生说，他们完全不必对各种鱼线和接钩绳都了如指掌。

然而，老练的专业人士都明白，要想能够游刃有余地应付水面上可能出现的几乎任何情况，根本没有捷径可走。真本领不是轻易就能学会的。习惯、耐心和毅力是必须付出某种代价的——尽管这些是与生俱来的。

享用一生

跟我合作过的一家大型餐厅组织希望使他们的管理方式符合“授人以鱼，供人一食之需；授人以渔，供人终身之食。”的思想。

这家公司拥有几百家分店，每一家都有自己的经理。这些经理似乎在经营规模庞大的餐厅和招聘大批职员方面拥有全部权力和责任，但其实只是分区经理的助手而已。

涉及招聘及其他经营活动的几乎一切重大决策都由高他们一级的分区经理做出。每次遇到问题，他们都得跑到分区经理那里去要“鱼”。由于分区经理只主管几家餐厅，而他们本身也要接受地区经理的监督管理，因此他们疲于解决问题，或者说陷入危机管理模式。

这种运作方式在大多数人心目中勾画出一条独一无二的升迁之路。一开始在最底层，最终熬到餐厅经理，然后一步一步得到提升。

此外，各餐厅的管理依据往往是公司的规章制度而非顾客的需要和愿望，因为经理们没有权限也没有积极性去开发和运用自己的判断、智谋和创意来解决或预防问题。虽然几乎每一次的经营管理会议都在讨论“客户关系”，但事实上整个体系都是以方法为导向，而不是以结果或消费者为导向。经理们一心考虑的是公司政治，以至于许多决策都是按照政治或社会标准做出的。

引人注目的是，尽管如此，同竞争对手相比，这家公司的经营状况还算不错，然而公司上下都明白，他们肯定还能做得更好。

在跟他们一起对这个问题进行了一番探讨之后，我们达成共识，认为应当把经营活动下放，把决策的权力和责任交给尽可能低的基层，同时加强餐厅经理的职责。我们还认识到，要使下放措施切实可行并产生利润，就必须开展更多的管理培训和培养。

这个变化过程步履维艰，一直持续了若干年。各个经理的重要性再次得到肯定，这不仅表现为公司会议和文件中的高度评价，也表现为公司增强了规划、培训和职业咨询方面的投入。此外，补偿制度进行了调整，对手下员工进行培训的经理可以得到奖励。

不久大家便发现，真正的经营活动下放需要各个级别的经理人员具备新的技能。由于取消了各个级别的部门经济管理和管理费用，分区经理开始监督管理大约二十家餐厅而不是五六家，因此他们根本不可能再参与日常经营决策。现在，餐厅经理负责决策，他们需要接受培训、学会决策和承担起餐厅经营管理的全部责任。

这一权力下放措施的附带效应是缔造了一条双轨升迁之路：一个是传统的晋升，另一个是让餐厅经理在小圈子内获得地位和认可并从经济上鼓励他们把餐厅经营得更好、培养餐厅内部员工接管公司的其他餐厅。顺便提一句，第二个方案对餐厅经理的吸引力减少了公司员工出现婚姻和家庭问题的数目。

在公司上层，高级管理人员不再指示、控制、动员、评估——这些是他们以前一直疲于应付的事务。他们的精力转向培训和培养、咨询和指导。从本质上讲，他们开始训练经理人员“钓鱼”而不再每天给他们一条“鱼”。

这就使他们能够脱开身，更多地着眼于规划、组织和培养人才——这些职责在危机管理法的日子里被忽视了。

权力下放的最大益处大概是，它除掉了一批在授权、沟通和培养人才方面能力不济而只追求升迁和报酬的高层人物。

当这些人被调离时，许多人对这种举措的影响深感担忧。让一些人感到惊讶的是，这件事不仅进行得十分顺利，而且营造了奋发向上、激情满怀的氛围。不到三天，公司便基本上重新组织起来，不久，所有人都看到了领导班子的质量与素养。人们受命承担起更多的责任，在如何运用正确的原则方面接受了培训，在工作中人人平等。

然而，从个人的角度来说，这一转变不容易，也不简单。它会让人经历内心的苦苦挣扎，需要进行人员调整，给各个级别的人都带来一定痛苦。但所有人都知道，从长远来看，无论对个人还是对组织，这样做都是上策。同时，最高管理层坚定不移地支持这一策略，因此，它奏效了。

事实上，随着对公司前景的展望传遍——几乎完全靠的是潜移默化——整个组织、公司内部形成了一股强烈的使命感。随着人们之间不断传递的各种新的信息证实上述展望，公司的文化逐渐改变。

这种意义深远的结果，是按正确原则进行管理和领导自然而然带来的。

确切地讲，组织行为这种东西是根本不存在的。只有个人行为。其他一切都是从个人行为衍生出来的。

弗洛伊德和荣格的主要分歧跟良心有关。弗洛伊德认为，究其根本，良心或称超我是社会的产物。而荣格认为，它首先是集体潜意识的一部分，超然存在于文化、种族、宗教、性别和国籍等一切非永生的装饰性现象之外。

我认为，荣格是对的，弗洛伊德错了。在跟几千个组织和个人协作拟定任务或准则说明书——假设具备四个条件，即：（一）足够多的人；（二）交往自由；（三）非常清楚他们所处环境的现实；（四）愿意表达他们自己的观点而不必担心受到审查、嘲笑或尴尬——的过程中，我发现，不管国籍、文化、宗教和民族有何差别，他们的使命宣言所阐述的准则或原则在根本上都是一模一样的，尽管措词有所不同。

甘地曾说："一个人不可能在这个领域能做的对却在另一个领域试图做错。生命是一个看不见的整体。"约翰·韦斯利的母亲教导儿子："凡是削弱你的理性、损害你的良知、模糊你对上帝的信仰、打消你的精神追求的东西，不管它本身看起来是多么清白无辜，这个东西对你来说都是一种罪过。"

再者，我认为上帝是集体潜意识的真名和源泉，因而是天地间至高无上的道德权威。每天虔诚地学习上帝的启示是生活中最最重要、最最必需的事情，因为它就像罗盘一样给我们的生命指出"真正的北方"——

我们的天命。

它还让我们献身于服务，我担心，假如我们当中没有足够的人领会萧伯纳下面这段话的含义，那么，当今时代的社会难题就会压倒经济机器并扰乱整个社会。

“投身于你自己认为十分崇高的目标，这是生命的真正快乐所在。

要奋发向上，不要狂热自私、满腹牢骚地抱怨这个世界不肯赐福于你。

我认为，我的生命属于全社会，在有生之年竭尽所能为它效力是我的特权。

我希望在耗尽全部精力之后再死去，因为，我越是勤奋地工作，心中就越是充满了爱。我为生命本身感到欢欣愉悦。在我看来，人生不是一支短短的蜡烛，而是一支暂时由我擎着的火炬，我要让它尽可能燃得光明灿烂，然后再传给后代。”